障害者の
シーティング

廣瀬秀行　清宮清美【編】

三輪書店

執筆者一覧 (執筆順)

清宮	清美	埼玉県総合リハビリテーションセンター，理学療法士
河合	俊宏	埼玉県総合リハビリテーションセンター，エンジニア
森田	智之	神奈川リハビリテーション病院，理学療法士
馬場	孝浩	鹿教湯三才山リハビリテーションセンター介護療養型老人保健施設いずみの，理学療法士
廣瀬	秀行	国立障害者リハビリテーションセンター（執筆時），理学療法士
半田	隆志	埼玉県産業技術総合センター，エンジニア
古田	大樹	鹿教湯三才山リハビリテーションセンター鹿教湯病院，理学療法士
土中	伸樹	養和病院，理学療法士
宇山	幸江	豊橋創造大学保健医療学部理学療法学科，理学療法士
鈴木	康子	埼玉県総合リハビリテーションセンター，作業療法士
星野	元訓	国立障害者リハビリテーションセンター，義肢装具士
岩﨑	洋	国立障害者リハビリテーションセンター病院，理学療法士
井上	剛伸	国立障害者リハビリテーションセンター，エンジニア
丸山	陽一	鹿教湯三才山リハビリテーションセンター鹿教湯病院，理学療法士
岩谷	清一	永生病院，作業療法士
熊倉	良雄	国立障害者リハビリテーションセンター，自動車訓練室長
杉山	真理	埼玉県総合リハビリテーションセンター，理学療法士

序

　国連の職員は限られた地域に起こった紛争の対応と同時に，世界の状況を把握するために宇宙目線で地球をみると聞いたことがあります．木を見て森を見ず，森を見て木を見ずの格言にもあるように細部を追究することも必要ですが，全体として捉えることも重要です．

　この『障害者のシーティング』では，例えば「足部支持」について2頁でまとめました．もし，足部支持だけについて書くならば正常な足部の解剖，運動学から始まり，障害を持つ足部の解剖学的，運動学的解説，それに対応できる足部支持の機構や保持機能，関連する緊張，必要な強度，足部支持と関連する座位部など多くの頁が必要となります．たかが足部支持ですが，されど足部支持です．

　一方，座位保持全体としてみることも必要ですし，車椅子との関連を考えることも必要です．また，それがどこで使われるのか，環境は重要です．さらに電動車椅子であれば，本人の操作レベルが関係し，毎日の管理ができるかどうかも非常に重要な要素です．故障が起きると，その修理はどうなるのか．そして，その機器を使うことが本人にとってどういった利点となったのか，これらを把握すべきです．本書では，これらを熟知し日常業務を行われている，または行ってきた方に執筆していただきました．

　基礎の部分は『高齢者のシーティング　第2版』（三輪書店，2014）を参考にしていただくと幸いです．シーティングの対象となる障害者については，脊椎変形などの時間経過を含めた障害像が明確ではないことが多いといえます．介入方法と時間，その結果による障害の変化を科学的に記述し，その原因を探り，シーティングで解決できるのか，外科的対応が必要なのかの判断も必要となります．

　また，国際標準化機構（ISO），日本工業規格（JIS），厚生労働省の補装具費支給制度，摂食嚥下関連学会などでシーティングの際に用いられる用語およびその概念の不統一は大きな問題であり，今後の課題です．

　本書が障害者の座位保持に携わる方々にとって，シーティングの理解を深め，今後の発展に寄与することと確信しています．

2014年8月

廣瀬秀行，清宮清美

目次

読む前の用語の定義について ……………………………………………………………… viii

第1章　制度と給付

1. 制度と給付の概論 ……………………………………………………………………… 2
   清宮清美
2. 障害者総合支援法 ……………………………………………………………………… 6
   河合俊宏
3. 補装具 …………………………………………………………………………………… 8
   河合俊宏
4. 判定 …………………………………………………………………………………… 10
   清宮清美

第2章　評価・製作過程

1. 評価・製作過程の概論 ……………………………………………………………… 14
   森田智之
2. 座位能力分類 ………………………………………………………………………… 18
   森田智之
3. マット評価 …………………………………………………………………………… 20
   馬場孝浩
4. アウトカム …………………………………………………………………………… 22
   森田智之
5. 褥瘡リスクの評価 …………………………………………………………………… 26
   森田智之
6. 適合 …………………………………………………………………………………… 30
   廣瀬秀行
7. 接触圧 ………………………………………………………………………………… 32
   河合俊宏
8. 姿勢計測 ……………………………………………………………………………… 36
   半田隆志

第3章　車椅子関連構造

1. 車椅子関連構造の概論 …………………………………………………………… 42
   古田大樹
2. 車椅子 …………………………………………………………………………… 44
   土中伸樹
3. クッション ……………………………………………………………………… 48
   古田大樹
4. ティルト・リクライニング …………………………………………………… 50
   馬場孝浩
5. 車椅子，座位保持装置，車椅子クッションの規格 ………………………… 54
   廣瀬秀行

第4章　座位保持・シーティング

1. 座位保持・シーティングの概論 ……………………………………………… 58
   廣瀬秀行
2. 頭頸部支持 ……………………………………………………………………… 60
   宇山幸江
3. 体幹支持（背支持・側方支持・腰部支持）………………………………… 64
   鈴木康子
4. 座支持 …………………………………………………………………………… 66
   廣瀬秀行
5. 足部支持（膝も含む）………………………………………………………… 68
   古田大樹
6. 上肢支持，大腿内側支持 ……………………………………………………… 70
   鈴木康子
7. ベルト …………………………………………………………………………… 72
   清宮清美
8. モールド型 ……………………………………………………………………… 74
   星野元訓

第5章　疾患別のシーティング

1. 疾患別のシーティング概論 …………………………………………………… 78
   廣瀬秀行
2. 頸髄損傷に対するシーティング ……………………………………………… 80
   岩﨑　洋
3. 小児脳性まひに対するシーティング ………………………………………… 82
   宇山幸江

4. 成人脳性まひに対するシーティング ……………………………………………………… 84
   清宮清美
5. 筋ジストロフィーに対するシーティング …………………………………………………… 86
   廣瀬秀行
6. 二分脊椎に対するシーティング ……………………………………………………………… 88
   清宮清美
7. パーキンソン病に対するシーティング ……………………………………………………… 90
   古田大樹
8. 筋萎縮性側索硬化症に対するシーティング ………………………………………………… 92
   河合俊宏
9. 切断に対するシーティング（脊髄損傷を含む） …………………………………………… 94
   星野元訓
10. 脳血管障害のシーティング …………………………………………………………………… 96
    古田大樹

第6章　電動車椅子

1. 電動車椅子の概論 ……………………………………………………………………………… 100
   岩﨑　洋
2. 電動車椅子 ……………………………………………………………………………………… 102
   井上剛伸
3. 高機能電動車椅子 ……………………………………………………………………………… 106
   井上剛伸
4. 入力装置 ………………………………………………………………………………………… 110
   岩﨑　洋
5. 操作練習 ………………………………………………………………………………………… 112
   岩﨑　洋
6. 小児電動車椅子 ………………………………………………………………………………… 114
   宇山幸江
7. 成人電動車椅子 ………………………………………………………………………………… 118
   岩﨑　洋

第7章　クリニック運営

1. クリニック運営の概論 ………………………………………………………………………… 122
   丸山陽一
2. 車椅子の選定・適合の実施手順 ……………………………………………………………… 124
   岩谷清一
3. 医療機関における運営 ………………………………………………………………………… 126
   岩谷清一

4. 介護・看護・家族への指導 ··· 130
　　丸山陽一

第8章　ADL，QOL とシーティング

1. ADL，QOL とシーティングの概論 ·· 134
　　廣瀬秀行
2. 車載座位保持装置 ·· 136
　　廣瀬秀行
3. 自動車運転時のシーティング ·· 138
　　熊倉良雄
4. 脊髄損傷者の褥瘡 ·· 140
　　森田智之
5. スポーツとシーティング ·· 144
　　杉山真理
6. コミュニケーションとシーティング ·· 146
　　河合俊宏
7. 嚥下とシーティング ·· 148
　　土中伸樹

付　録 ·· 154
索　引 ·· 160

読む前の用語の定義について

1. カタカナか日本語か

これまで，「アームサポート」「ヘッドサポート」という用語がJIS（日本工業規格）の車いすの定義や一部補装具で使われている。しかし，バックサポートに対して胸部や腰部の支持もあり，身体の前方，側方，そして後方などの支持を接置する位置も重要なため，英語読みのカタカナでは表現しにくくなっている。そこで，本書ではサポート関連はすべて日本語表記〔身体部位（+設置する部位）+支持〕とした。そのほうが直感的に理解できると考えたからである。

また，アームサポートは前腕支持または上腕支持　腕支持とも考えられるが，直接接触することを考慮して前腕支持とした。

それらをまとめた**表**では，身体部位と支持を置く位置で表現し，文字が書いてあるところが実際にこの文章で使用されている用語である。空欄はそれらを組み合わせて用語ができる可能性をもっている。

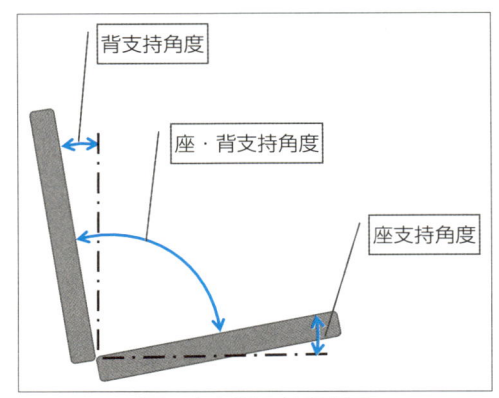

図 座と背の角度表示

2. 背支持角度

背支持角度の定義はJIS T9201手動車いすとISO（国際標準化機構）7176-26車いす用語で異なっている。

JISでの背支持角度（バックサポート角度）の定義は，シート取り付けフレーム上におけるシート面とバックサポート取り付けフレーム上におけるバックサポート面との内角となっている。

表 支持部の名称

	身体部位	後方	側方	前方	下方	上方	内側
体幹部	胸部			側方支持	体幹ベルト		
	腹部	背支持（バックサポート）	腰部支持（ランバーサポート）	腹部側方支持			
骨盤・大腿部	骨盤・殿部			骨盤ベルト	座支持（シート）	大腿ベルト	大腿内側支持（大腿内転パッド）
	大腿部						
下腿支持	下腿部	下腿支持（レッグサポート）					
足部支持	足部				足部支持（フットサポート）		
頭・頸部	頭部	頭部支持（ヘッドサポート）					
	頸部	頸部支持					
上肢	上腕部						
	前腕部				前腕支持（アームサポート）		
	手部						

一方，ISOでのバックサポート角度は，垂直面に対するバックサポート参照面の角度となっている。座支持角度（シート面角度）はJISとISOが同じ水平面からのシート面角度と規定されている（図）。

背支持角度は重力に対する体幹保持や嚥下で非常に重要であり，JIS表現では間接的な表現となる。よって，ここではISO表現とし，「背支持角度は垂直面に対する背支持の角度」とする。よって，座支持と背支持の間の角度は，ISOを採用し，「座・背支持角度は座支持と背支持の間の角度」とする。

3. ティルトとリクライニング

背支持角度や座・背支持角度が定義されることで，ISOに従った。「ティルトは座・背支持角度を維持しながら矢状面で座支持の変化する傾斜角度」「リクライニングは変化する座・背支持角度」とし，「ティルト機構」や「リクライニングする」という用語にした。よって，ティルトの角度を表現するときは座支持角度で，リクライニングの角度は座・背支持角度で表現することになる。

第 1 章

制度と給付

第1章　制度と給付

1. 制度と給付の概論

シーティングとは車椅子を必要とする障害者・高齢者に対して，その人に最適な座位・臥位・立位を含めた「椅子」を作ると同時に，その使い方を含めた総合的対応を行って健康・機能・活動・参加が最善になる状態にすることである[1]。その最適な状態に必要な用具の給付は，各種の制度によって助成されている。シーティングにかかわる理学療法士・作業療法士は，個々の身体機能を評価し，使用目的と効果を明らかにして給付に必要な制度を決める必要がある。

◆制度を知ることの重要性

「制度」という見出しをみると，面倒で難しいことのようであるし，それを知ったとしてもシーティングとは関係なく，特に知らなくてもよいことだと思われている。

しかし，直接利用者の身体機能を評価し，シーティングを行う理学療法士・作業療法士が，その製作のスタートである制度を理解して処方案を作成し，窓口となる市町村の担当者に相談しながら制度をうまく活用することで，適合というゴールまでの道のりを最適なものにすることができるのである。

◆制度

車椅子，座位保持装置の支給に関連する制度には，「障害者の日常生活及び社会生活を総合的に支援するための法律（障害者総合支援法）」「介護保険法」「労働者災害補償保険法」などがある。それぞれの制度には基本的な条件が規定されている。障害者総合支援法の詳細については本章「2. 障害者総合支援法」で解説しているので，ここでは労働者災害補償保険法と介護保険，その他の制度について述べる。

1. 労働者災害補償保険法に基づく制度

業務（公務）災害または通勤災害により，四肢機能喪失または機能障害が残った場合（労務災害の認定を受けた場合）に補償される制度である。具体的には労働者災害補償保険法，公務員災害補償法，船員保険法がある。症状固定（永続する状態）後において，労働福祉事業として義肢，車椅子，電動車椅子，その他の補装具の購入費用や修理費用が支給されている。車椅子支給の場合，症状が固定した後も義足や下肢装具の使用が不可能であることが明らかであれば，症状固定より前に受けることができる。

2. 介護保険制度

被保険者の要介護状態に応じて必要な保険給付を行う制度であり，福祉用具を貸与または給付する。65歳以上（16の特定疾病に該当する者については40歳以上65歳未満）の身体障害者などであって，介護保険の福祉用具（車椅子，電動車椅子など）を希望する者とされている。

3. 社会福祉制度

社会福祉制度は，その費用をすべて国民の税金で賄う福祉サービスであり，なおかつ，その支給の趣旨，内容が永続的障害を有することとなった身体障害者などの日常生活や職業生活の必要性に対応するものとしている。具体的には戦傷病者特別援護法，障害者総合支援法によるものがある。

4. その他

公的制度ではないが，自動車事故などの損害保

1 制度と給付の概論

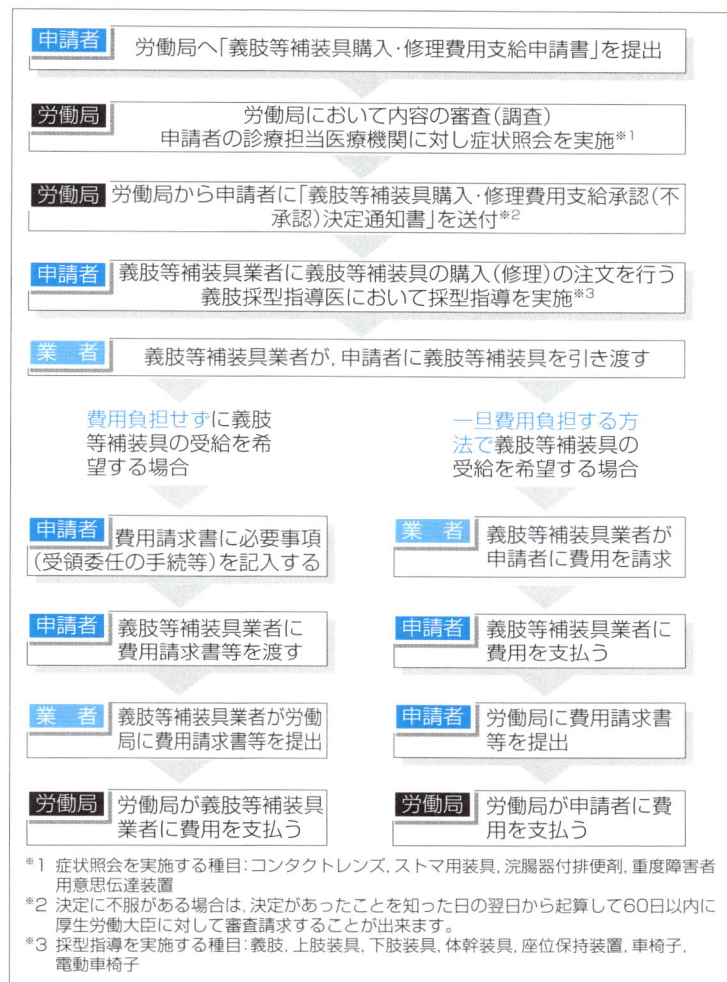

図1 義肢等補装具（筋電電動義手の購入を除く）の購入費用・修理費用支給の流れ[2]

険で製作する場合もある．保険会社によって手続きが異なるので確認が必要である．

◆各給付制度の優先関係

それぞれの給付制度の優先関係は法律などで明確にされているわけではないが，厚生労働省は各制度の給付の趣旨からすると次のような優先関係になるとしている．

1．労働者災害補償保険制度
すべての給付に優先される．

2．医療保険制度
原則として治療用であり，車椅子などの支給はないと考えてよい．

3．介護保険制度
貸与であるため，復元不可能な改造は行わないもの．

4．社会福祉制度
① 戦傷病者特別援護法によるもの：国家補償的意味で優先される．
② 障害者総合支援法によるもの（第1章「2．障害者総合支援法」参照）．

5．生活保護制度
治療材料としての給付であるため，医療保険制度と同様に考える．

第 1 章 制度と給付

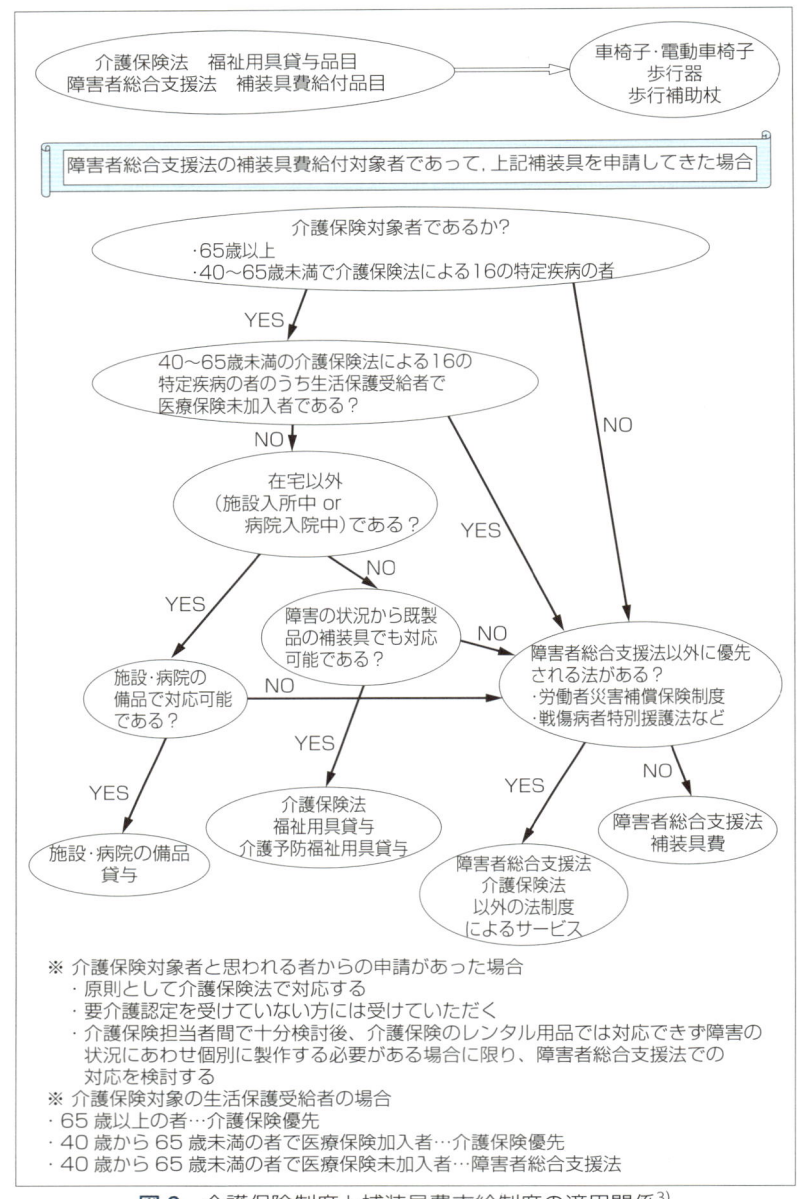

図 2 介護保険制度と補装具費支給制度の適用関係[3]

「医療保険制度」と「生活保護制度」は，車椅子，座位保持装置などの支給適応になることは極めて少ない。

◆給付

労働者災害補償保険制度は，2009 年度より従来の現物給付から義肢等補装具の購入（修理）に要した費用の支給に変更となった。申請者が受領委託を行えば原則的に費用の負担はないが，基準額の上限を超えた場合は一定の要件のもとに差額自己負担の取り扱いが認められている（図 1）。採型指導を目的に医療機関などへ行くための交通費なども支給される。また，車椅子については，3 カ月以内に退院見込みのない病院療養者を除き，症状固定した後も義足や装具の使用が不可能なことが明らかである場合は支給対象となる。もしく

は，症状固定の前に身体障害者手帳を取得し，車椅子などが必要と認められた場合は，初回のみ障害者総合支援法により支給される．

戦傷病者特別援護法によるものは，本人の所得にかかわらず全額国庫負担で行われる．

障害者総合支援法によるものは，基準額以内であれば1割の自己負担となり，基準額を超えた場合は全額自己負担となる（**図2**）．

介護保険制度では，要介護認定などの手続き後の貸与利用となり，費用は1割の自己負担となる．車椅子についてはオーダーメイドが必要だと認められても，クッションなどの車椅子付属品として貸与品目にある物品については介護保険制度の利用となる．介護保険制度の対象者であっても生活保護法で扶助されている場合の車椅子などは，障害者総合支援法で給付される．

◆まとめ

「補装具」は，身体障害者などの失われた身体機能を補完または代償する用具であり，身体障害者などの職業上，その他日常生活の能率の向上を図ることを目的として，身体障害者などの機能の状態，性別，年齢，職業，生活環境などの諸条件を考慮して支給されるものである．選定にあたり，特に障害状況，障害に対する受容，意欲，生活，周囲の援助環境，用具の操作能力などに留意する．

制度の詳細については違いがあるが，補装具の給付についての基本的な考え方は共通である．

文献

1) 廣瀬秀行：疾患別障害者のシーティング総論．地域リハ **8**：618-621，2013
2) 厚生労働省都道府県労働局労働基準監督署：義肢等補装具費支給制度のご案内．平成25年11月
3) 厚生労働省：補装具費支給判定にかかる事務処理要領．平成25年4月1日

2. 障害者総合支援法

障害者の日常生活及び社会生活を総合的に支援するための法律

　2005年に法律第123号として規定され，2013年4月より施行されている。介護保険法とともに障害のある移動困難者に対しては基本的な支援法となる。

　障害者の定義は，いわゆる「身体障害者」「知的障害者」「精神障害者」「発達障害者」という枠組みから拡大され，現在は「障害の固定」を前提としない「難病」を含んでいる。基本的な機能評価に関しての部分は，以前の支援法であった障害者自立支援法にも規定されていない。一定の線引きである定義が明確なものは，国で統一的な判断がされている身体障害者のみである。

　根拠法令としては現在も1949年に制定された身体障害者福祉法であり，「身体障害者手帳をもつ者」という規定である。手帳の所有を前提とすること自体は，国際的にも課題となっており，実態として一定規模以上の地方公共団体での規定が認められている知的障害の基準や発達障害の認定方法など，現在も流動的である。身体障害者手帳の所持に関しても発給事務の基準が曖昧な点もあり，解釈によって各地で施行されている行政判断の是非を問われる裁判の事例もある。つまり固定的な制度体制とはすでにいえない実態となっている。

◆シーティングに関する理解

　法律とは国民から著しくかけ離れた概念ではないため，決まりごとを守ることを前提とし，実態に則した改正がされるようにかかわる専門職が基本的な理解をすることが必要である。

◆ポイント

1. 法的な位置づけ

　基本的に対象とする法律が何で規定されているかを理解する。医療・福祉・保険の概念の整理が必要である。

　現在では障害者総合支援法は必要最低限の保障としての「福祉」制度である。一過性ともとることのできる治療中といった状態の「医療」状況では適応になることは極めて少なく，「保険」である介護保険法該当者となる年齢・決まった疾患に基づく医療終了後の支援としても，一部の除外規定はあるものの優先されて適応になることもありえない。一方，最低限の生活保障の概念としての生活保護法で保障できない場合は，上位概念規定となる「福祉」の障害者総合支援法で対応という事案も存在する。

2. 判断機関の存在

　身体障害者に代表されるように手帳所有によって多くの手続きが可能となる行政事務が存在するため，18歳以上で障害者総合支援法に基づく補装具費の支給を受けようとする場合は，補装具の概念規定により「判定」が必要な場合がある。

　シーティングの狭義な概念として，日本では座位保持装置・座位保持椅子・一部の車椅子が該当している。障害者総合支援法での自立支援給付の考え方の中での補装具費となる座位保持装置に関しては，都道府県・政令指定都市に最低限1つは設置してある身体障害者更生相談所（以下，更生相談所）で判定が必要である。

　更生相談所は，知的障害者更生相談所，精神に関する相談機能の行政機関や児童相談所などと複合して設置している地方公共団体が増えている。

表　情報提供の項目

1）生活環境 ・補装具の使用場所：家屋内・家屋外・施設内・外出時・その他 ・補装具の使用時間：日中・食事時・移動時・その他（どれくらいの頻度で使用するのか？） ・主介助者：いるのか？（いれば具体的な介護体制） ・移乗方法：ベッドと（車）椅子間，（車）椅子と便器・浴槽間〔その他の場面ごとに自立・修正自立（福祉用具利用）・一部介助（設置を含む）・全介助で分類する〕 ・外出の手段：自家用車利用・公共交通機関・その他（単独なのか，介助が必要か） ・住環境整備：未実施・実施 ・本人（家族）の希望（活動参加を中心としたもの） 2）身体状況 ・身長・体重 ・コミュニケーション（理解：可能・困難・不明，表出：可能・困難・不明） ・運動麻痺／筋力低下（補装具が必要になる障害を中心に） ・感覚麻痺（部位と程度，表在／深部） ・関節可動域制限（補装具が必要になる障害を中心に） ・変形（なし・あり，できれば具体的に） ・拘縮（なし・あり，できれば具体的に） ・痛み（なし・あり，できれば具体的に） ・褥瘡（なし・あり治療中・あり治療なし・既往あり・危険性あり） ・褥瘡の発生部位：日本褥瘡学会のDESIGN®，DESIGN-R®に基づく評価，日常生活や補装具への影響を具体的に	・全身状態（良好・不良，できるだけ具体的に） ・動作（自立度：自立・修正自立・一部介助・全介助・その他，詳述で分類する）項目として，寝返り，起き上がり，立ち上がり，食事，排泄，移動方法（屋内と屋外とで別に）・歩行・車椅子・這い動作・抱っこなどを自立度ごとに ・除圧・姿勢変換 ・端座位保持能力：Hoffer座位能力分類（JSSC版）に基づく評価（手の支持なしで座れる・自分の手で支えて座れる・座ることができない） 3）補装具の評価と結果 ・補装具が生活上必要な理由と解決したい問題点（現在所有している補装具名とその問題点） ・試用した補装具の評価と結果（可能な範囲での複数による補装具の比較） ・推奨される補装具利用による生活上の利点と残る問題点への対処法（FIMなどに沿った評価） ・推奨される補装具（種目，型式，部品など）と選択した理由（他の部品では対応困難な理由など） ・（電動）車椅子走行評価（姿勢の崩れ，操作性，安全性，認知面，耐久性，走行時間など） ・利用者，家族などへの説明：有・無 ・主治医との検討：有・無 ・製作業者との検討：有・無 ・参考となる資料の別添：具体的な補装具使用時と未使用時や生活での試用時といった場面ごとの写真，接触圧評価結果，部品のパンフレット

また，身体障害者手帳の発給機能を同一機関内に設置している場合もある。

3. 判定機関への情報提供

シーティングにかかわる理学療法士・作業療法士は対象者の生活支援のために客観的に判定機関へ情報提供し，対象者の不利益にならないようにする義務がある。具体的な項目とは，報告日，職種名，担当者名，対象者属性（氏名・生年月日・年齢），生活環境，身体状況，補装具の評価と結果である（**表**）。

訓練用のための機器申請や常用されず特殊な状況下のみの使用が明らかな場合など，法の理念から外れた申請に加担してはならない。

4. 耐用年数の概念の存在

レディメイドが基本の介護保険法対象と異なり，障害者総合支援法に基づく補装具費はオーダーメイドである。しかしながら，一からすべてを作るのは現実的ではないため完成用部品として国が基準に含むものが存在する。完成用部品は厚生労働省が官報にて公開することになっている。

工学的な判断，医学的な臨床判断を基に最低限使い続けることが妥当とされる期間が設定される。この期間を耐用年数という。多くの更生相談所はこの期間内の再製作を認めない方向性である。国が基準として考えないものでも各更生相談所に設置が認められている「特例審査会」の判断によって公費により補装具費として支給できるものがある。特例審査会が適当と認めたものは個別に国に判断を求めなくてもよいため，従来最低でも18カ月かかっていた期間が大幅に短縮されている。

◆まとめ

常に変わる流動的な概念であるために，最新の情報を入手することが重要である。一方では，運用や実態にあわせるために法律改正のための根拠を専門職は蓄積し，然るべき行政機関への報告を怠らない姿勢が必要である。

3. 補装具

障害者総合支援法に基づき規定されている補装具費が具体的には該当する。第5条第23項の「障害者等の身体機能を補完し，又は代替し，かつ，長期的にわたり継続的に使用されるもの。その他の厚生労働省令で定める基準に該当するものとして，義肢，装具，車いす，その他の厚生労働大臣が定めるもの」である。

補装具の用語は介護保険法制定前に規定された「福祉用具の研究開発及び普及の促進に関する法律」（平成5年，法律第38号）で以下のように表現されている。

◆福祉用具とは

福祉用具とは，次の用具の総称である。

①心身の機能が低下し，日常生活を営むのに支障のある高齢者や障害者の方々の日常生活上の便宜を図るための用具。

②心身の機能が低下し，日常生活を営むのに支障のある高齢者や障害者の方々の機能訓練のための用具。

③補装具

この法律で介護保険法の対象とする福祉用具が規定され，介護保険法で対象としない福祉用具も規定された。この該当しないものが補装具である。

◆基準

障害者総合支援法での厚生労働省令の基準とは，次の各号のいずれにも該当することとする。

　一　障害者等の身体機能を補完し，又は代替し，かつその身体への適合を図るように製作されたものであること。

　二　障害者等の身体に装着することにより，その日常生活において又は就労若しくは就学のために，同一の製品につき長期間にわたり継続して使用されるものであること。

　三　医師等による専門的な知識に基づく意見又は診断に基づき使用されることが必要とされるものであること。

つまり，補完・代替，適合と身体装着と更生相談所での判定を必要としている。生活をしていくうえで特殊なものが必要とされる場合は，日常生活用具として対象が規定されている。大きな違いは身体に装着をしないという点と判定を必要としないという点である。

参考までに，日常生活用具は平成18年の厚生労働省告示第529号で，下記のように要件規定されている。

　一　用具の要件

　イ　障害者等が安全かつ容易に使用できるもので，実用性が認められるもの

　ロ　障害者等の日常生活上の困難を改善し，自立を支援し，かつ，社会参加を促進すると認められるもの

　ハ　用具の製作，改良又は開発に当たって障害に関する専門的な知識や技術を要するもので，日常生活品として一般に普及していないもの

具体的な品名・型番がそれ以前は規定されていたが，現在は上限金額だけ決定されているので，具体的には区市町村の窓口で判断して生活をすぐ

に支援することができるようになった。

　厚生労働大臣が定めるものとは，厚生労働省告示第528号「補装具の種目，購入又は修理に要する費用の額の算定等に関する基準」で補装具の種目，名称，形式，基本構造，上限額などを定めている。

◆シーティングの際の注意点

　シーティングで種目に該当するのは，「座位保持装置」「車椅子」「電動車椅子」である。基本構造はティルト機能が採択されたことにより，臨床的には判断を誤ることは少なくなった。逆に情報入手に遅れて，モノコックリクライニングやダブルリクライニングという表記をいまだにしている該当者には注意が必要である。

　基準で採択された完成用部品は，公益財団法人テクノエイド協会[1]のデータベースに登録されている。個々の部品については各製造メーカからの情報をそのまま掲載している状況なので，実際に判定，利用する場合は同一型番内での違い，特に重量などには注意する必要がある。

　また臨床試験も経由しているが，実使用による想定外の故障・破損も皆無ではないので，その場面に遭遇した場合は適切に報告すべきである。

◆まとめ

　毎年のように告示として規定が変更になる可能性があるため，最新の情報を入手することが重要である。一方では運用や実態を国に理解してもらうため，専門職は情報を蓄積し，行政機関への報告を怠らない姿勢が必要である。

　また，ヒヤリ・ハット事例を含めて故障や障害報告も然るべき機関[1,2]に報告することが必要である。

文献

1) 公益財団法人テクノエイド協会
　http://www.techno-aids.or.jp（2014年6月4日アクセス）
2) 製品評価技術基盤機構：事故情報収集制度．
　http://www.nite.go.jp/jiko/index（2014年7月23日アクセス）

第1章 制度と給付

4. 判定

障害者総合支援法による補装具費支給制度の実施主体は市町村である。各都道府県は市町村間の連絡調整や情報提供などの必要な支援を行う他，身体障害者福祉法第9条第7項に定める更生相談所が技術的中枢機関として補装具の専門的な直接判定を行う。市町村より判定依頼を受けた更生相談所は，申請があった身体障害者について医学的判定を行う。

医学的判定は，身体障害者福祉法第15条第1項に基づく指定医師により行われ，判定書および補装具処方箋を作成する。支給判定，採型，仮合わせ，適合判定は，医師，理学療法士，作業療法士，身体障害者福祉司，義肢装具士，補装具業者，その他の担当職員などの関係者の立会いのもとに実施する。

労働者災害補償保険制度による義肢等補装具費支給制度を利用する場合は，労働局において審査，決定後に義肢採型指導医の採型指導を受ける。

◆なぜ判定が必要なのか

・障害の状況を科学的に評価分析し，本人の主訴，身体状況，生活状況を勘案しながら総合的に判断する必要がある。
・統一的な補装具費の支給を行うためには，一定の基準（法体系）に基づいた行政的な判断をしなければならない。
・補装具費は公費であるため，適正に製作されているか否かを照合し，適正に支出されなければならない。

◆ポイント

補装具は，失われた身体機能を補完，または代替し，かつ長期間にわたり継続して使用されるものその他の厚生労働省令で定める基準に該当するものであり，日常生活や社会生活において真に必要な者に支給する。また，補装具の購入や修理に要する費用の一部を補装具費として支給することで，当該者の職業その他日常生活の能率の向上を図ることを目的としている。これらの判断には，個別の身体状況や年齢，職業，教育，生活環境などの諸条件を十分に考慮する必要があり，理学療法士，作業療法士，義肢装具士などの専門職の関与が求められる。

1. 目的
・対象者の日常生活および社会生活を総合的に支援する。
・18歳以上の対象者においては，職業その他日常生活の能率の向上を図る。
・18歳未満の対象者においては，心身の発育過程の特殊性を十分考慮して，将来，社会人として独立自活するための素地を育成・助長する。

2. 対象者

1）座位保持装置
・体幹および四肢の機能障害により座位保持能力に障害がある者。
・原則として身体障害者手帳（以下，手帳）の障害等級が体幹1級を対象。

2）車椅子（オーダーメイド）
・歩行不能，実用歩行困難な者（手帳1，2級）。
・手帳の障害等級3級，難病患者では，歩行状況と車椅子を必要とする理由を具体的に記載する。
・入院中の者は原則として対象外。
・施設入所者は，施設の車椅子が使用できない者の場合には認められることがある。

3）電動車椅子

- 重度の歩行困難者で手動の車椅子が操作できない，または困難な者。
- 学齢児以上であって，少なくとも小学校高学年以上が望ましいとされているが，年齢のみではなく必要性や操作性などを総合的に判断するため，小学校高学年以下であっても申請を却下されることはない。

3．個数

- 支給対象となる補装具の個数は，原則として1種目につき1個である。
- 障害の状況などを勘案し，職業または教育上などで特に必要と認めた場合は2個にできる。

4．再支給（耐用年数）

- 対象品目によって耐用年数が決められており，耐用年数内は原則的に修理で対応する。
- 再支給の際にはその耐用年数によらず，実情に沿うよう十分配慮する。
- 災害など本人の責任によらない事情により失った場合は，新たに支給することができる。

5．費用負担

- 原則定率1割負担であり，世帯の所得に応じて負担上限月額が設定されている。
- 本人が希望するデザインや素材を選択することにより基準額を超える場合は，差額を自己負担することができる。

6．特例補装具

厚生労働省告示に定められた補装具の種目に該当するものであって，障害の現症，生活環境その他真にやむをえない事情により，基準で定めた名称，型式，基本構造などによることができないものの購入または修理については，更生相談所の判断で支給することができる。

◆判定の流れ

判定方法には，更生相談所による直接判定と書類判定がある。レディメイド車椅子など補装具の種目によっては判定が不要な物もある。窓口となる市町村福祉の担当者は，主訴の確認と使用環境の調査を行うことになっている。また，更生相談所によっては理学療法士・作業療法士に理由書（処方案）の提出を求めているところもある。事前に身体機能評価を実施して，理由書を作成することが望ましい。

申請から判定，給付までの大まかな流れを**付録1**に示す。

◆理学療法士・作業療法士の役割

理学療法士・作業療法士は利用者に車椅子・座位保持装置が必要だと判断したら，理由書（処方案）を作成する。作成の際は，必ず身体機能を評価して，本章を参考に日常生活，職業，使用環境などを総合的に判断する。また，利用者および家族に対してはどの支援制度を利用できるのかを確認し，適切な相談窓口に直接申請するよう助言する。判定・処方時は立ち会うのが望ましいが，困難な状況であれば理由書にて情報提供を行う。採寸・採型時には，評価結果および処方案を製作者に伝え，確認する。

このような一連のかかわりを円滑に実施するためには，様々な福祉・保険制度を熟知することが必要である。

文献

1) 厚生労働省：補装具費支給判定にかかる事務処理要領．平成25年4月1日
2) 厚生労働省：補装具費支給事務取扱指針．平成25年4月1日
3) 厚生労働省都道府県労働局労働基準監督署：義肢等補装具費支給制度のご案内．平成25年11月

注意点

- ある「物品」を使用した際，すぐに対象者に適当だと決めず，身体機能を評価し必要な「物品」を検討すること。シーティングは「物」に「人」をあわせるのではなく，「人」にあわせて「物」を検討するのである。
- 欲するものがすべて支給されるわけではない。制度を知り，公費で賄われていることの意味，公平性を理解して，真に必要なものの解釈を間違えないこと。

第2章

評価・製作過程

第2章　評価・製作過程

1. 評価・製作過程の概論

　まず，シーティングとはどのような過程かについて考える。廣瀬ら[1]は「車椅子」の「椅子」の機能を利用者に適合・調整する技術をシーティング技術といい，利用者の身体寸法にあわせることを基本としてベッドなどからの車椅子への移乗方法，車椅子の走行性など生活全般とあわせてアセスメントされる，としている。筆者もほぼ同様にシーティングについて考えており，シーティングを「車椅子などの座位を提供する福祉機器を使用者の生活に適合するように調整する過程」ととらえて取り組んでいる。使用者の生活に適合するように調整するためには評価と製作の過程が重要である。まずは使用目的を明確にし，使用者の身体機能や動作能力への適合，介助者の介助のしやすさへの適合，環境への適合を評価する。また，製作過程では製作者と，レンタルの場合はレンタル事業者との情報交換も重要である。

◆使用目的の明確化と生活の想定

　車椅子や座位保持装置の使用目的は様々である。自走して屋内を自由に動き回る，就学や就労で使用する，介助でデイサービスなどの日中活動に出かけるなどいろいろな使用目的がある。したがって，問診ではまず主訴とニードをふまえて使用目的を明確にする。現在，車椅子を使用して生活している場合は1日の生活パターンと1週間の生活パターンを把握する。これから新規に車椅子を製作する場合はこれらのパターンを想定する。これらのパターンが把握できるとおおよその車椅子乗車時間がわかる。そして，その車椅子乗車時間に見合った休憩方法や除圧方法を検討する。リクライニングやティルトは必要か，休憩や排泄のために移乗する頻度はどれくらいかなどである。このとき移乗に関する情報も収集する。移乗動作は自立か，介助が必要か，1日に何回移乗が必要か，移乗方法はどのように行っているかなどである。

◆使用者の身体機能や動作能力への適合

1. これまでの経過と今後の見通し

　どのくらいの期間でどのような経過をたどって

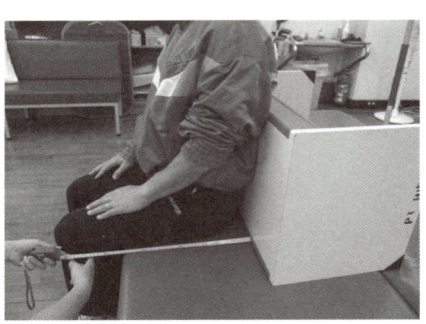

図1　端座位での座底長計測
対象者の後ろに台を置くと計測しやすい

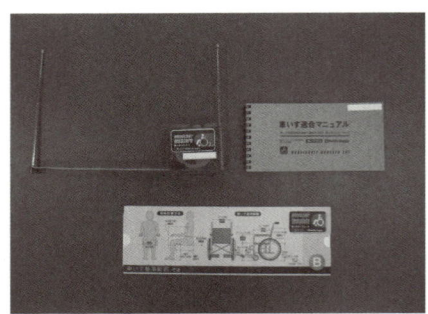

図2　車いすメジャーセット[2]（パシフィックサプライ）
車いすメジャー，車いす適合マニュアル，車いすテンプレートがセットになっている

1 評価・製作過程の概論

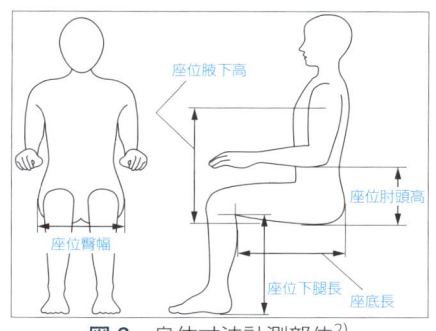

図3　身体寸法計測部位[2]

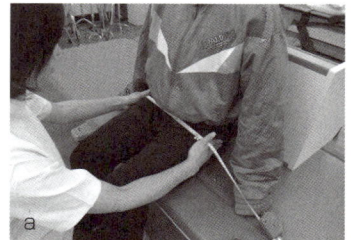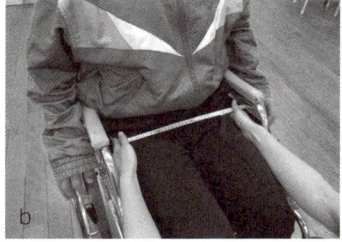

図4　座位臀幅計測
a：端座位，b：車椅子座位

図5　座位下腿長計測
a：端座位，b：車椅子座位

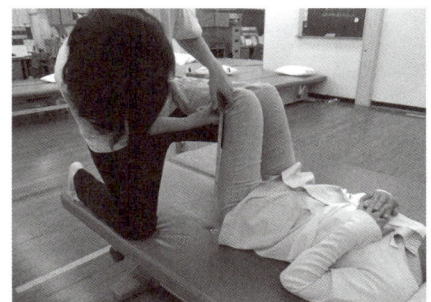

図6　臥位での座底長計測

現在の機能や能力となったかを情報収集する。診断名，現病歴，既往歴などの医学的情報は可能なかぎり医療関係者などから提供してもらう。また聞き取りを通じて本人や家族からも同様の情報を収集する。これらを統合して今後の身体機能や動作能力の変化を予測する。

2. 身体寸法計測

　身体寸法は，対象者に適合する車椅子を検討する際の基本情報となる。身体寸法を計測するときの姿勢は座位または背臥位で行う。座位は車椅子上座位，端座位，椅子座位のどれでもよいが，必要な寸法が計測できる環境が好ましい。端座位で計測したいが対象者が端座位保持困難な場合は，計測者とは別に座位保持を補助する人を配置する。端座位では対象者の殿部後面が接するように後ろに台を置くと姿勢が安定し計測しやすい（図1）。また，車椅子や椅子の上で計測する場合は骨盤後面が背支持に接するまで深く座ってもらう。車椅子の座面が長いために膝窩部が座支持やクッションの前端にぶつかる場合は，背にクッションなどを挿入して座面長を相対的に短くする。計測

にはスチールメジャーを用いることが多いが，身体寸法計測用の専用計測器として開発された「車いすメジャー」[2]も有用である。これには「車いす適合マニュアル」も添付されていて計測した寸法と車椅子寸法との関係が記載されている（図2）。

　計測部位は座位臀幅，座位下腿長，座底長，座位肘頭高，座位腋下高である[2]（図3）。座位臀幅の計測部位は座位時の殿部周辺におけるもっとも幅が広い部分で，一般的には大転子間となることが多い（図4）。座位下腿長は膝窩部から足底までの距離を計測する（図5）。座底長は殿部後面から膝窩部までを計測する。後ろに置いた台や車椅子の背支持を基準点にすると計測しやすい。座位では脊柱が屈曲し骨盤が後傾してしまうが臥位では中間位となる場合は背臥位でも計測し，車椅子上で実現したい乗車姿勢をイメージする（図6）。座位肘頭高，座位腋下高はそれぞれ座面から肘頭，腋下までの距離を計測する（図7）。座位肘頭高，座位腋下高は計測姿勢とクッションに注意しなければならない。

　座底長と同様に姿勢によって脊柱と骨盤のアラ

15

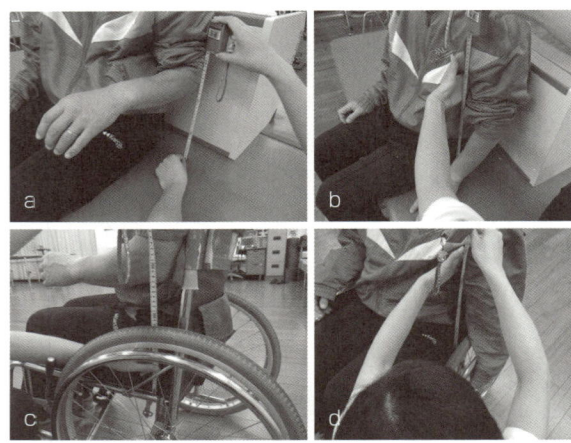

図7 座位肘頭高，座位腋下高の計測
a：端座位での座位肘頭高，b：端座位での座位腋下高，
c：車椅子座位での座位肘頭高，d：車椅子座位での座位腋下高

イメントが変わる場合は座位，臥位共に計測しておく。またこれらは使用するクッションによって寸法が変わる。座位ではまずクッションなしで計測し，クッションが決まっていればクッションを使用した状態も計測しておくと車椅子寸法へ反映しやすくなる。

3. 現在の身体機能や動作能力の評価

座位保持能力の評価は車椅子上だけでなく，平らで背もたれがなく足底が設置する高さのプラットホームで端座位保持能力も評価する。評価手法としてはHoffer座位能力分類（JSSC版）とマット評価を用いる。座位で疼痛が問題となる場合は疼痛の評価を行う。褥瘡予防では好発部位を確認したうえで褥瘡発生リスクの評価と接触圧計測を行う。車椅子上の姿勢を表現するためには姿勢計測が有効である。姿勢計測は数値で座位姿勢を表現することができるため客観的なアウトカムの1つとしても有用である。

動作能力は車椅子上での姿勢変換や姿勢修正の可否と方法，移乗，駆動を評価する。姿勢変換では背支持から背中を離すことができることが1つの目安である。これができると殿部の位置を後方に移動させやすくなり，転落や尾骨などの褥瘡の予防につながる。移乗は上下肢体幹の支持性やバランス能力によって方法が異なる。上肢で支持す

る場所や殿部の上がり具合，方向転換の方法などを評価する。駆動は両上肢，両下肢，片手片足，これらの複合などどの方法か，駆動する範囲は屋内のみか，屋外も可能かを評価する。

◆介助者の介助しやすさへの適合

まずは介助が必要な場面を特定する。主な場面としては移乗，移動，食事，姿勢変換，除圧などが挙げられる。また介助は家族を中心とした特定の介助者で行うか，多数の介助者が関与するのかも重要な情報である。特定の介助者の場合は方法や手順が複雑でも習熟により安全に素早く介助できるようになるが，多数の介助者が関与する場合はなるべく単純な方法でできるようにしたほうが介助者・利用者ともに負担が軽減する。

移乗に介助が必要な場合ではリフトやトランスファーボードなどの福祉機器を使用するか，足部支持や前腕支持は外れるほうがよいか，ベッド，トイレ，浴室，自動車など場面によって方法が変わるかなどを評価する。

姿勢変換に介助が必要な場合はリクライニング機構やティルト機構が必要かを検討する。リクライニングは後方に体幹を倒す際に股関節を伸展したいときに有効である。しかし，リクライニングは背支持の軸と股関節が一致しないため，背支持を起こしたときに姿勢が崩れやすいという問題がある。特に股関節伸展方向の筋緊張が強い場合や関節が硬い場合に問題となる。ティルトはこの問題を解決し，リクライニングよりも姿勢を保持しやすい。しかし，車椅子としては若干機構が複雑になり重量が重くなる場合がある。

また，リクライニングでは股関節を伸展することができるがティルト単独では股関節の角度は屈曲位を保つため伸展することができないこと，倒すときに座面も傾くためにテーブルなどに接近したままでは倒すことができないことなどの問題がある。ティルト・リクライニング車椅子はこれらの問題を解決するが，機構がさらに複雑となる。重量の問題とともに使い方も複雑となるために使

用する介助者が習熟する必要があり，介助者が確実に操作できるようになるかを評価する．例えば，施設利用者にティルト・リクライニング車椅子を提供する場合，その施設ですでにティルト・リクライニング車椅子を使用している利用者がいれば介助者が操作に慣れている可能性がある．逆に初めて導入する場合は，車椅子完成後に操作方法習熟のためのフォローが可能かどうかを検討しておくとよい．

◆環境への適合

車椅子を選択する場合，主に使用する環境が屋内か屋外かで必要な機能や構造が異なる場合が多い．屋内で使用する場合は容易にとり回せることが重要である．想定される動線ではすべて通過や回転ができるか，必要な場所に接近できるかといったように通過，回転，接近をポイントに評価する．通過幅が車椅子の全幅に対してぎりぎりの場合，操作が難しくなるので使用者や介助者の操作能力も加味して評価する．回転が難しい場合は足部支持形状や取り外し式の要否を検討する．また，操作能力に応じて駆動輪の車軸位置を前方にすることで回転半径を小さくすることができる．ただし，後方転倒のリスクが高くなるために操作能力は十分に評価する．

屋外での使用を考える場合，必要な介助量を想定する．活動的な脊髄損傷者はほとんど介助がいらないが，それでも高い段差など介助が必要な場面に備えて背支持のグリップは小さく残しておくことを勧める．筆者は利用者の経験が豊富で確信をもってグリップは不要と本人が言い切れる場合のみ取り付けを見送っている．屋外は予想外の事態が生じる可能性があるので安全の確保は重要である．介助用ブレーキや転倒防止バーは要否の検討を推奨する．さらに，不測の事態に備えて転落を防止するためのサポートとしてパッド類やベルト類が必要かどうかを検討する．屋外では屋内に比べて振動も大きくなる場合がある．振動によって姿勢は崩れないか，筋緊張は変化しないかなどを評価する．

屋内用と屋外用の車椅子を使い分ける場合は，乗り換える場所と方法を確認する．車椅子から車椅子に直接乗り換える場合，1度どこかに移乗する場合などによって環境と方法が変わるので検討が必要である．また，使用していない車椅子の保管場所も確保しなければならない．

◆製作者などとの情報交換

評価の過程で大まかな方向性が決まってきたら製作者を交えて検討する．実現したい姿勢や取り付けたい機能を製作者に提示し，それが製作可能か，強度は確保できるか，どのような素材を使うかなどを確認していく．利用者，製作者，理学療法士・作業療法士などの評価者の三者は車椅子や座位保持装置の基本的な知識が異なるため，思い描くイメージが食い違うことがあり，この過程は非常に重要である．またほとんどの場合，評価から完成まで数カ月に及ぶため記録が重要で，申しあわせた点や変更点は日付とともに記録しておく．

レンタルの場合は，レンタル事業者に評価内容を伝えて試乗車を用意してもらう．三者で適合を確認するのは製作の場合と同様である．レンタルでは車椅子の寸法などの調整は可能でも改造はできないことが多いという欠点があるが，適合すればすぐに提供できるという利点もある．レンタルできる車椅子は現在多数提供されており，その中から1台を選択することは非常に難しい．だからこそ製作の場合と同じ評価を行い，適合のために必要なポイントを明確にすることが重要となる．手当たり次第車椅子を試す手法は絶対に避けなければならない．

文献

1) 廣瀬秀行，他：高齢者のシーティング．三輪書店，p1，2006
2) 日本リハビリテーション工学協会車いすSIG（監）：車いすメジャーセット．パシフィックサプライ

第2章 評価・製作過程

2. 座位能力分類

Hoffer座位能力分類（JSSC版）と簡易車いす座位能力分類を紹介する。また，Hoffer座位能力分類（JSSC版）のシーティングへの活用方法を述べる。

◆目的

対象者の端座位での座位能力を評価することはシーティングを行ううえで重要である。車椅子や座位保持装置がない状態での座位能力は，座位を保持するための支持を必要とする部位や強さを左右するからである。座位能力分類は国際的にはいくつか報告されているが，本邦ではHoffer座位能力分類（JSSC版）と簡易車いす座位能力分類とがある。

◆ポイント

1. Hoffer座位能力分類（JSSC版）（図，表1）

Hoffer[1]は脳性まひ者の座位能力を3段階に分類している。自力での座位保持困難であるpropped sitting（支えられている座位），上肢支持にて座位保持可能である self-propped sitters（自分で支えている座位者），座位が自立している independent sitters（自立している座位者）となっている。このHofferの分類に具体的な評価基準を加えたものがHoffer座位能力分類（JSSC版）[2]（以下，Hoffer座位能力）である。

この評価はまず評価する座面の状態を規定しており，足が床に着く高さでしっかりした座面に座った状態としている。この状態で評価することにより，支持が座面のみでの座位能力を表すことができる。ただし，この評価は現時点では脊髄損傷者を対象外としている。これは脊髄損傷完全麻痺者の場合，横断的麻痺のために身体能力の高さと座位能力が一致しない可能性があるためである。

座位能力の評価時間を30秒と規定しているが，これは対象者の最大能力を評価するためである。

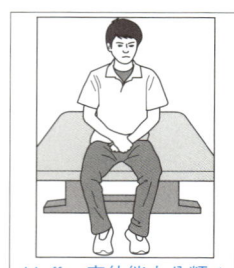
Hoffer座位能力分類1
手の支持なしで座位可能

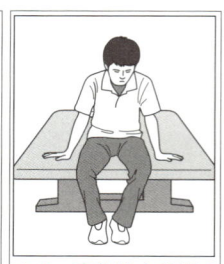
Hoffer座位能力分類2
手の支持で座位可能

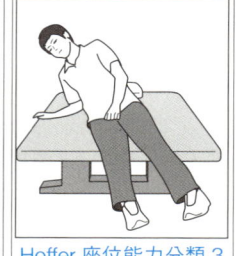
Hoffer座位能力分類3
座位不能

図　Hoffer座位能力分類（JSSC版）
・足が床に着く高さで，しっかりした座面上（理学療法や作業療法で使用するプラットホームなど）に端座位で座った状態を評価する
・脊髄損傷者は現時点では対象外とする

表1 Hoffer座位能力分類（JSSC版）

使用方法
- 足が床に着く高さで，しっかりした座面上（理学療法や作業療法で使用するプラットホームなど）に端座位で座った状態を評価する
- 脊髄損傷者は現時点では対象外とする

座位能力1：手の支持なしで座位可能
　端座位にて手の支持なしで30秒間座位保持可能な状態

座位能力2：手の支持で座位可能
　身体を支えるために，両手または片手で座面を支持して，30秒間座位保持可能な状態

座位能力3：座位不能
　両手または片手で座面を支持しても，座位姿勢を保持できず，倒れていく状態

表2 簡易車いす座位能力分類

1. 座位に問題なし
　特に姿勢が崩れたりせずに座ることができる
　自分で座り心地を良くするために姿勢を変えることができる

2. 座位に問題あり
　姿勢がだんだん崩れたり，手で身体を支える
　自分で姿勢を変えることができない

3. 座位がとれない
　座ると頭や身体がすぐに倒れる
　リクライニング車椅子やベッドで生活している

　Hoffer座位能力1の場合，30秒間とはいえ手の支持なしで端座位可能であるので，身体寸法に適合する車椅子を使用し，適切なクッションなどで良好な座面を提供することで上肢活動が可能となる可能性が高い。ただし，時間的要素は実際に車椅子やクッションを使用しての評価が必要となる。提供した車椅子やクッションで上肢活動が十分な時間可能かどうかを評価する。

　Hoffer座位能力2の場合，座位保持に上肢支持が必要なレベルであるので，上肢での支持に代わり体幹などを支持することで対象者の上肢活動が可能となることを目指す。このレベルの対象者は側方支持，骨盤ベルトなどの適応となる。

　Hoffer座位能力3の場合，自分では姿勢を保持することができないので，側方支持，骨盤ベルトなどに加えて頭部支持やティルト・リクライニング車椅子の適応となる。以上のように本評価はシーティングを検討する際に必要なものを大まかに把握することができる。

　Hoffer座位能力2，3で支持が必要な部位や支持の強さを評価する場合は，端座位のマット評価の中で理学療法士・作業療法士が対象者の身体を支えて評価する。理学療法士・作業療法士の支持が車椅子や座位保持装置で必要とされる支持のシミュレーションとなる。このようにHoffer座位能力はマット評価と一体で評価すると有効である。

2. 簡易車いす座位能力分類[3]（表2）

　この分類は車椅子に座ったままで座位姿勢と動作を評価する。すでに車椅子を利用している対象者の状態を表すことができるため，シーティング前後の変化を示すときに便利である。

文献

1) Hoffer MM：Basic considerations and classifications of cerebral palsy. In American Academy of Orthopaedic Surgeons：Instructional course lectures. Vol. 25, St Louis, The C. V. Mosby Company, pp97-98, 1976
2) 古賀　洋，他：Hoffer座位能力分類（JSSC版）の評価者間信頼性の検証．リハビリテーション・エンジニアリング　**24**：92-96，2009
3) 廣瀬秀行，他：高齢者のシーティング．三輪書店，p76，2006

第 2 章　評価・製作過程

3. マット評価

　マット評価とは，マット上という環境でシーティングの対象者の身体機能や姿勢などを背臥位と端座位でそれぞれ評価することである。本邦においても，シーティングの研修会の中で講義や実技が企画されており，マット評価をしたうえでシーティングを行うことが推奨され実践されている。本項では基本的なマット評価について，目的，評価環境，方法の順で紹介する。

◆目的

・個々のニーズに沿った最適な車椅子を決定するために「人」側の情報を集める。
・車椅子上で姿勢が崩れている症例の場合，変形が固定されているものか，柔軟性があり修正可能であるのかを明らかにする。

◆評価環境

・マットは理学療法などで使用する平らで沈み込みが少ないプラットホームを使用する。
・評価者の人数は安全管理や記録のため，2人以上で行うことが望ましい。

◆方法

　マット評価の進め方として Minkel[1] は，基本的に背臥位と端座位とも骨盤や下肢の可動性と脊柱のアライメントを確認することから始め，次に頭部と上肢の姿勢との関係を評価するとしている。

1. 背臥位でのマット評価

・股関節と膝関節を他動的に 90°屈曲することで座位を模擬した姿勢（**図-a**）をとり，体が左右対称で自然に伸びた状態を保持できるかどうかを評価する。
・本肢位の特徴は重力の影響を排除した状態で評価できることがあり，重力の影響を排除しても左右非対称であったり，体幹が屈曲位のままであったりする場合には固定された変形と判断することができる。

　以下に背臥位でのマット評価のポイントを関節ごとに記載する。

1）股関節

　マット上での股関節屈曲と骨盤後傾角度の評価は，背支持や座クッションの選択時に参考となる。股関節屈曲時の骨盤の後傾は腰椎や仙骨の下に評価者の手を入れることで確認できる。さらに股関節内旋拘縮では足部が外側に，外旋拘縮では足部が内側に位置するため，足部支持の位置を確認する。また，股関節内転拘縮では両膝が接触して皮膚に発赤ができることがあるため内転防止のクッションの効果があるかどうか，外転拘縮がある場合には大腿とアームパイプとの接触が起こらないように座幅を広くとるかどうか確認する。

2）膝関節

　股関節・膝関節 90°屈曲位から膝関節を伸展することでハムストリングスの柔軟性を評価する。ハムストリングスに短縮があれば骨盤後傾，腰椎後弯位となりやすい。逆に膝関節を 90°以上屈曲した状態にするとハムストリングスは短縮位となり骨盤前傾，腰椎前弯位の保持をしやすくなる。このような評価は足部支持の位置の選択時に参考となる。

 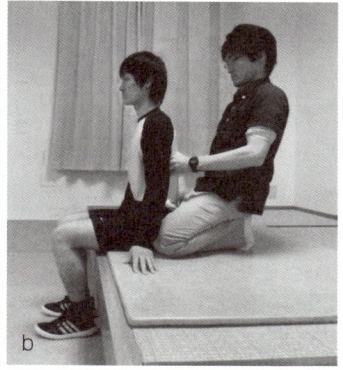

図　マット評価における背臥位（a）と端座位（b）の基本姿勢

3）足関節

足関節背屈や内外反の可動域を確認し，必要に応じて足部支持の高さや角度の調整を行う。

4）体幹（骨盤・腰椎・胸椎・頸椎）

図の基本姿勢をとり両側から骨盤を把持しながら骨盤の前後傾，左右傾斜，回旋を評価する。円背がある症例には楔形のクッションを使用することで背臥位をとるが，それでも難しいときには側臥位で評価する。Buckら[2]は骨盤後傾は座底長の延長や仙尾骨に圧がかかりやすいこと，骨盤の傾斜は側弯，骨盤の回旋は膝の位置の相違と関係が深いことを指摘している。

5）上肢

上肢の関節可動域や肩の亜脱臼の有無を確認することで，車椅子乗車時の前腕支持の高さや形状の工夫が必要かどうかを確認する。

2. 端座位でのマット評価

背臥位の評価を参考にしながら端座位での評価を進めていく。以下に端座位でのマット評価のポイントを記載する。

① 足底が床に着いた状態となるようにマットの高さの調整，または足台の追加を行う。
② 次に身体のどこの部位を，どのくらいの力で支えれば重力に抗して姿勢を保持できるかを評価する。その際，土台となる股関節と骨盤の角度を決めてから体幹や頸部の動きを評価していく。これらの評価は提供する車椅子の背支持の種類や角度の選定をするときに有益な情報となる。
③ 支える方法は評価者が後方から手や足で支える方法（図-b）と物を使用して支える方法がある。骨盤を安定させるために，殿部の周囲をバスタオルで囲んだりアンカー付きの座クッションを使用して実際に評価することがある。
④ 矢状面では股関節90°で体幹を伸展した，いわゆる基本座位姿勢（図-b）をとることの可否を評価する。股関節屈曲制限のある障害者や円背を有する高齢者などでは，股関節屈曲を90°より小さくした状態で頸部や上肢のコントロールを評価する。
⑤ 前額面では正中位に近い姿勢を保持するためにどのように支えればよいかを評価する。体幹を支える方法はパッドやシェルタイプの座位保持装置などを後方からあてて評価する。
⑥ 適切と思われる端座位姿勢を決めたら，リーチ動作などの動的座位バランスの評価や身体寸法測定へと進める。

文献

1) Minkel J：The physical assessment. 27th International Seating Symposium, 2011
2) Buck S, et al：Reality hits the mat. proceedings of canadian seating & mobility conference, 2006

第2章　評価・製作過程

4. アウトカム

シーティングにおけるアウトカムは，観察による姿勢の改善など定性的な指標が多かった。しかし，近年は定量的に指標を表すことも可能となってきた。例えば姿勢計測において国際標準化機構（international standard organization；ISO）が国際標準をまとめて定義を示し，日本で計測機器やソフトが開発されて姿勢の定量的な表現が可能となった。褥瘡に関しても評価バッテリーの開発により創部の評価が定量的に可能となっている。ここでは主に定量的なアウトカムについて概説する。

◆アウトカムの意義

シーティングを実施する際には目的や目標がある。例えば車椅子座位が保てない症例にシーティングを実施し，目標時間の座位が達成できたとする。この場合のアウトカムは車椅子座位時間となるかもしれない。ここではそれに加えて座位時間が制限されていた因子を評価の段階で抽出し，シーティング実施後にどのように変化したかをアウトカムとして定量的に記録することを推奨する。

シーティングの効果測定の方法が複数あると変化点をとらえやすく，問題点に対して実施したこともあわせて記録しておくことによりノウハウの蓄積につながる。それがシーティングの効果を示すことにつながり，科学性の確立に寄与できる。以下にシーティングにおける主なアウトカムについて述べる。

◆アウトカムのポイント

各アウトカムの概要と必要に応じて使用する機器，方法について概説する。

1. 姿勢の改善

1）姿勢計測

座位姿勢の定量的な表現はこれまで困難だった。姿勢は3次元に動く各関節の複合体なので定量的に表すには複雑だったためである。この問題を解決するために2006年にISOが姿勢計測に関する規格をISO16840-1として発効した。ここでは姿勢を前額面，矢状面，水平面に分けて表現すること，身体分節の定義などが明示されている。

しかし，ISO16840-1で示されている計測方法は臨床場面で実施するには複雑な方法だった。そこで国際規格とは別に2013年2月に臨床ガイドラインがウェブ上で無料公開（同年11月に最新版が公開）され，臨床場面での姿勢計測方法に一定の方向性が示された[1]。その中では日本で開発された計測機器HORIZONや姿勢計測ソフトrysisが紹介されている。詳細は第2章「8．姿勢計測」に譲るが，表現方法の国際規格化とこれらの機器やソフトウェアにより定量的な姿勢計測が可能となってきた。

2）ズレ度

車椅子上で座っていると前方に殿部がずれていき，転落する危険性が生じる場合がある。この前方への殿部ずれの長さを計測したものがズレ量で，ズレ度はズレ量を基に算出する[2]。計測機器は長軸が30 cm程度の差し金（角が丸いものを推奨），15〜20 cm程度の定規（細めの物を推奨），テープメジャーである。

対象は車椅子上座位で前方への殿部ずれが問題

4 アウトカム

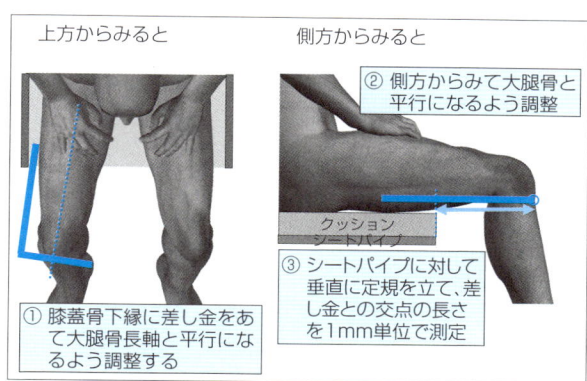

図1 ズレ量の測定（文献2）より引用，改変）

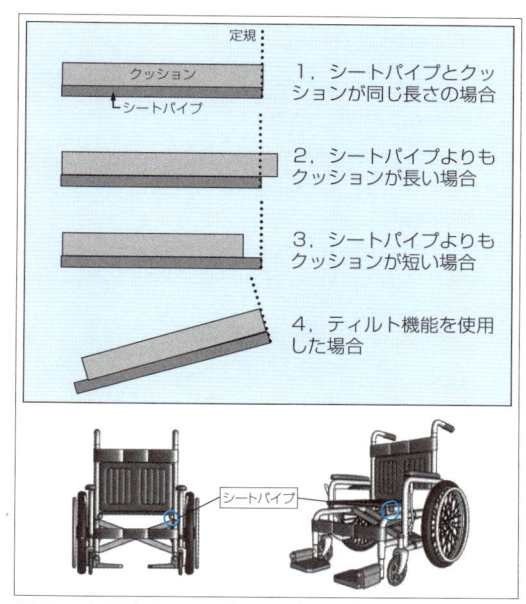

図2 定規をあてる位置と角度（文献2）より引用，改変）
定規はシートパイプに直行するように前端にあてる

となる症例である．計測の手順は，① 車椅子座位開始時のズレ量を計測する，② 一定時間経過後，殿部ずれが生じた段階で再度ズレ量を計測する，③ 開始時のズレ量と再度計測したときのズレ量の差を算出する，④ 上肢長を計測し，ズレ量の差を上肢長で除してズレ度を算出する．

ズレ量の計測方法は，対象者の膝蓋骨下縁と車椅子シートパイプの前端までの距離を差し金で計測する（図1）．計測の際に股関節が外転または内転位の場合，無理のない範囲で中間位に修正する．この際に膝関節，足関節，足部の位置などは変化させないようにする．またクッションを使用している場合やティルト機構がついている車椅子の場合を図2に示す．基本的にはシートパイプに直行するように前端に定規をあてる．

同一対象者でシーティング前後の比較はズレ量の差を使用するとわかりやすい．対象者間の比較をするときには体格による違いを解消するためにズレ度を使用する．ズレ量の差をズレ度とする際に上肢長を基準としているのは，身長と相関していて座位でも計測しやすいためである．

2. 痛みの評価

痛みの強さを指標とした評価方法は複数ある．簡便，安価で信頼性のある手法として visual analogue scale（以下，VAS），numerical rating scale（以下，NRS），verbal rating scale（以下，VRS），face scale（以下，FS）などがある[3-7]（図3）．VASは10 cmの直線に左端を「痛みなし」，右端を「最高の痛み」として「現在，あなたの感じている痛みの強さを線上に記してください」といった標準化された言葉を検査前に提示し，現在の痛みを指で示してもらう．NRSは最高の痛みを10，痛みがない状態を0とした11段階でいまの痛みが何点に相当するかを記述または口頭で答えてもらう．VRSは「0：痛くない」「1：少し痛む」「2：かなり痛む」「3：耐えられないほど痛む」の4段階に分け，どこに該当するかを口頭で答えてもらう．NRSとVRSは口頭でも評価できることが利点として挙げられる．FSは複数種類があり[5-7]，笑顔から泣き顔までの顔を描いたスケールを用いて患者の気分にもっとも合致する表情を1つ選ばせるもので，小児や高齢者に使いやすいといわれている．日本シーティング・コンサルタント協会はシーティング時の痛みの強さを評価する方法としては，信頼性，妥当性，感度すべてにおいて高いVASを推奨し，VASの評価が困難な場合にはNRSやFSで評価することを推奨している．いずれの評価も痛みの評価方法として確立されており，状況に応じて使い分けることが必要である．

23

第 2 章　評価・製作過程

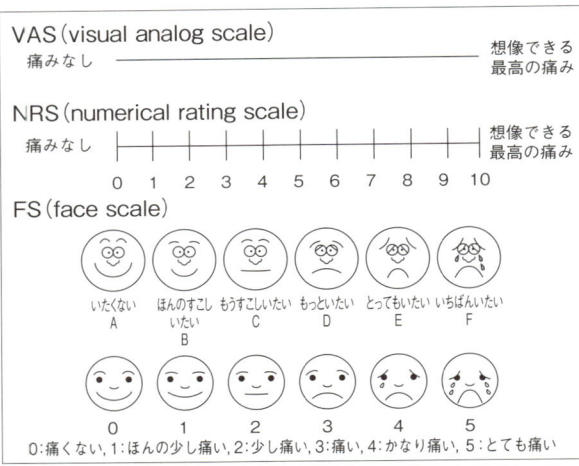

図3 痛みの評価スケール（文献3-7）より引用，改変）

VAS は長さ 10 cm の直線を用いて，対象者は該当する位置に指さし，または印を記入する。
NRS では対象者が印をつけるか，評価者が口頭で質問する。
FS は対象者が該当する表情を指さしなどで選択する

また評価スケールの他に当事者の訴えを傾聴し，痛みの部位を触診して強い圧迫が加わっているかなどを評価者が確認することも重要である。

3. 褥瘡の予防および治癒促進

1) 創部の観察

褥瘡がある場合，創部の観察は必須である。創面の評価は NPUAP（米国褥瘡諮問委員会）の Stage，EPUAP（ヨーロッパ褥瘡諮問委員会）の Grade，EPUAP と NPUAP が共同発表した Category，日本褥瘡学会が開発した DESIGN® と DESIGN-R® などがある[8,9]。国際的には NPUAP や EPUAP の評価が共通言語として使用できる。

しかしこれらは褥瘡の深達度のみを表しており，日常の臨床でポケットの有無など褥瘡の重症度を表すには DESIGN® や DESIGN-R® が適している。DESIGN® は褥瘡の経過を追跡するには適しているが，他の創との比較ができないという欠点があった。この点を改善したものが DESIGN-R® であり，点数によって創の比較が可能となっている。また創部を写真撮影で記録し，経過を追うことも非常に有効である。

2) 座面接触圧力計測

褥瘡は局所に加わる外力によって発生する。座面接触圧は接触圧や座圧とも呼ばれる。外力を客観的な数値で表現できる手法であり，創部の観察とともに褥瘡の予防・治癒促進には有効な手段である。臨床的には絶対値を比較するよりも，シーティング前後でどのように変化したかの比較が有効である。計測機器は携帯型圧力計測器とコンピュータで計測した範囲の圧力分布を視覚的に表示できる計測器に大別できる。詳細は第2章「7. 接触圧」に譲るが，携帯型圧力計測器は計測できる範囲が限られており，局所の圧力のみ計測できる。それに対して後者の計測器は圧力分布を観察することができ，接触面積の広さも比較できる。こちらのほうが情報量は多いが，計測器の値段が携帯型に比べると高価である。

4. 車椅子乗車時間

車椅子乗車時間は単純に時間を計測するだけではなく，乗車時間の制限因子を評価する。例えば疼痛，疲労，殿部ずれによる転落のリスク，姿勢の崩れ，または修正困難などである。また ICF（国際生活機能分類）の活動や参加が伴わなければ車椅子乗車時間が長くなったことに意味をもたない可能性がある。したがって，車椅子乗車時間延長を目標とする場合はそれに伴う活動や参加を視野に入れて設定することが重要である。

5. 車椅子駆動速度

筆者が文献を調べたところ，車椅子駆動速度は身体機能の変化やシーティング介入の効果判定に使用されている[10-14]。計測機器はすべてストップウオッチを使用していた。しかし，計測距離，助走路の有無，往復か片道か，最大努力か通常駆動か，といった規定がまちまちであった。日本シーティング・コンサルタント協会[2]では計測方法の検討を行い「5 m 直線駆動の時間計測」とし，具体的には「5 m 直線，助走路なし，片道，最大努力」での計測を提案している。

6. 上肢機能

これまでにシーティングと上肢機能に関連しては簡易上肢機能検査（simple test for evaluating

hand function：STEF）にて感度と実用性の検証が報告されている．廣瀬ら[15]は3つの下位項目（8：金円板，9：小球，10：ピン）を除外した7項目で調査を行い，座面の違いが下位検査の作業遂行時間に影響を及ぼしたとしている．江原ら[16]は上記の3項目に加えて「3：大立方」を除外した6項目での検査結果の得点と遂行時間の合計を比較することでシーティングの効果を比較できる可能性を示唆している．しかし，これらは検査すべてを行わないので，上肢機能評価として意味がなくなる恐れがあるともしている．

以上のように，STEFでは上肢機能を定量化できるためシーティングのアウトカムとして使用できる可能性がある．その反面，STEFは専用の評価機器が必要なため，一般的な機器で評価できる方法の検討を重ねる必要もある．

文献

1) Waugh K, et al：A clinical application guide to standardized wheelchair seating measures of the body and seating support surfaces（Rev. Ed）. Denver, CO：University of Colorado Denver（363 pgs）.（2013）Available from：http://www.ucdenver.edu/academics/colleges/medicalschool/programs/atp/Resources/WheelchairSeating/Pages/WheelchairSeating.asp
2) 日本シーティング・コンサルタント協会 http://seating-consultants.org/（2014年2月7日アクセス）
3) 長谷川守，他：Visual Analogue Scale（VAS），McGill Pain Questionnaire（MPQ）．臨床リハ **15**：160-167，2006
4) 佐伯 茂：痛みの評価法．*Modern Physician* **23**：317-321，2003
5) 濱口眞輔：痛みの評価法．日臨麻会誌 **31**：560-569，2011
6) Wong DL, et al：Pain in children：comparison of assessment scale. *Pediatric Nurs* **14**：9-17, 1988
7) 飯村直子，他：Wong-Bakerのフェイススケールの日本における妥当性と信頼性．日本小児看護学会誌 **11**：21-27，2002
8) European Pressure Ulcer Advisory Panel and National Pressure Ulcer Advisory Panel：Prevention and treatment of pressure ulcers：quick reference guide. Washington DC：National Pressure Ulcer Advisory Panel；2009.
9) 日本褥瘡学会（編）：褥瘡予防・管理ガイドライン 第3版，日本褥瘡学会誌 **14**：165-226，2012
10) 鈴木俊行：片麻痺者のシーティングとその効果—駆動所要時間と姿勢への影響．青森県作業療法研究 **15**：33-36，2006
11) 佐藤慶太，他：慢性期の脳卒中片麻痺患者のための車いす用アームトレイの試作．北海道理学療法士会誌 **20**：42-45，2003
12) 浅井 結，他：体幹回旋運動のマシーントレーニングが車椅子駆動能力に及ぼす影響—介護老人保健施設に入所中の車椅子自走者を対象に．理学療法科学 **21**：281-285，2006
13) 木村美穂，他：体幹回旋運動のマシーントレーニングが車椅子駆動能力に及ぼす影響—片手片足駆動者と両手駆動者との比較．理学療法科学 **22**：239-243，2007
14) Simmons SF, et al：Wheelchair as mobility restraints：predictors of wheelchair activity in nonambulatory nursing home residents. *J Am Geriatr Soc* **43**：384-388, 1995
15) 廣瀬秀行，他：高齢障害者の作業時の車いすおよびその座面の影響について．国リハ研究紀要 **18**：19-24，1997
16) 江原公洋，他：車いす座位における上肢機能評価法の検討—STEFによる上肢機能測定．作業療法・福岡 **9**：18-22，2010

第2章 評価・製作過程

5. 褥瘡リスクの評価

　褥瘡は，圧迫やずれなどの外力が身体に加わることが直接の発生原因である。また，湿潤や感覚障害などの引き金因子により褥瘡発生リスクが高くなる。まずは座位における褥瘡好発部位を把握し，利用者の主観的情報と客観的評価をあわせて評価を進める。生活パターン，車椅子乗車時間，介助方法などの生活に関する情報と疼痛，疲労などの主観的情報は問診により収集し，客観的評価は必要に応じてリスクアセスメントスケール，感覚障害の検査と除圧動作の確認，座面接触圧力計測などを行う。最終的にはこれらの評価を統合することが重要である。

◆目的

　褥瘡予防は長時間車椅子を使用する利用者にとって重要な課題である。身体機能障害が重度な方ほど車椅子上での褥瘡発生リスクは高くなる。褥瘡発生リスクは利用者個々によって異なることから，車椅子上での褥瘡発生予防のためには評価が必要である。

◆車椅子座位での褥瘡好発部位

　褥瘡発生リスクが高いのは圧力やずれ力が大きい部位である。特に軟部組織が少なく，骨が突出している部位は支持面積が狭くなり圧力が高くなる。車椅子座位では体重を支え骨が突出している坐骨と尾骨・仙骨のリスクが高くなる。

　特に車椅子利用者は歩行能力低下や麻痺により大殿筋など股関節伸展筋群の筋力が低下していることが多い。そのため，歩行可能者に比べて殿部の軟部組織量が少なくなっていて，これらの部位の褥瘡リスクはさらに高まる。この他に骨突出部位である大転子，脊椎棘突起，足部もリスクは高い。また，膝窩部や腓骨頭も車椅子のシートやパイプにあたって常時圧迫している状態が続くと褥瘡発生の可能性がある（**図1**）。

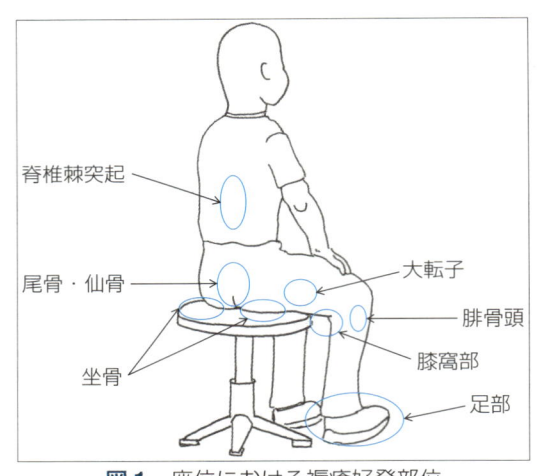

図1 座位における褥瘡好発部位

◆リスクアセスメントスケール

　日本褥瘡学会の『褥瘡予防・管理ガイドライン』[1)]では，リスクアセスメントスケールとして一般的にはブレーデンスケールを推奨している。また高齢者，寝たきり入院高齢者，在宅高齢者，小児，脊髄損傷者と疾患別にリスクアセスメントスケールを紹介している。本項ではシーティング実施の際に使用しやすいブレーデンスケールと脊髄損傷者を対象としたSCIPUS（spinal cord injury

5 褥瘡リスクの評価

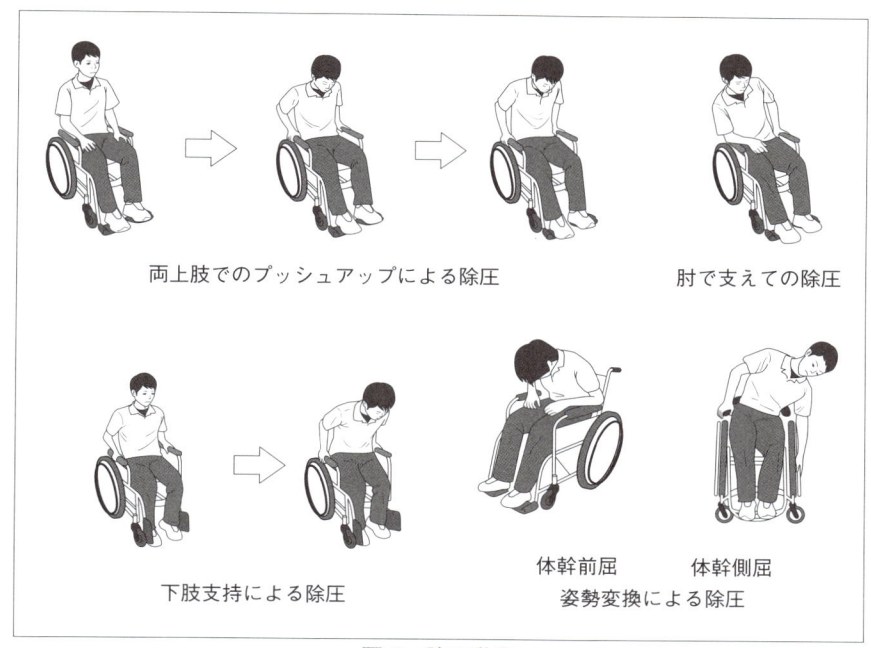

両上肢でのプッシュアップによる除圧　　肘で支えての除圧

下肢支持による除圧　　体幹前屈　体幹側屈　姿勢変換による除圧

図2 除圧動作

pressure ulcer scale）を紹介する。

1. ブレーデンスケール

　ブレーデンスケールは臨床場面の観察のみで採点することができ，知覚の認知，湿潤，活動性，可動性，栄養状態，摩擦とずれの6項目23点満点で，点数が低いほどリスクが高い。危険点（褥瘡発生予測点）は看護力によって異なり，比較的看護力の大きい病院では14点，看護力の小さい施設では17点との報告がある[2]。

2. SCIPUS

　SCIPUSは脊髄損傷者に特化して作成され，15項目25点満点で点数が高いほどリスクが高い[1,3]。リスクの判定は0〜2点が低，3〜5点が中，6〜8点が高，9〜25点がとても高い，となっている。採点項目に血液検査のデータが必要で，問診や観察だけでは採点できないことが難点である。

　シーティング実施において，これらのリスクアセスメントスケールは褥瘡リスクの評価をさらに詳細に行う必要があるかどうかの判断に役立つ。筆者は，特に褥瘡好発部位の軟部組織が少なく骨が鋭く突出している場合は圧力やずれ力が大きくなる可能性が高く，感覚障害と運動機能障害が重度の場合はこれらが長時間加わる可能性があると考えている。このような場合は除圧方法の検討や座面接触圧力計測を可能なかぎり実施している。

◆感覚障害と除圧動作

1. 感覚障害

　感覚障害により疼痛を感じない場合，高い圧力や強いずれ力が加わっていても気づくことができない。前述の褥瘡好発部位に感覚障害がある場合は褥瘡発生リスクが高くなるため，感覚障害の有無を評価することは重要である。殿部周囲の感覚障害を生じることが多い脊髄損傷者の場合は，除圧動作を意識して行うことを推奨している[4]。

2. 除圧動作

　除圧動作の方法はプッシュアップ，体幹前傾や側屈などの姿勢変換，下肢での支持などの方法がある（図2）。プッシュアップは殿部をもち上げることにより，主に坐骨や尾骨に加わる圧力やずれ力を取り除く方法である。プッシュアップは必ずしも両上肢で殿部を高くもち上げる必要はなく，上肢の支持性によっては肘で片側の殿部を浮かせる程度でもよい。しかし，座位バランス不良例や

27

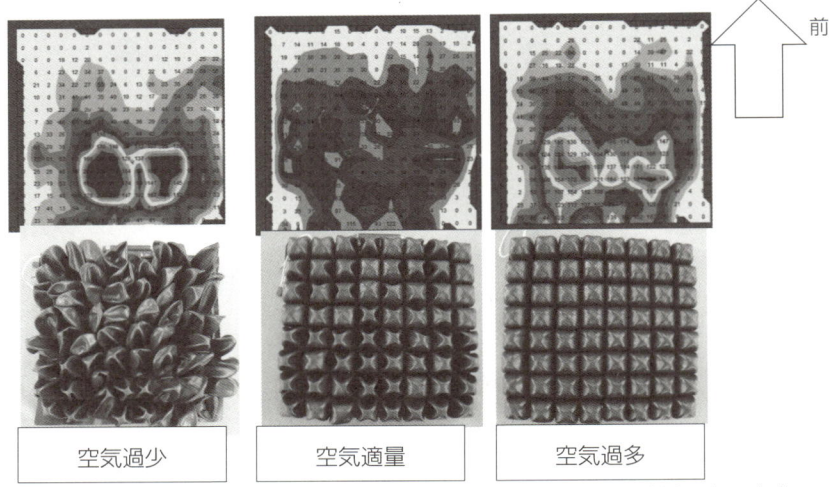

図3 空気調整式クッションにおける空気量の違いと座面接触圧力の変化
空気が少ないと底付きが生じ、坐骨を中心に圧力が高くなる。逆に多すぎると沈み込みと包み込みが不十分となって圧力が高くなる。
（筆者が座って記録、計測時にはカバーをつけた）

上肢に疼痛がある例、筋力が不十分な例などこれらの方法を行うことができないことも多々ある。このような場合は体幹の前屈や側屈を行うことにより除圧することができる[5]。体幹前屈は殿部が前方にすべった場合に再度殿部を奥に入れるためにも必要な動きであり、車椅子利用者にとって重要な動作である。また少しでも下肢の支持性がある場合は、足部支持から足を降ろして下肢で支持すると殿部の除圧となる。

このように評価者はいろいろな除圧動作を知っておき、対象者がどのような除圧動作ができるかを評価することが重要である。

◆座面接触圧力計測

座面接触圧力計測は局所の圧力を数値で確認できる携帯型圧力計測器と圧力分布（プレッシャーマッピングともいう）を表示できる圧力分布測定器がある。携帯型圧力計測器は褥瘡好発部位の圧力計測に使用する。圧力分布測定器は座面全体の圧力分布を表示することができるため、最大圧力や支持面積を確認することができる。

接触圧力計測は褥瘡が発生した部位や発生リスクの高い部位の圧力を中心に計測する。クッションによる圧力の違いを比較する場合や除圧動作を行ったときの圧力変化を確認する際に有用である。視覚や数値で圧力の変化が示されるので対象者は除圧動作の有効性や必要性を実感することができる。また調整式のクッションを使用するときには調整前後の変化をみることもできる（**図3**）。

褥瘡は外力と時間によって発生するため、接触圧力計測と同時に車椅子使用時間を確認することが必須である。

◆問診

本人の生活パターンを把握することは褥瘡対策に重要である。車椅子乗車時間、可能な除圧動作、移乗方法、介助者の有無、排泄方法、外出の頻度、自動車の利用方法などを聴取する。車椅子上座位の状態で問診できれば姿勢の評価も行うことができる。またこのときに痛みや疲労の訴えがあればあわせて評価する。

◆評価の統合

主観的情報と客観的評価を統合する。主観的情報は利用者の記憶に頼っているので抜け落ちや強調されている可能性があるので、上述の客観的情

報と組み合わせて評価を統合することが重要となる．

例えば除圧動作や移乗方法は，可能であれば実際に動作を行ってもらう．また，褥瘡好発部位に疼痛が生じる場合は，座面接触圧力計測の結果と照合して強い圧力が加わっていないかを確認する．これらのように可能なかぎり主観的情報と客観的評価を照らしあわせることにより評価の正確性が高くなる．

文献

1) 日本褥瘡学会（編）：褥瘡予防・管理ガイドライン 第3版．p41-45, 2009
2) 宮地良樹，他（編著）：よくわかって役に立つ新褥瘡のすべて．永井書店，pp8-10, 2001
3) Salzberg CA, et al：A new pressure ulcer risk assessment scale for individuals with spinal cord injury. *Am J Phys Med Rehabil* **75**：96-104, 1996
4) Consortium for spinal cord medicine：Pressure ulcers：what you should know. a guide for people with spinal cord injury. p15, 2002
5) 武田正則，他：脊髄損傷者における車いす上除圧・減圧姿勢の検討．総合リハ **38**：563-569, 2010

6. 適合

　適合とは，その機器が使用者や介助者，その他の人を傷つけない安全性があること，目的とした機能が発揮できている機能性があること，そのうえで給付の概念を満たしていることである。特に，安全性については必ず確認する必要があり，チェックリストの使用も考慮する。

◆目的

1. 安全性には

1）挟み込み
　本人または他者の身体，または身体の一部が通常の使用で挟まれ，傷害を負う可能性がある。実際には指，足部，頭部，生殖器が対象となり，欧州統一規格で成人と子どもでの安全距離が決まっている。

2）転倒
　通常使用で利用者が機器ごと，または本人が転倒することがあり，これも JIS, ISO の基準がある。坂道が使用環境に多い場合や，車軸を変更した場合などは特に注意をする。第 3 章「5. 車椅子，座位保持装置，車椅子クッションの規格」の症例を参照。

3）破壊
　乗車時に破損すると利用者や介助者の傷害に結びつく。これも JIS および ISO の基準がある。

4）褥瘡
　第 2 章「5. 褥瘡リスク」の項を参照。

5）自動車安全性
　第 8 章「2. 車載座位保持装置」の項を参照。

6）材料
- 難燃性：たばこの火が引火しても燃えず，ガスも出ない。
- 生体適合性：ラテックスアレルギーなど素材に対する接触性皮膚炎などを起こさない。

7）外観
- 人体に触れる部分には鋭い突起，または角がないこと。
- 金属材料の表面に著しい傷，さび，汚れがないこと。
- ゴム，プラスチックに著しい変色，ひび割れ，亀裂がないこと。
- 組み立てにおける緩み，がた，変形などがないこと。

　手で触って，カバーを外して，1 度すべての部品を外しながら目でみて確認することが必要である。

2. シーティングの目的
　第 4 章「1. 座位保持・シーティングの概論」を参照。

3. 個人そして社会への適合

1）個人への適合
　希望する座位時間，または最大座位時間，健康で身体機能を最大に発揮できる姿勢や座位保持装置の設定が重要となる。実際に希望する時間を座っていただき，目的を果たしているのかを確認すること。

2）社会への適合
　自宅，就労，教育，自動車への収納など物的環境や家族，介護者など人的に適合すること。

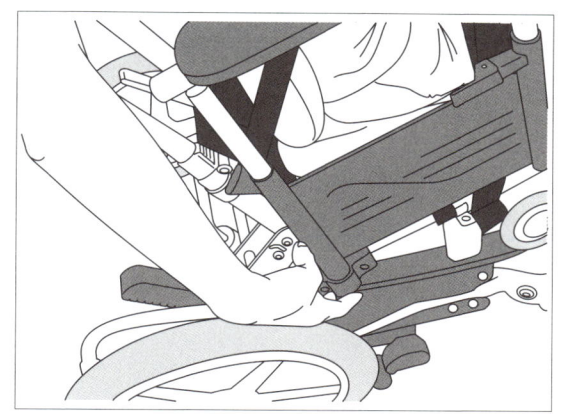

図1 指がティルト機構の間隙に挟まれている

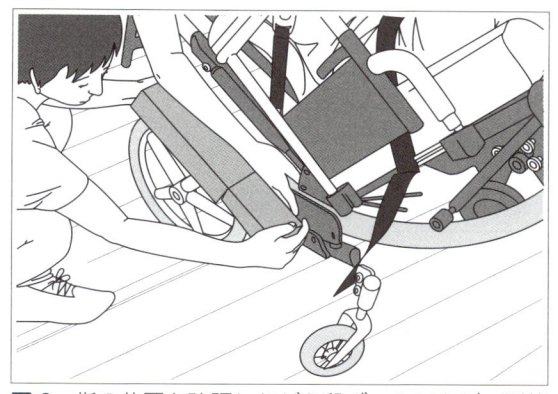

図2 指の位置を確認しながら段ボールでカバー形状を決める作業

4. 給付体制への適合

補装具（第1章「3. 補装具」参照）の概念を満たすこと。

◆症例

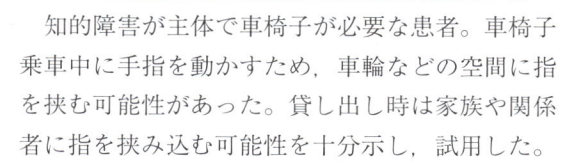

知的障害が主体で車椅子が必要な患者。車椅子乗車中に手指を動かすため，車輪などの空間に指を挟む可能性があった。貸し出し時は家族や関係者に指を挟み込む可能性を十分示し，試用した。

基本座位保持装置付き車椅子の完成後，指がどのような動きをしているか観察する（図1）。その部位を見極め，アクリルボードをはめ込むことを考えた。図2は段ボールで，どのように挟み込みを防ぐか検討している状況である。最終的に腕の動きを制限するための肩部のパッドを使用した（図3）。同時にテーブルを使用し，上肢作業を可能とした。

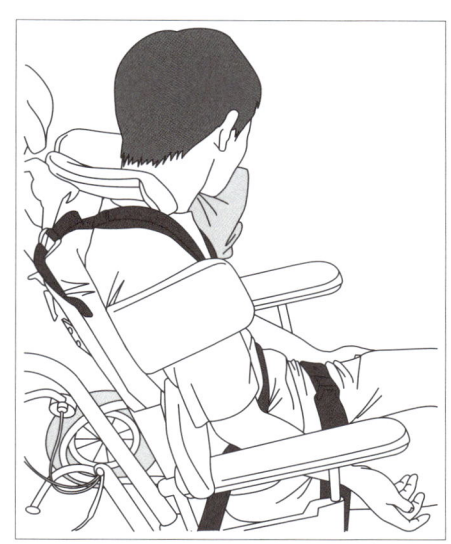

図3 肩部の支持で腕の外転を防ぎ，挟み込みを防ぐ

注意点

最後に安全性を確認してから渡すこと。患者に車椅子を渡すとき，必ずすべて触って動かして緩んでいないか，取り外し，折りたたみ，設置などを確認すること。

7. 接触圧

　すべてのものは互いに引きつけあっている。地球上で生活しているかぎりは，重力から開放されることはない。圧力は，単位面積あたりにかかる垂直の力と定義されており，「力の大きさ」を「力を受ける面積」で割ることにより求められる。
　シーティングの場面では，古くから体重だけに着目した用語として体圧と呼ばれているが，身体単独での着目はトラブルとなる原因の本質を見失う可能性が高いため，接している身体と物体との相互作用の意味を含めての接触圧を用いる方向性にある。

◆目的

　身体の支持と過度な接触による褥瘡発生リスクを低減する。

◆ポイント

1. 圧力の意味

　圧「力」という日本語表記から，「力」の意味と誤用している例をいまだに多くの医療現場では目にする。
　圧力は単位面積あたりにかかっている力のため，力の基になっている発生源の検討とともに接触している面積を広げるという支援方法がシーティング技術の基礎であることを理解する。

2. 圧力を計測するもの

　高価な接触圧力計がないとまったく接触圧力に関しての評価ができないと判断してしまうのは誤りである。もっとも身近な接触圧力の検知方法は人体自身である。
　褥瘡発生部位に，圧力を測りたい方自身の掌を入れてみる。まったく入れる隙間もなければ，かかっている圧力方向と直交する摩擦を減らす工夫をしたり，いったんリフターなどで対象者を吊り上げ，計測したい場所のスペースを十分確保してからゆっくりと降ろすことでかかっている圧力を検知する。差し入れた手指がまったく動かなかったり，抜いた直後に掌などが白いままだったとすれば，かなりの圧力がかかっていたという証拠になる。
　長時間座った後などのクッション評価で，おしりの坐骨部・仙尾骨部が赤くなっていないかを目視判断することも，掌を使った圧力計測と同様となる。
　しかし，骨突出といった極めて小さな場所の値を求めたり，時間による変化を目でみることは人体ではできないため，この場合はなんらかの計測機器を用いることが必要である。

◆計測器の種類

1. ピンポイント式計測機器

　目的とする場所の局所的な接触圧力を計測することができる。
　計測原理は，加圧された空気袋の中に金属の接点スイッチを入れたものや，空気や油などの流体を計測部分から離れた半導体センサ面へ導入してコンピュータによって校正するものがある。空気袋を複数にしたものや空気袋の中にウレタン系の素材を入れたものなど，機器自体の計測に関して

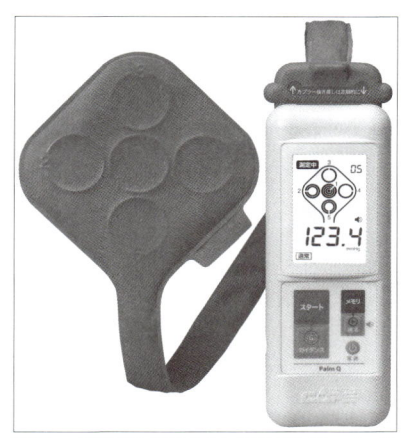

図1 携帯型接触圧力測定器パームQ（株式会社ケープ）

図2 圧力分布測定装置 FSA BodiTrak（タカノ株式会社）

図3 大きさの比較
右がピンポイント式計測機器，左がシート状計測機器

の誤差が出にくい工夫がされているものが多い。

機器が計測する数値は正確だが，計測者によって測定したい目標の位置への配置能力がばらつく。配置方法の統一した練習を実施してからでないと計測者間での誤差が大きくなりがちである。機器独自の問題ではないので計測者の十分な練習が必要である。

図1に携帯型接触圧力測定器を示す。

2. シート状計測機器

1枚のシート内に多数の圧力を検知する機能を配置したものである。計測原理は，圧力に応じて変形する素材を用いて多数の点をコンピュータにより順次計測していくスキャンというタイプがほとんどである。ピンポイント式の物を多数連続的に計測するタイプのものもあったが，普及していない。

シート自体が硬いもの同士であれば変形しないため，計測値は十分に信用できるが，多くの場合は柔らかい人体とクッション・マットレス間で利用されることが多いため，計測器の特性を十分に把握して計測しないと表示される値が何の接触圧力を示しているのかがわからなくなってしまう。

数千カ所の計測センサを入れていることもあり，接触圧力でなく皺をあたかも高い圧力として判断してしまうことが多いので注意が必要である。

また変形量が大きい場合は，変形箇所と圧力が高いところが一致しない場合もある。特に臨床的には，車椅子での張り調整をしている箇所などでは注意が必要である。

図2に圧力分布測定装置の一例を示す。

3. 計測値の表示

ピンポイント式計測機器，シート状計測機器ともに計測しているセンサ自体の変形，位置を表示することはできない。**図3**にピンポイント式計測機器の一例とシート状計測機器の一例との大きさの比較を示す。

また，圧力の値を直接的な数値だけにせず，みやすくするために青から赤に変わる色のグラデーションによって表示する場合もある。出てきた表示に関しては，基本的にはセンサ面は位置（変位）情報であり，圧力を表示するセンサ面と直交する

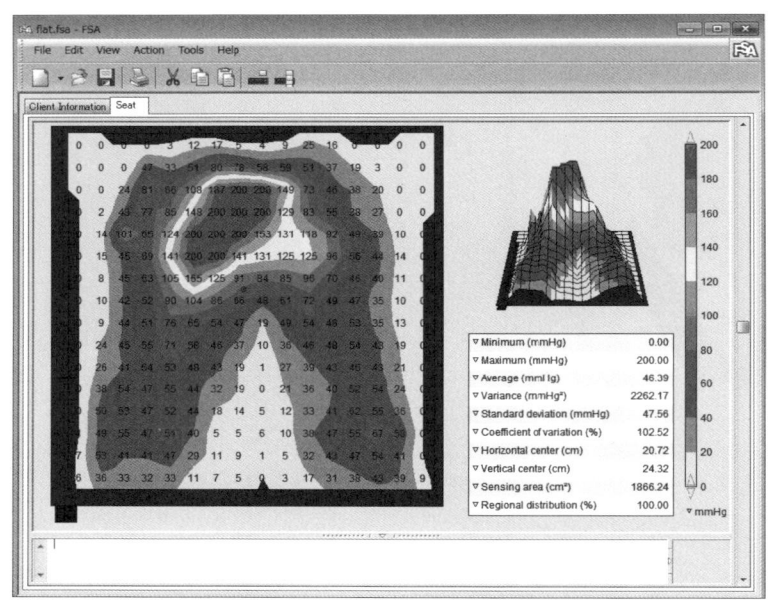

図4 硬い平面に座った成人男性の計測例

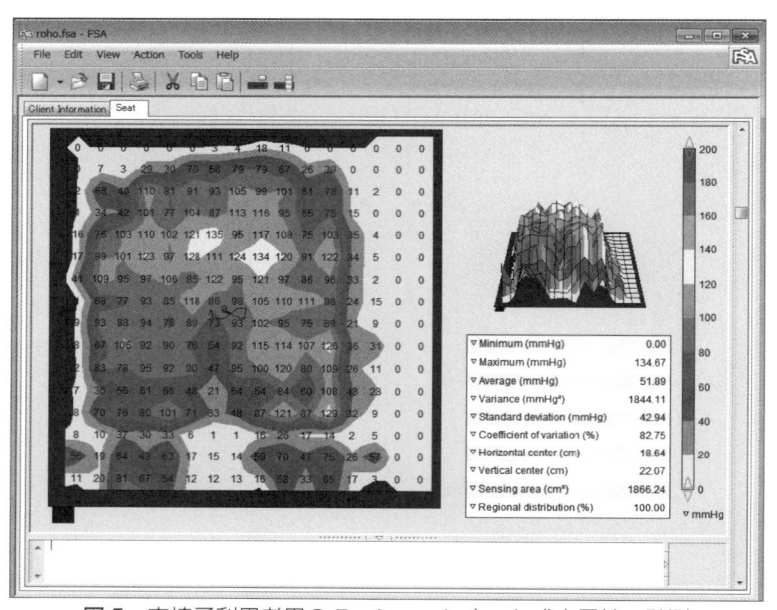

図5 車椅子利用者用のクッションに座った成人男性の計測

軸は位置情報とは異なる。2次元平面で色の差をみるぶんには支障は少ないが，色の値は数値処理的に変更ができるものであるため，「赤いから危険」「青だから大丈夫」といった表現をしないことが重要である。3次元的に圧力値を表示することも，あたかも骨突出といったような誤解のもととなるため用いないほうが賢明である。

図4に硬い平面に座った成人男性の計測例を示す。

図5に車椅子利用者用のクッションに座った成人男性の計測例を示す。

◆まとめ

　シーティングによってできるだけ接触圧を下げることが褥瘡発生のリスク低減につながる。接触圧は直接目でみえないものである。機器によって接触値を知ることができるが，評価は計測時の条件によって大きく左右される。機器の特性だけでなく，計測条件も含めて評価をすることが専門職には要求される。

第2章　評価・製作過程

8. 姿勢計測

臨床においては，「理学療法士・作業療法士の介入による姿勢の変化」や「長時間の座位による姿勢の崩れ」を定量化したいというニーズがある[1]ものの，これまでは「見た目」や「経験と勘」による定性的なものがほとんどであった。また，たとえ定量的なものであっても，その用語や定義はまちまちであったため，結果の比較や異職種間などでの相互理解が困難であった。この問題を背景として，2006年に姿勢の計測ルールを規定した国際規格 ISO16840-1 が発効した。姿勢はこの ISO16840-1 に従って計測されるべきであり，その計測結果に基づいて科学的に評価されるべきである。

◆ ISO16840-1 における姿勢の計測ルール

1. 概要

ISO16840-1 は冊子として販売されており，一般財団法人日本規格協会にて購入可能である（2014年1月現在，英語版のみ）。また，姿勢計測を臨床で実施するための「手引書」である『ISO16840-1 の臨床応用ガイド』が2013年に公開され，無料でダウンロード可能となっている（2014年1月現在，英語版のみ。日本語翻訳版は作成中）[2]。なお，ISO16840-1 と『臨床応用ガイド』ではいくつかの定義に矛盾があるが，現在，この矛盾を解消するために ISO16840-1 の改訂作業が実施されている。

2. 計測面

ISO16840-1 および『臨床応用ガイド』では，姿勢を2次元平面に投影して考えることとされている。2次元平面とは横からみた「矢状面」，正面からみた「前額面」，上方からみた「水平面」である。

3. ランドマークと身体節線

矢状面，前額面，水平面それぞれに身体上の特徴的な点が「身体ランドマーク」として規定されている（例えば，胸骨上端および下端や左右の上前腸骨棘など）。そして，それら身体ランドマーク同士などを仮想的に結んだ線を「身体節線」と呼ぶ。姿勢計測においてはこの身体節線の各2次元平面での傾斜や回旋の角度を計測し，その角度によって姿勢を表現する。

なお，いくつかの身体ランドマークは臨床においては特定・検出が困難であることが明らかとなっている[3]。そのため，姿勢はこの問題を解決した「ISO16840-1 に準拠した簡易計測」の定義[3]（図1〜3，表）に従って計測するとよい。

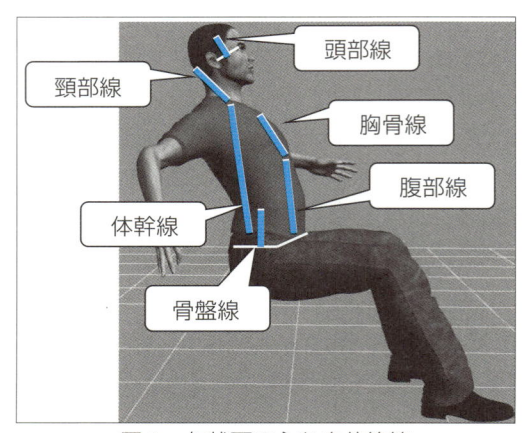

図1　矢状面の主な身体節線

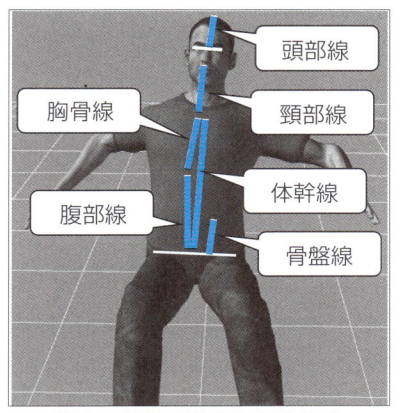

図2 前額面の主な身体節線

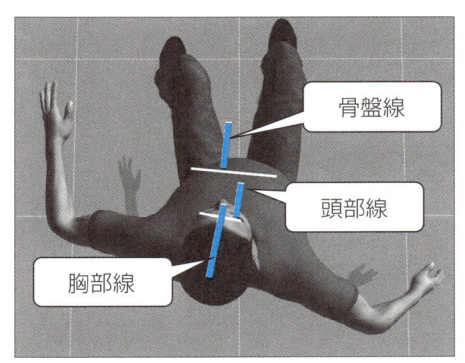

図3 水平面の主な身体節線

表 ISO16840-1 に準拠した簡易計測法（絶対角度計測）

身体節線の名称	定義（関係する身体ランドマーク）
矢状面頭部線	眼縁と，耳珠点を結んだ線の垂線
矢状面頸部線	左右乳様突起の中点と，第7頸椎と胸骨上端の中点を結んだ線
矢状面胸骨線	胸骨上端と，胸骨下端を結んだ線
矢状面腹部線	胸骨下端と，左右上前腸骨棘の中点を結んだ線
矢状面体幹線	第7頸椎と胸骨上端の中点と，腸骨稜を結んだ線
矢状面骨盤線	右上前腸骨棘と，右上後腸骨棘を結んだ線の垂線
前額面頭部線	右眼縁と，左眼縁を結んだ線の垂線
前額面頸部線	鼻下点と，胸骨上端を結んだ線
前額面胸骨線	胸骨上端と，胸骨下端を結んだ線
前額面体幹線	胸骨上端と，左右上前腸骨棘の中点を結んだ線
前額面腹部線	胸骨下端と，左右上前腸骨棘の中点を結んだ線
前額面骨盤線	右上前腸骨棘と，左上前腸骨棘を結んだ線の垂線
水平面頭部線	右眼縁と，左眼縁を結んだ線の垂線
水平面胸部線	第7頸椎と，胸骨上端を結んだ線
水平面骨盤線	右上前腸骨棘と，左上前腸骨棘を結んだ線の垂線

矢状面および前額面の身体節線は，鉛直軸との間の角度を計測する。また，水平面の身体節線は，車椅子座標 Y 軸（「車椅子左右車軸を結んだ線」に垂直で，前方に伸びる軸）との間の角度を計測する

4．絶対角度計測と相対角度計測

身体節線の角度計測には2つの定義がある。1つは「空間中での姿勢」を表現するための「絶対角度計測」であり，「身体節線と，身体外部の座標軸（鉛直軸など）との間の角度」を計測する（**表**）。もう1つは，「隣接する2つの身体節線の間の角度」を計測する「相対角度計測」である。

5．計測にあたって

各自の姿勢計測の目的に応じて，計測する「面，身体節線，種類（絶対角度計測か相対角度計測）」を決める。必ずしもすべての面のすべての身体節線を計測する必要はない。

第2章　評価・製作過程

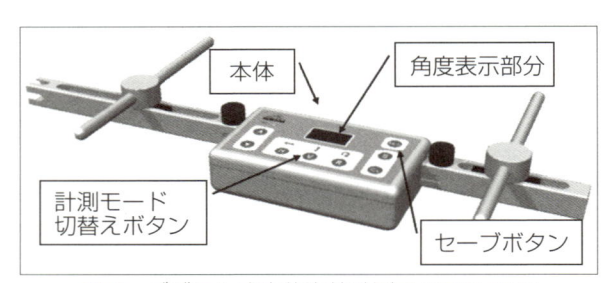

図4 デジタル式座位姿勢計測器 HORIZON

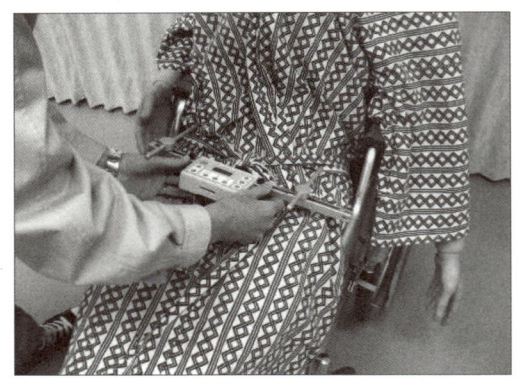

図5 HORIZON を用いた計測の様子（前額面骨盤線の絶対角度計測）　人形をモデルに実施

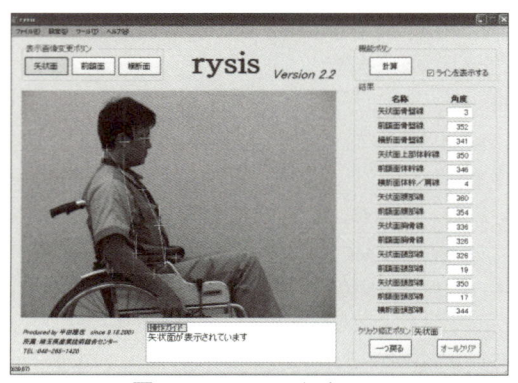

図6 rysis ソフトウェア

度を計測する。ただし、これらの計測は信頼性や妥当性が十分に確認されているとはいえない。

3. デジタル式座位姿勢計測器 HORIZON[4]を用いた計測の手順

HORIZON とは ISO16840-1 に従った姿勢計測を可能とする専用の計測器（**図4**）である。内部のセンサにより、傾斜と回旋の角度を共に計測することができる。使用にあたってはまず身体ランドマークを触診で特定し、次に HORIZON の左右のアウトリガーを身体ランドマークにあてて表示された角度を読み取る（**図5**）。

4. rysis ソフトウェア[5]を用いた計測の手順

rysis は姿勢計測専用の2次元デジタイズソフトウェアである。矢状面、前額面、水平面の3方向から対象者を撮影した後、画像をパソコンに取り込み、rysis ソフトウェアで開く。次に、rysis の画面上で身体ランドマークをポインティング（マウスでクリック）する。その後、身体節線の傾斜および回旋の角度が自動計算され表示される（**図6**）。

5. その他の機器を用いた計測

主に工業分野で使用される接触式3次元計測機を用いて各身体ランドマークの3次元座標値を求め、そこから身体節線の傾斜および回旋の角度を算出することができる[6]。また、X線やCT、モーションキャプチャ装置などによっても姿勢計測は

◆ **姿勢の計測手順**

1. 概要

身体節線の傾斜もしくは回旋の角度を計測できるのならば、どのような機器・方法を用いてもよい。とはいえ、極力、信頼性や妥当性が確認されているものを使用すべきである。

2. ゴニオメータおよび傾斜計を用いた計測[2]の手順

まず計測したい身体節線に関係する身体ランドマークを触診にて特定する。次に傾斜の絶対角度計測の場合は、傾斜計をそれら身体ランドマークを結ぶようにあてる。そして、鉛直軸との成す角度を読む。相対角度計測の場合はゴニオメータの一方の腕を1つの身体節線にあて、もう一方の腕をもう1つの身体節線にあてて、それらの間の角

可能であろう。これらは装置が大がかりかつ高価であるため臨床現場での使用は現実的ではないが、研究用途としては適している可能性がある。

◆今後の展望

今後は臨床で広く姿勢計測が普及し、科学的根拠に基づいた医療・リハビリテーションがさらに広がることが望まれる。そして、エビデンスを積み重ねることにより、いずれは「姿勢の評価」が可能になることが期待される。例えば、「矢状面骨盤線の角度と殿部にかかるずれ力の関係」が明らかになりつつある[7]が、エビデンスをさらに積み重ねることで、いずれは姿勢により褥瘡リスクを評価できるようになる可能性がある。

文献

1) Waugh K, et al：Measuring wheelchair seated posture and seating supports：standardization of terms and methodologies. syllabus of 28th international seating symposium, pp56-59, 2012
2) Waugh K, et al：A clinical application guide to standardized wheelchair seating measures of the body and seating support surfaces revised edition. 2013
http://www.ucdenver.edu/academics/colleges/medicalschool/programs/atp/Research/WheelchairSeatingGuide/Pages/WheelchairSeatingGuide.aspx（2014年5月14日アクセス）
3) 日本シーティング・コンサルタント協会：ISOに準拠した座位姿勢及び座位保持装置測定の基礎―座位姿勢評価手法のエビデンス. 日本シーティング・コンサルタント協会主催研修資料, 2006
4) 半田隆志, 他：デジタル式座位姿勢計測器の開発と評価. 日本生活支援工学会誌 **11**：34-42, 2011
5) 半田隆志, 他：座位姿勢計測ソフトウェアの信頼性評価と妥当性評価. 日本生活支援工学会誌 **10**：36-44, 2010
6) 廣瀬秀行：座る姿勢の計測方法. 日本褥瘡学会誌 **12**：8-11, 2010
7) Kemmoku T, et al：Force on the sacrococcygeal and ischial areas during posterior pelvic tilt in seated posture. *Prosthet Orthot Int* **37**：282-288, 2012

第3章

車椅子関連構造

第3章　車椅子関連構造

1. 車椅子関連構造の概論

　障害者のシーティングでは障害そのものの評価に加え，座位能力の評価や身体寸法の測定などのマット評価を行い，目的を明確にしながら車椅子やクッションの選択，ティルト，リクライニングの必要性などを判断していく．とりわけ若年障害者の場合は，変形の有無を把握し，変形の予防や悪化を防ぐシーティングを考えるべきであり，シーティングの基盤となる主要な関連構造の決定は重要である．

◆車椅子

1. 身体寸法と車椅子
- 骨盤幅や座底長，座位下腿長，座位肘頭高などの測定を端座位で行う．
- 骨盤幅に対して大きすぎる座面幅の車椅子は着座位置が定まりにくく，左右方向の不安定性につながることがある．
- 座底長に対して大きすぎる座面奥行の場合は，すべり座りの原因となることがある．
- 座位下腿長は車椅子の前座高の決定に役立つ．
- 前座高が低すぎる場合は立ち上がりのしやすさや大腿後面への体圧分散などへ影響する．
- 座位肘頭高に基づき前腕支持高を決定するが，この高さは姿勢の左右方向の安定性や脊柱の後弯などに対して影響する．

　最近では前腕支持高や背支持高，座面高，座面奥行，座面幅などを調整できる車椅子も多い（**図1**）．特に，成長あるいは疾患の進行により身体寸法や座位姿勢に変化が予想される場合は，調整が可能な車椅子を選択するとよい．

2. 車椅子の形状
　医療機関などの施設で車椅子を使用する場合は，身体の状況を優先して車椅子を決定しても大きな問題は起こりにくいが，在宅で使用する場合は住

図1　幅広い調整が行える車椅子
（NISSINカタログより）

環境にあわせた車椅子の選択が必要である．特に段差の有無や居室，廊下の広さ，床面の状態，自宅周囲の環境，介護力，自家用車への積載などの確認は重要である（**図2**）．

3. 駆動能力と車椅子
- 車椅子の駆動を可能にすることは生活の範囲を広げ，活発な精神状態を保つうえでも効果は大きい．
- 上肢による駆動は駆動輪の大きさ，車軸の位置，ハンドリムの形状などにより駆動効率は大きく変化する．
- 下肢での駆動を考える際は座面高が重要となる

42

図2　廊下での車椅子使用例

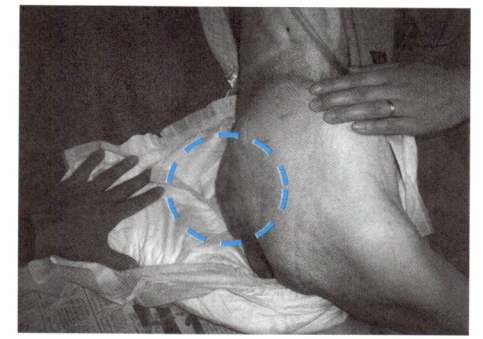

図3　骨盤の病的骨突出

表　一般的な国産アルミ製普通形車椅子とティルト・リクライニング形車椅子の比較

	全幅	全高	全長	重量
普通形車椅子(自走型)	645 mm	890 mm	1,015 mm	13.8 kg
ティルト・リクライニング形車椅子(自走型)	650 mm	1,075 mm (910 mm)	1,105 mm (1345 mm)	21 kg

(　)内はティルト・リクライニング時の値

が，立ち上がりのしやすさにも影響するため高さの決定は慎重に行う。
・上肢や下肢での駆動が困難な場合は電動車椅子の利用も積極的に検討する。

◆ クッション

1. 必要性の判断

　車椅子クッションは殿部，大腿部にかかる応力を分散させ，褥瘡の発生リスクや痛みの軽減に有効である。特に骨盤に病的骨突出（図3）がある場合や座位姿勢を自由に変化させることができない場合についてはクッションの使用は必須である。材質や厚さ，形状，価格は様々であり，褥瘡発生リスクや座り心地から判断していく。

2. 使用に際しての注意点

　クッションには表裏，前後が決まっているものも多く，間違って使用するとかえって褥瘡を発生させてしまう危険もある。また，空気圧の調整などメンテナンスが必要な製品もある。介護者が不特定多数の場合や高齢者の場合は，専門家がクッションの使用状況を定期的に確認することが大切である。

◆ ティルト・リクライニング

1. 適用の判断と注意点

　座位姿勢を保つことが難しいケースや座位の耐久性の低いケースではティルト機能やリクライニング機能の使用を考慮する。一般的には，ティルト・リクライニング形車椅子は普通形車椅子に対し大きく重くなるため（表），自宅など施設以外の場所で使用する場合は使用環境や介護力の確認を行う。

2. ティルト・リクライニングと身体拘束

　特にティルト機能は，骨盤の前方へのずれや体圧の集中を軽減する効果が期待できる。一方で，利用者には同一姿勢を強いることにもつながる。提供者側はそのことを認識し，必要なティルト角度や時間に十分考慮し，必要以上にティルト機能を使用しないことも大切である。

2. 車椅子

　現在の車椅子の構造は，1933年にアメリカのEVEREST & JENNINGS社が金属製の折りたたみ式車椅子（図1）を商品化したことをきっかけに，日本では1964年の東京パラリンピックを契機に普及したとされている（図2）。それまでの車椅子は，木製で折りたたむことができないものがほとんどであった。折りたためる車椅子は，自動車に積むことができるので，就労，就学，余暇活動など車椅子利用者の活動範囲を広げるうえで大きな影響があったと考えられる。現代の車椅子の基本構造は，この車椅子が原型であり，外見や基本的な構造はほとんど変化していないが，フレーム材質や部品の質，機能性，走行性能，デザインなど大きな進歩を遂げている（図3）。しかし，車椅子を運搬の道具としてしか考えていない多くの日本の病院・施設では，いまだに身体適合していない80年前の標準形車椅子が使用され，褥瘡や変形，身体拘束などを引き起こしている[1]。

◆目的

・車椅子の基礎構造を理解し，利点と欠点を把握する。
・スリングシートの構造とその対策。

◆ポイント

1. 車椅子の基本構造

・車椅子は，身体支持部，駆動部，フレーム，車

図1　1940年代の雑誌に掲載されたEVEREST & JENNINGS社の車椅子の広告

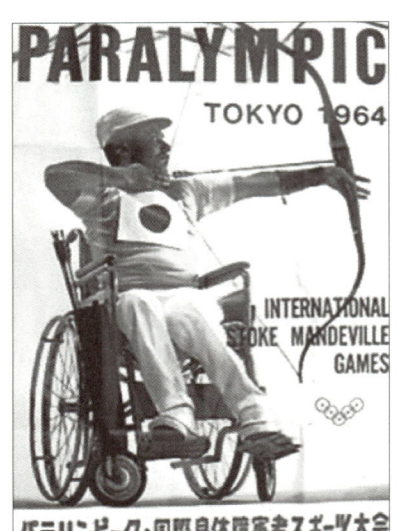

図2　1964年東京パラリンピックポスター（標準形車椅子を使用）

輪の4部分から構成されており（**表**），車椅子各部の名称（**図4**），車椅子寸法の定義はJIS T9201-2006（手動車椅子）により定義されている。

2. 車椅子の重量について

・利用者やその家族から，「軽い車椅子」を要望されるが，車椅子をもち上げるのが軽いのか，軽く走行できるのかによって大きく異なる。車椅子自体の重量が軽ければ走行性も向上するとは限らない。車椅子の材質は以前は鉄に始まり，ステンレス，カーボン，アルミ，チタンへと変換し，現在はアルミが主流になっている。鉄製品で16～19 kg，アルミ製品で10～12 kg，チタン製品では7～8 kg，カーボン製品で5 kgを下回るものもある。

3. 座席の構造について

・車椅子の座席はシート（座支持），バックサポート（背支持），アームサポート（前腕支持），フットサポート（足部支持）・レッグサポート（下腿支持）の4つで構成され，基本的には金属のパイプで溶接されている（**図5**）。
・一般的に座支持は，折りたたみフレーム上部のシートパイプにビニールレザーかナイロンシートがビス留めされ，広げたときにピンと張ることで座支持となる（**図6**）。これがスリングシートである。このスリングシートは，経年変化で伸びるため，長期使用によってたるみ，座位不安定性や局部圧の上昇，大腿骨を強制的に内旋させるなどの問題が生じる。
・近年，この問題を解消するために，座支持が金属製の板や着脱式のものになっている車椅子も発売されている。また，軽量で合成が強い固定式（リジット）車椅子も多くなってきた（**図7**）。

4. 座支持角度と背支持角度

・座支持角度は，標準形車椅子の場合，通常2～5°に設定される。これは骨盤の安定性を向上させ，骨盤後傾を防止し，前方転倒を防ぐ効果がある。

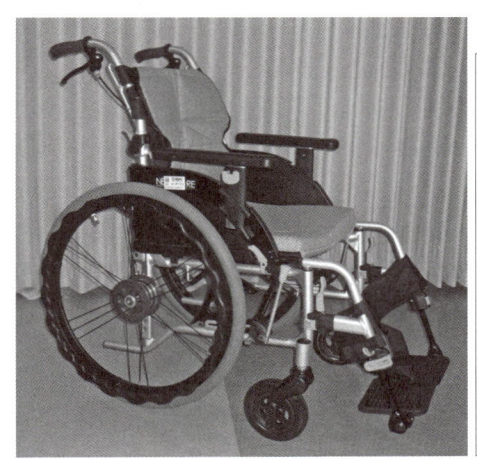

図3　最新の車椅子の一例　モジュラー車椅子

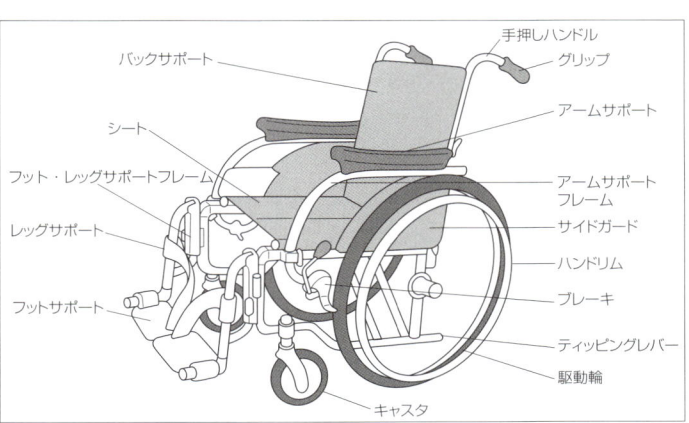

図4　自走用車椅子の各部の名称（文献2）より引用）

表　車椅子形式分類 JIS

身体支持部	使用者に直接接しており，身体を支えるもの。シート，バックサポート，アームサポート，レッグサポートなどからなる。
駆動部	自走用はハンドリムとブレーキ，介助用は手押しハンドルとブレーキからなる。
フレーム	車椅子の各部分を支持・連結するもの。左右の主フレームとそれを連結するフレームで構成し，固定式，折りたたみ式がある。
車輪	駆動輪または主輪，およびキャスタからなる。

第3章 車椅子関連構造

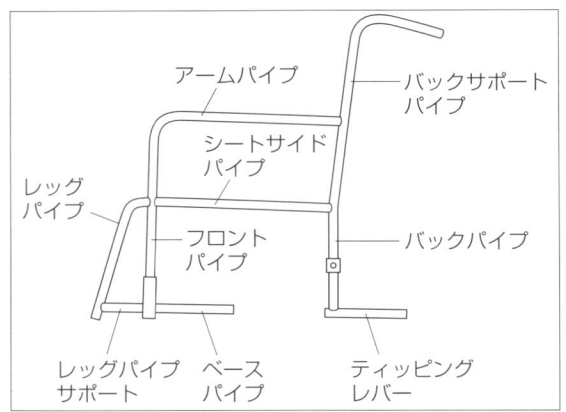

図5 主フレームの各部の名称（文献2）より引用）

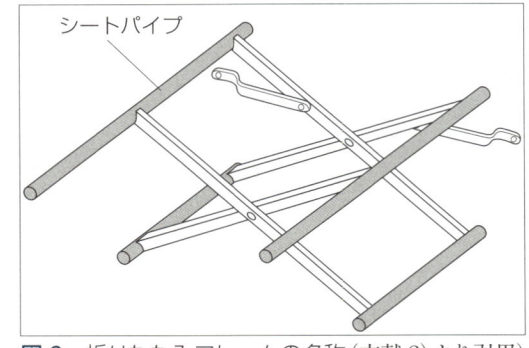

図6 折りたたみフレームの名称（文献2）より引用）

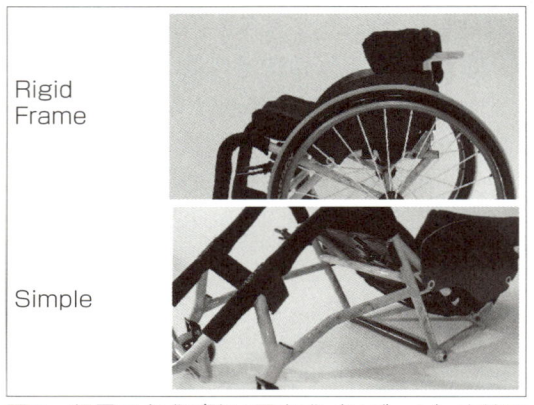

図7 軽量で剛性が強い固定式（リジット）車椅子の一例

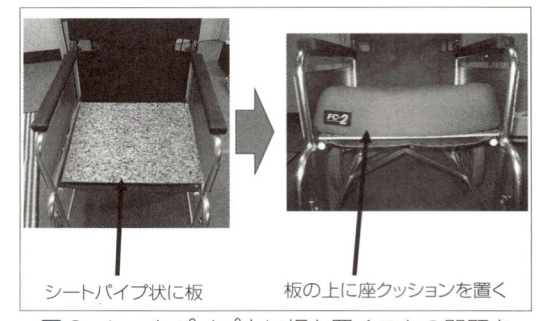

図8 シートパイプ上に板を置くことの問題点
標準形車椅子のシートパイプ上に板を置き、座クッションを使用すると座面が高くなる。またクッションが薄いと底づきし仙骨、尾骨に褥瘡の危険性があり、板上で座クッションが動くなどの不具合も生じる

・背支持角度は3～10°に設定されている。背支持角度0°に近づくと腹部への圧迫などで骨盤後傾を助長する。

◆理学療法士・作業療法士の対応

1．座支持の工夫

車椅子の多くは、折りたたみ用のスリングシートが使用されている。このスリングシートが骨盤後傾、変形、褥瘡の発生に大きく関与しているため、車椅子専用の座クッションが必ず必要である。しかし、座クッションをただ置くだけでは、座クッションが体重により変形を起こしたり、移乗動作ごとに座クッションがずれるなどの問題が生じる。この対処法として座クッション下に1cm程度の板を敷く対処方法が紹介されるが（図8）、前座高が高くなりすぎることや、座クッションの厚さや材質・形状により底づき（クッションが潰れて体圧分散が効果的に行われていない状態）を起こすことがあり、褥瘡発生の危険性がある。

筆者の対処法を紹介する。板ではなく量販店で購入したプラスチックボードを横30 cm×縦39 cmにカットし、座クッションのカバー内に入れ使用している。ポイントはプラスチックボードの横幅を30 cmにし、シートパイプ間の座クッションを固定することにある（図9, 10）。この方法に

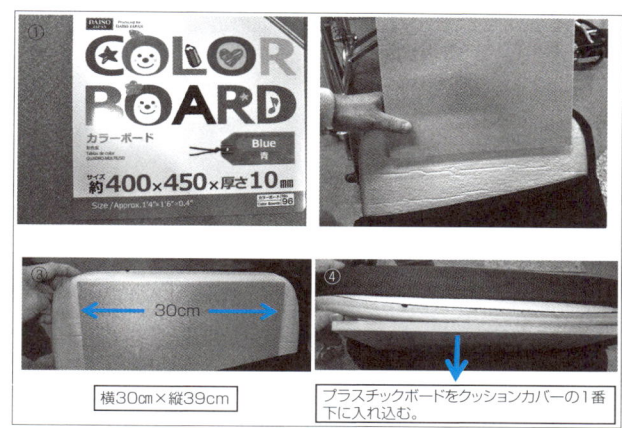

図9 座面にプラスチックボードを使用する対処方法
①100円ショップで購入したプラスチックボード，②プラスチックボードを横30 cm×縦39 cmにカットする，③クッションカバー内に入れ込む，④1番下のベースとする

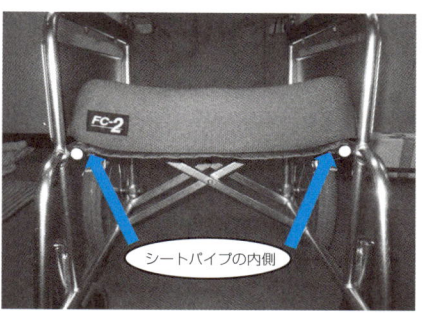

図10 対処方法完成図
シートパイプ間の溝に入り，座クッションがしっかり固定される．移乗動作や車椅子上動作時に座クッションがズレを起さない．座クッションの耐久性が向上するなどの利点がある

より，たとえ座クッションのウレタンが劣化し底づきを生じたとしても褥瘡リスクは少なくなる．また，座クッションが固定され移乗や車椅子上での動作がしやすくなり体重による座クッションのヨレをなくし，型崩れが予防できる利点がある．

2. 下腿支持の必要性の評価について

下腿支持は下腿の支持装置であり，足部支持から足部が落ちないように支えるためのものであるが，ハムストリングスの短縮がある場合や筋緊張が高い場合に使用すると，足部が足部支持にひっかかり骨盤が前方へ引っ張られるため，必要がない場合は取り外しておく．また，足部支持が前方にある車椅子だと，足部が乗らない場合がある．このとき無理に足部支持に足部を乗せると，ハムストリングスが引っ張られ，骨盤後傾を助長する（**図11**）．膝関節の屈曲拘縮がある場合，膝角度を維持できるように足部支持の位置ができるだけ真下にある車椅子を選定する．

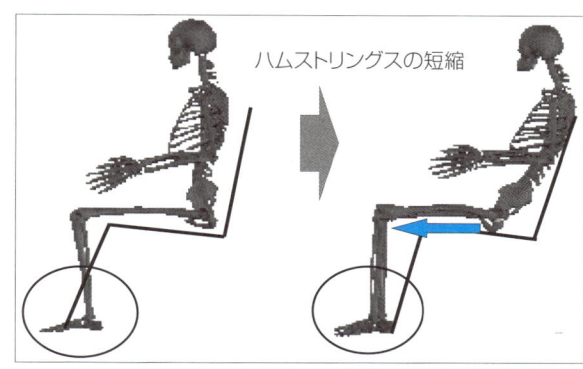

図11 ハムストリングスの短縮による不良肢位
足部支持の位置によって骨盤後傾位，すべり座りとなる

文献

1) 木之瀬隆，他：高齢者のモジュラー車いす．理学療法学 28：173-176，2001
2) 日本規格協会：手動車いす JIS T9201-2006 in JIS ハンドブック38 高齢者・障害者等アクセシブルデザイン．日本規格協会，pp873-933，2006

3. クッション

車椅子クッションは大腿部から殿部にかけての接触圧を低下させ，痛みや褥瘡リスクを軽減し座り心地に大きく影響する。このため，一時的かつ短時間の車椅子利用時以外は原則としてクッションを使用することが望ましい。しかし，材質や形状，価格は多種多様であり，使用者の褥瘡リスクや痛みの有無，メンテナンス性などに配慮して選択する。

◆クッションの効果

- クッションの使用は殿部や大腿部が沈み込むことで接触面積を増やし，体圧を分散させることで痛みや褥瘡を予防し，姿勢の安定を図ることにつながる（**図1**）。
- クッションの効果を最大限に発揮させるためには足部支持や前腕支持などを調整し，姿勢全体を整えることが前提となる。

◆材質

車椅子クッションは材質によりフォーム材，ゲル材，空気室材に大別され，これらを組み合わせたものも多い（**表**）。フォーム材はウレタンクッションやラテックスクッションを指し，低価格のものが多いが劣化しやすいため，定期的にカバーを開いて確認しフォームが粉を吹いているようであれば取り換える（**図2**）。ゲル材を主としたクッションは，ゲル状の半流動体を密封したもので，その特性から反発力が少なく殿部の形状に適合しやすい（**図3**）。空気室材はいくつかの袋に空気を入れ，この空気の圧力を調整することで接触面積を広げ体圧の分散を図る（**図4**）。空気量の調整次第ではかえって姿勢が崩れたり，底づきを起こすこともあり，専門家による定期的な確認が重要である。

◆形状と厚さ

- 形状は四角いブロック状の形状をもつものと，殿部の立体的な構造に沿う形状のもの（コンター；contour）に分かれる。

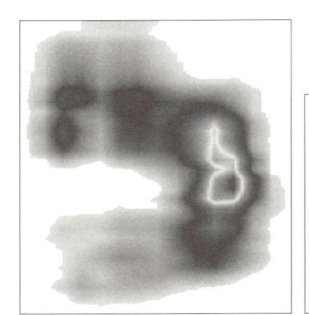

図1 接触圧
a：クッション未使用時の大腿〜殿部の接触圧，b：クッション使用時の大腿〜殿部の接触圧

表 車椅子クッションの材質

材質	特徴	注意点
フォーム材	・安価 ・メンテナンスが不要	劣化しやすく，定期的な交換が必要
ゲル材	・殿部の形状に適合しやすい ・温度により性状が変化する ・他に比べて重い	ゲルの片寄りの確認が必要
空気室材	・空気圧の調整により効果的な圧分散が得られる ・高価	定期的な空気圧の調整が必要

3 クッション

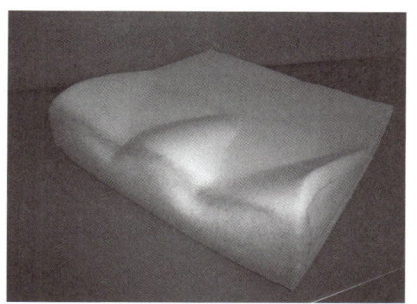

図2 フォーム材を用いたクッション
カバーを外した状態

図3 ゲル材を用いたクッション
カバーを外し，ベース部とゲル部に分けた状態

図4 空気室材を用いたクッションとポンプ
カバーを外した状態

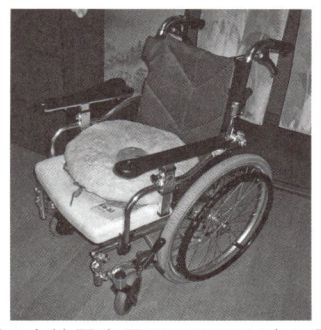

図5 車椅子専用クッション上に置かれたドーナツ型クッション

- コンターの場合，クッションの前後，左右を間違えずに設置する必要があり，介助者が不特定多数あるいは高齢者の場合は注意を要する。
- 厚さは，褥瘡のリスクが高い場合は10 cm，リスクが低い場合は5 cmが目安となる。

◆メンテナンス

- クッションの材質によってメンテナンス方法は変わる。
- フォーム材は原則として濡れないように配慮するが，濡れてしまった場合は日陰で時間をかけて乾燥させる。
- ゲル材は製品によっては着座前に内容物を平らにならす必要があるものもある。
- 空気室材は気温や着座後の温度変化により空気圧が変化するため，高い効果を発揮するためにはこまめな空気圧の調整が必要である。

◆車椅子との関係

- 特に厚みのあるクッションを設置した場合，前腕支持や背支持の高さがみかけ上低くなり，座位の安定していないケースでは，さらに不安定になることもある。
- 床面からの高さが高くなるため，下肢駆動や立ち上がりやすさにも影響が及ぶ。このため，使用するクッションに応じて車椅子各部の調整を見直すことも重要である。

◆ドーナツ型クッション(円座)やすべり止めシートの使用

- ドーナツ型クッションは，中心部の血流を低下させ，姿勢も不安定になりやすいため褥瘡予防として使うべきではない（**図5**）。
- 骨盤の前方へのずれを軽減する目的で，車椅子シートやクッション上に市販のすべり止めシートを置くことは，同一姿勢を強要し皮膚に強いストレスを与えるため使うべきではない。

4. ティルト・リクライニング

ティルト（図1）とリクライニング（図2）は、使用できる場所が拡大してきている。しかし、ティルトやリクライニングを使用する際には、個々の利用者の目的や身体状況に適した角度をどのように提供すればよいか悩むことが多いのが現状である。そこで本項では、ティルトとリクライニングの定義を整理したうえで、先行文献を参照しながら目的と効果について紹介していく。

◆定義

1. ティルト[1]

- 座・背支持角度が一定のまま、座面の角度を後方または前方に傾けることを表す。
- 基本的には矢状面上の角度の変化で使用され、座面が前方に傾けば前方ティルト、後方に傾けば後方ティルトと呼ばれる。
- 角度は地面と平行の場合、0°と示される（図3）。

2. リクライニング[1]

- 座・背支持角度が変化することを表す。
- 座面にクッションを使用する場合にはリクライニング軸と股関節軸を近づけるために、クッションの厚さぶんリクライニング軸を高くすることがある（図4）。

◆目的と効果

ティルトやリクライニングを使用する目的は、移乗、痛み、痙性、血圧、拘縮、姿勢アライメントと転落防止、視線と食事、褥瘡、排泄、浮腫と多岐にわたる[1]。

1. 移乗

- リクライニングはベッド上で背臥位から横方向へすべりながら移乗する際に使用されている。

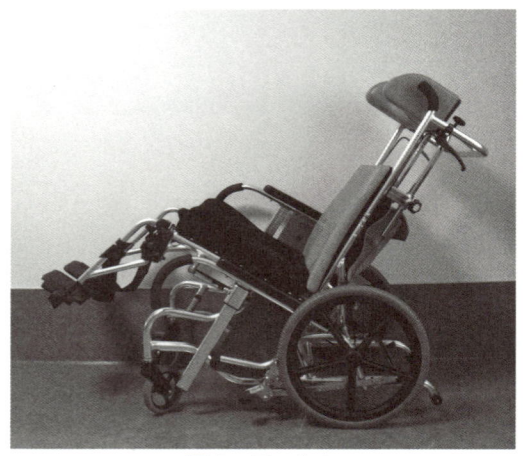

図1 ティルト

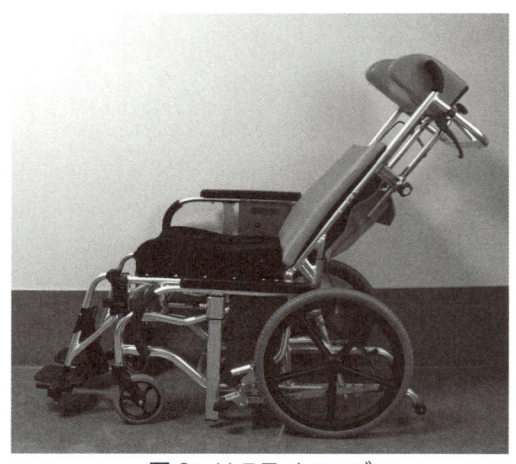

図2 リクライニング

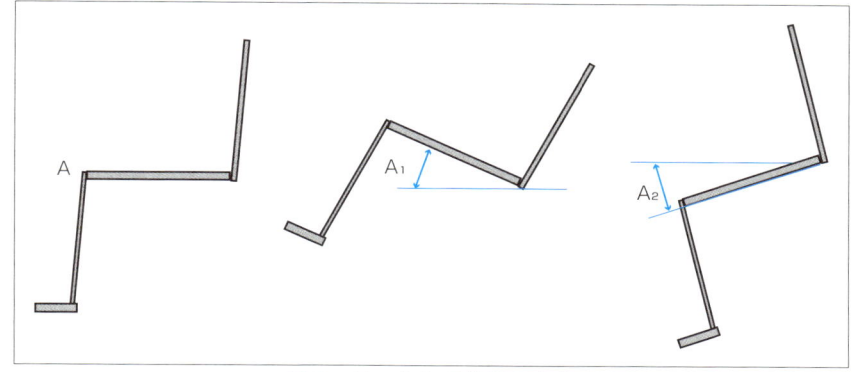

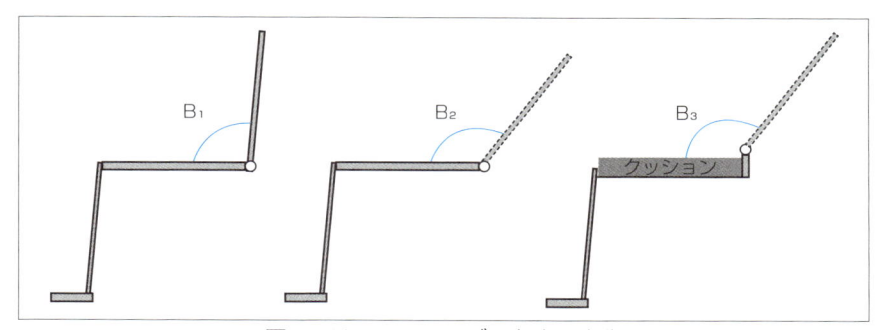

図3 ティルトの角度の変化
A：座支持角度0°，A₁：後方ティルト（プラスの座支持角度），A₂：前方ティルト（マイナスの座支持角度）

図4 リクライニングの角度の変化
B₁～₃：座・背支持角度，○：リクライニング軸

- また，前方ティルトは前座高を高くするとともに行うことで，立ち上がり時の介助量軽減につながる[1]。

2．痛み

- 電動車椅子の使用者を対象とした調査では，ティルトやリクライニングを使用する目的として座り心地を良くすることや腰痛の軽減目的がもっとも多かったと報告されている[2]。
- 姿勢と腰痛に関する研究では，適切な背支持角度や座支持角度が提供されないことで，体幹が屈曲位を呈する患者は椎間板ヘルニアによる腰痛のリスクを高める（椎間板にかかる圧が正常より約50％増加）と報告されている[1]。

3．痙性

- ティルトは関節角度や筋長が変化しないため，筋緊張の亢進を誘発せずに身体の位置を変化させることができる[3]。
- リクライニングは，特に体幹の伸展筋の筋緊張が亢進しやすい症例では角度変化によって筋緊張亢進を誘発しやすいため注意が必要である[3,4]。

4．血圧

- 起立性低血圧の症状の管理として，臥位，または臥位に近い体位をとることが推奨されていることから，車椅子上でもティルト，リクライニング，エレベーティングが使用されている[3]。

5．拘縮

1）頻度の高い拘縮

- 長時間の静的な座位保持は，特にハムストリングスの短縮につながると報告されている[4]。
- ハムストリングスの短縮によって股関節屈曲制

51

限がある症例が，リクライニングをしていない普通形車椅子に乗車した場合には，背部が背支持に押し付けられる力がかかり，そこから逃げるために殿部を前方にずらすことがある[3]。

2）対応
- 股関節屈曲制限への対応としては，調整可能な背支持とすることやリクライニングによって股関節屈曲角度を少なくすることを検討し，必要に応じてティルトを併用する[1]。

6. 姿勢アライメントと転落防止
- 体幹や頭部のコントロールが不十分な症例に対して，ティルトやリクライニングを使用すると姿勢の安定性やバランス能力の向上が期待できるとの報告がある[3,4]。
- 車椅子乗車時に，伸展の筋緊張が亢進しすべり落ちる危険性がある症例などに後方ティルトを使用すると転落防止につながる。
- 後方ティルトによって，低い座面でも地面と足部支持のクリアランスをとることができ，障害物や車の乗り降り時のスロープに足部支持があたりにくくなる。
- 下り坂走行時や，物を運ぶときの姿勢の安定のためにもティルトは利用されている[1]。

7. 視線と食事
1）視線
- ティルトやリクライニングによって頭部や体幹が正しい位置に向くこと，視線が上がること，コミュニケーションがしやすくなることが報告されている[3]。

2）食事
- ティルト，リクライニングによって誤嚥がしにくいような座支持角度や座・背支持角度を設定することも必要である[4]。
- 頭部の屈筋が弱い症例では，わずかなティルトやリクライニングの使用でも頸部が伸展するのを防ぐために頭部支持が有効である[1]。

8. 褥瘡
- 褥瘡の予防や管理においては，身体が受ける剪断力や圧の集中をいかに少なくできるかが重要である。

1）剪断力
- 剪断力に関しては，リクライニング単独では座・背支持角度が110°以上で剪断力が発生しやすい[5]。この剪断力はリクライニングをかけるときと戻すときの両方でかかるため，褥瘡がある，またはリスクが高い場合には操作方法に注意が必要である[6]。剪断力と座支持角度に関する研究では座支持角度25°で剪断力が軽減したという報告がある[7]。
- 以上より，車椅子上での剪断力を少なくするためには，座・背支持角度を110°以内とすること，リクライニングをかける，または戻す際には座支持角度を25°以上に設定することが有効であるといえる。

2）圧分散
- 圧分散に関する報告では，座支持角度15°以内では姿勢の安定性の向上を期待することができるが圧力分散の効果は得られにくく[5]，圧分散のためには最低座支持角度20〜30°後方ティルトさせると効果があると示されている[1,8]。

9. 排泄
- 留置カテーテル使用時に，座支持角度を変化させるたびに排尿が逆流しないかどうか確認が必要である。
- リクライニングを使用することで車椅子上で間欠的自己導尿などの排泄のケアが行いやすくなる[1]。

10. 浮腫
- 浮腫を軽減させるにはティルト・リクライニングやエレベーティングを使用しながら，足部が心臓より上のほうに位置する時間を作ると効果がある[1]。

◆使用上の注意点
- ティルトやリクライニングを使用することで，座位姿勢が改善する，褥瘡予防を図ることができる，座位耐久性が向上するなどの利点があることを評価したうえで，目的，角度，時間を介護に携わる人に伝えることが必要である。角度を伝えるときには，テープで目印をつけたり，

リクライニングは固定である場合には札をかけたりすることもあわせて検討する。
・ティルト・リクライニング形車椅子はサイズが大きく重いことで輸送に不便なことが欠点としてあるため，実際に使用する環境で移動できるかどうか評価しなければならない[2]。評価の際には，ティルトやリクライニングの角度により前後長が変化することで回転半径が異なることを考慮する必要がある。
・後方ティルトやリクライニングの角度は前方にリーチする食事や手工芸などのときには小さく，安楽性を重視するときには大きく設定する必要がある。その際，利用者の行動を制限する目的でティルトやリクライニングを過度に使用することは，身体拘束ととらえられる可能性がある。

文献

1) Dicianno BE, et al：RESNA position on the application of tilt, recline, and elevating legrests for wheelchairs. *Assist Technol* **21**：13-22, 2009
2) Lacoste M, et al：Powered tilt/recline systems：why and how are they used? *Assist Technol* **15**：58-68, 2003
3) Kreutz D：Power tilt, recline or both. Team Rehab Report, pp29-32, 1997
4) Lange M：Positioning：It's all in the angles. *Adv Occup Ther Pract* **22**：42, 2006
5) Aissaoui R, et al：Analysis of sliding and pressure distribution during a repositioning of persons in a simulator chair. *IEEE Trans Neural Syst Rehabili Eng* **9**：215-224, 2001
6) Gilsdorf P, et al：Sitting forces and wheelchair mechanics. *J Rehabil Res Dev* **27**：239-246, 1990
7) Hobson DA：Comparative effects of posture on pressure and shear at the body-seat interface. *J Rehabil Res Dev* **29**：21-31, 1990
8) Michael SM, et al：Tilted seat position for non-ambulant individuals with neurological and neuromuscular impairment：a systematic review. *Clin Rehabil* **21**：1063-1074, 2007

第3章 車椅子関連構造

5. 車椅子，座位保持装置，車椅子クッションの規格

規格には国際規格として国際標準化機構（international organization for standardization：ISO）ISO7176（車椅子），ISO16840（車椅子シーティング）があり，それと類似した欧州統一規格（European norm：EN）がある．現在，ISOに準拠した日本工業規格JIS（Japanese industrial standards）があり，車椅子はJIST9201（手動車いす）と9203（電動車いす）の規格である．一方，日本では座位保持装置に対して厚生労働省が定めたISO16840-3（座位保持強度）に準拠した座位保持装置部品の認定基準及び基準確認方法[1]がある．今後必要な規格としては，車椅子を搭載する自動車上での安全性ISO10542も重要となる．対象としては車椅子，電動車椅子，座位保持装置，車椅子クッションなどの規格ができている．

◆目的

- 規格を満足する車椅子は安全であり，性能も保障される．また，事故時，処方者を訴訟から守ることもできる．
- 障害によっては個別製作も必要であるが，そのときは規格を参考にするとよい．
- 機器の選択においても重さや身体適合や折りたたみの寸法はもちろん，使用環境を考慮した安定性などは参考にすべきである．
- クッションの難燃性やアレルギーに対する対応など，規格は使用者の安全性を確保できる．

◆ポイント

1. 強度

強度の考えとして，正しい使い方に必要な強度があると考えてもよい．当然，手動と電動車椅子の違いはもちろん，介助や環境などによっても変化する．一般的には静かに荷重を加えていく静荷重試験，ドーンとぶつかる状態の衝撃試験，そして繰り返し試験に分類できる．

2. 性能

重さ，速度，坂道での転倒に対する安定性，回転半径，ブレーキの操作性，電動車椅子のバッテリーの連続走行能力，寒暖や雨などの濡れによる走行性能の維持などの性能をみる試験がある．

3. 代表的試験項目

1）ダブルドラム試験（ISO7176-8，JIST9201）

ダミー（人間の形と重さをもつ）を乗せた車椅子を突起のついた円筒に乗せ回転させる．ヨーロッパの石畳での走行を模擬しているといわれ，日本の状況より激しい．

2）傾斜安定試験

坂道にダミーを乗せた車椅子を置いて転倒する角度を計測し表示する．車椅子を使用する場所に坂道が多いときは確認しなければならない．処方する際には傾斜角度が得られるトレッドミルや傾斜のわかっている坂道，また傾斜角度計を車椅子に付けてキャスターアップし，そのときに釣り合う傾斜を参考にしてもよい．

3）最少回転半径[2]

洗面所などの狭い場所を移動しなければならないときに関係する性能である．性能の目安とし

5 車椅子，座位保持装置，車椅子クッションの規格

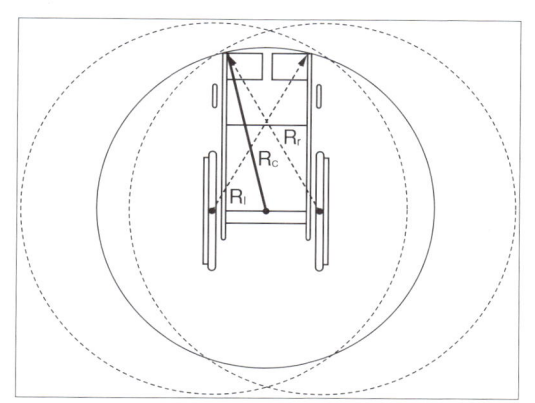

図1 車椅子の回旋半径（文献2）より引用）
Rc：最小回旋半径，Rr，Rl：実用回旋半径

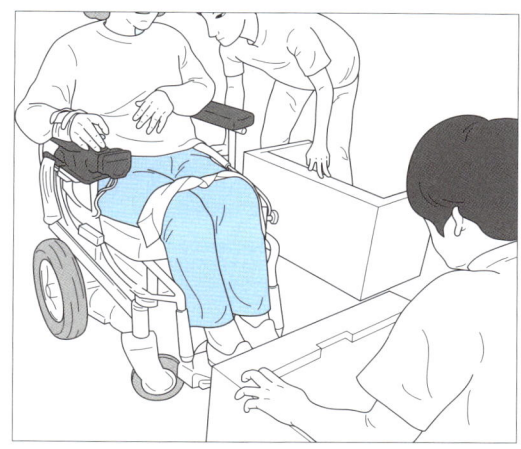

図2 箱を置き電動車椅子の旋回半径の確認

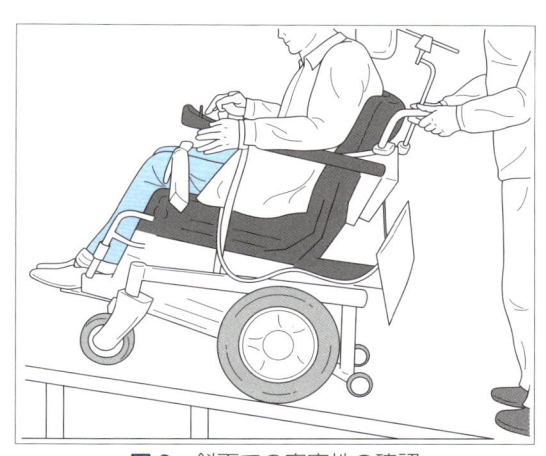

図3 斜面での安定性の確認

て，車椅子の駆動輪（一般的には後輪）のタイヤの中心とその車椅子の最大の寸法（例えば足部支持の角）までが回転半径（**図1**）となり，当然短いほうがよい．操作性も関係するので，実際の使用環境の寸法を計測し，疑似環境をつくると適合しやすい．傾斜安定を良くすると最少回転半径は悪くなる傾向がある．

4) 足部静的負荷試験

ISO7176-8では体重分が足部支持にかかるのに対して，JIST9201は足部支持の試験はない．日本製車椅子の多くはネジによる圧迫で抑えているため強度を得ることができないからである．しかし，脳性まひ者で緊張が強い場合にはJISはもちろんISOでも強度は足りない．

◆症例

頸髄損傷者の電動車椅子処方において，自宅内の洗面所の旋回能力と自宅周りの坂道での安定性について検討する必要があった．旋回能力向上のため電動下腿支持から固定支持へ，足部支持の一部切除などを実施した．旋回能力の評価には箱を使用し，旋回半径を測定した（**図2**）．また，実走行での傾斜安定性の確認を行った（**図3**）．

文献

1) 厚生労働省：座位保持装置部品の認定基準及び基準確認方法．2007
　http://www.mhlw.go.jp/shingi/2007/03/s0323-11.html（2014年5月10日アクセス）
2) 田中　理：車椅子とリハビリテーション工学—車椅子の移動機能，駆動特性，走行性能．総合リハ 14：765-772，1986

第4章

座位保持・シーティング

第4章 座位保持・シーティング

1. 座位保持・シーティングの概論

座位保持装置は補装具としての装具と同じ概念が必要であり，身体節などを支持する支持部（クッションと支持板）と関節機能を含めた支持部間の継手（連結）からなる。骨格に対して，支持板と継手で目的とした位置に保持することと，クッションを使って負荷を軽減する機能をもつ。

そのため支持部は，①どの体節に，②どの位置に，③どのような力を加えるか，④どのような支持装置を使用するか，を選択するかが課題となる。人間を支持するには，力学を中心としたバイオメカニクスを理解したうえで座位保持装置を選択・適用すること。

◆支持部

1. 支持部の役割として

・体節の重さや不随意運動，緊張などを保持する。同時に体節への負荷を減らす。
・慣性や外力がかかっても，体節をその位置に安定化させる。
・意図した位置に体節のアライメントを保持する。
・二次的に他の体節を保持したり，安定化させたり，アライメントを整え，必要であれば運動を可能とする。

2. 支持部の位置

1）どの体節に

頭部，頸部，胸部，腹部または腰椎，骨盤部，上腕，前腕・手部，大腿部，下腿部，足部となる。Hoffer座位能力分類2（JSSC版）であれば，頭部，頸部，胸部，腹部，骨盤部をまとめて体幹部として考えてもよい。

2）どの方向から

垂直に座った姿勢を保持するときに，その体節の前方からの支持を前方支持，後方からは後方支持，側方からは側方支持，以下同様に上方支持，下方支持がある。特に大腿部の内転を支持するための内側支持，足部のような周囲支持として定義される[1]。

3）どの程度の支持・固定力で

① 力（ベクトルと大きさ）：力は大きさと方向をもっている。リクライニングは潰れる力を弱くしたり，ベルトは固定角度でその効果が変わる。
② 圧力と摩擦力：背支持にもたれかかると背支持から押し出す力，反力が起こる。一方，殿部ではすべり出す力を止める摩擦力が起こる。背支持を倒すと45°まではすべる力が強くなるのでティルト機構を使ってそれを止めることができる。
③ 圧力：背筋が萎縮すると脊椎の棘突起が出てくる。背支持にもたれると受ける面積が小さい棘突起上にも大きな圧力がかかり褥瘡ができる。
④ 3点支持：骨盤は前方からベルト，座支持と背支持の3点で安定・静止する。
⑤ 非剛体支持：水の入った風船は，手全体で支持して保持することができる。腰部支持や腹部側方支持を深くすることで，腰椎を含めた腹部を保持できる。
⑥ 剪断力と歪み：人間の皮膚組織に力がかかると中の組織に垂直にかかる応力と水平にかかる剪断応力という方向の異なる力がかかる。その力がかかると組織は変形し，血管が潰れやすくなる。
⑦ モーメント：倒れるとき，小さい角度なら弱い力で保持できる。しかし，深く倒れるとその

状態を保持するには大きな力が必要となる。

⑧ 力の伝達：変形は骨格で起きているので，それを矯正するには力が骨格に届かなければならない。身体が倒れているところにベルクロで作ったフォーム材のパッドを置いても，その倒れる力に負ける。目的として力が伝達できるようにすることが大切である。

⑨ 慣性：自動車上での座位保持を考えるとき必要な運動状態である。減速すると身体が前へ，加速すると後ろへ負荷がかかる。自動車が曲がると遠心力で外側に倒れる。日常運転では，重力加速度程度がかかるので，それに耐える構造とするべきである。

4）どのような支持部を使うのか（種類）

本章「1～8」を参照。

3. 種類

基本的支持構造の他にベルトとテーブルの3つに分かれる。

1）基本的支持機構

車椅子または他の支持板から継手を使って意図する体節を支持するための支持板と軟部組織を保護するクッションからなる（図）[2]。

2）ベルト

本章「7. ベルト」参照。

3）テーブル

第4章「6. 上肢支持と大腿側方支持」参照。

◆継手

継手には，股関節としての座と背支持部の間の継手（座・背支持角度となるもの），前腕支持と車椅子フレーム間での機構や背支持と側方支持間の機構などがある。継手には「固定」と「可動」があり，可動する場合，大きく「取り外し」と「調節」がある。調節ができる場合，工具による調節ができるもの，手動でできるもの，電動のスイッチやレバー操作で動かせるもの，そして最近では緊張を受けとめるための衝撃吸収装置の付いたものがある。

可動性がある場合，人間と機器の関節中心の位置の違いも考慮する。

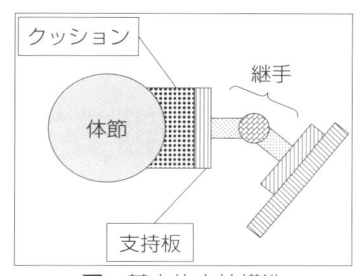

図　基本的支持構造

◆ポイント

・その支持を使うことが目的ではなく，使用者の適切な姿勢や機能を得たり，心地良く身体に害を与えないことが目的であり，逆にその効果がなければ他の手法を考えたり複数の手段を使うこともあり得る。

・最小限の支持とすることを考えるべきである。支持が多いと自由度や可動性を低下させることになる。しかし，支持が少なければ不安定となり，変形が進む可能性がある。短時間では不要な支持でも，長時間では体力低下や疲労により必要になる場合がある。また，自動車上で使う際，静的状態より支持が必要となるであろう。身体機能が変化しやすい場合はもっとも悪い身体状況にあわせることも必要である。

・身体拘束を防ぐためにも，座位保持装置の使用者への効果は常に意識すべきである。

・現在，多くの座位保持装置が市販されているので，それらの機能についての情報を常に把握すべきである。

・座位保持装置は障害者に対して使用されている。完成用部品として補装具にリストされているものは，機械強度や障害者による臨床評価を実施して審査を通ったものであるため積極的に使用すべきである。

文献

1) ISO7176-26：2007—Wheelchairs-part 26：Vocabulary
2) 廣瀬秀行，他：高齢者のシーティング第2版. p126, 2014

2. 頭頸部支持

　車椅子座位における呼吸機能の安定，摂食嚥下動作，手操作などの活動を保障するためには頭頸部の機能的な安定性の提供は不可欠である．この機能的な安定性とは，利用者のヘッドコントロール能力と各種活動に応じた頭頸部の運動の出現を保障し再現できることをいう．頭頸部支持の選択は利用者の体幹支持機能や覚醒レベルに依存する．特にこれらの機能が低下している場合には頭頸部の不安定性を合併している場合が多く，その解決方法としてリクライニング機構およびティルト機構を用いることは有効な手段である．

　一方，頭部の安定性確保のための過剰な背支持角度の使用は，目的とする活動を阻害してしまうだけでなく，身体拘束とされる可能性をもつ．よって，疾患の特性や現在の障害の病態と予後を見据え，車椅子上の活動に適した頭部の運動を可能にする頭頸部支持の選択と適切な背支持角度を設定することが重要となる．

◆頭頸部支持の目的

・頭部の重量の免荷（頭部支持努力による二次的な異常筋緊張の制御）．
・頭部偏位による側弯や円背などの脊柱変形の抑制．
・視覚・聴覚などの感覚器官の使用促進と表情を含むコミュニケーションの促通．
・呼吸機能や摂食嚥下機能などの生命維持機能の確保．
・脳性まひなど中枢神経疾患による異常姿勢反射の抑制．

◆ポイント

1．頭部支持の適応について

1）Hoffer 座位能力分類 1（JSSC 版）の場合（座位姿勢変換能力：十分）

・頭頸部支持は原則不要．適切な静的背支持角度を設定し，活動的な車椅子使用を図る．ただし，車椅子上の休息姿勢が必要な場合は，肩甲帯上部まで背支持の高さを調整するなどの対応で頭頸部の疲労を遅延させること．

2）Hoffer 座位能力分類 2（JSSC 版）の場合（座位姿勢変換能力：十分～不十分）

・多くの利用者は車椅子上で体幹の前後傾を自分で変換する能力をもつため，頭頸部支持は原則不要．対応は Hoffer 座位能力分類 1（JSSC 版）に準じる．
・体幹支持機能の低下の影響により頭頸部のコントロールが不十分な場合は骨盤・体幹の安定性を確保し，利用者のヘッドコントロールを判断する．その結果に応じ頭部支持を必要とする場合もある．

3）Hoffer 座位能力分類 3（JSSC 版）の場合（座位姿勢変換能力：不十分～不可）

・体幹支持機能が破綻しているため，頭頸部支持の機能の選択は重要となる．
・頭部支持の設定は，背支持角度を使用し骨盤・体幹を安定させ，頭部支持の順で進める．このとき，過剰なティルトの使用は身体拘束とされ

2　頭頸部支持

図1　高低差と車椅子選択

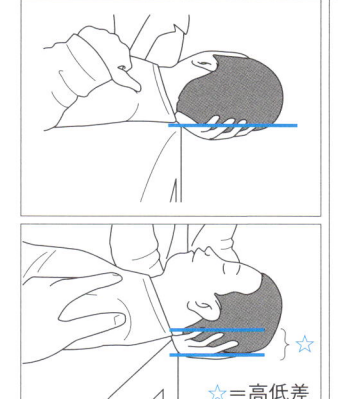

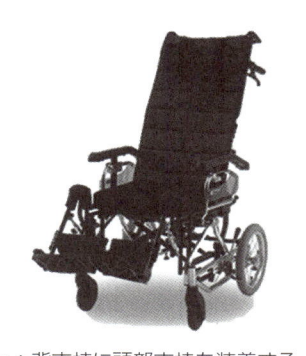

a：背支持に頭部支持を装着するタイプの車椅子
b：背支持と頭部支持の高低差に対応可能な車椅子
☆＝高低差

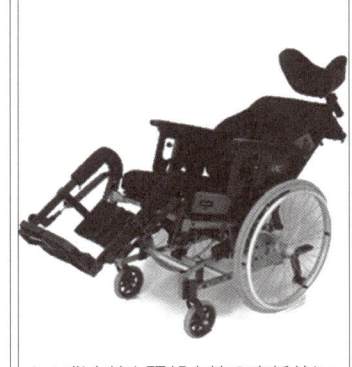

背支持が接する面と頭部支持が接する面の位置は異なる．脊柱変形（特に円背）がない，またはごく軽度の利用者の場合，背支持に付属している頭部支持を使用すると頭部が前方位となり肩甲挙筋や頭半棘筋に過剰な負担を生じる．よって，aよりbの車椅子のほうがこの高低差により対応可能である

る可能性をもつ．
・頭部支持は骨盤・体幹の安定性の手法により左右されるので，適切なシーティング技術が必要である．
・矢状面での脊柱カーブは，頭部支持設定には重要となるので脊柱の柔軟性を評価する．
・利用者の後頭部の位置と背中の位置の差を考慮し，車椅子（座位保持装置）の選択と設定を行う（図1）．特に脳性まひのような中枢神経疾患で異常姿勢反射が座位姿勢に影響を及ぼす利用者の場合は，マット評価時にあらかじめこの差を考慮した環境設定をする必要がある．
・外傷などにより頸椎の運動を抑制しなければならない場合は，頭部の運動を固定する頭部支持を選択する．ただし，中枢疾患の場合は，頭部を固定することで他の部位に代償運動が出現する場合があるので安易な選択は避ける．
・頭部支持の位置の調整は胸椎部のアライメントに影響するので，活動に応じて背支持角度を変更するか否かを決める（図2）．

2．頭部支持の選択について

　頭部支持の機能にはレスト機能とコントロール機能がある．利用者のヘッドコントロール能力や車椅子上の活動と座位保持時間を考慮して選択する．また，頭部支持の形状や素材についても用途に応じ選択する．

1）レスト機能，コントロール機能のどちらを優先させるのか

・ヘッドコントロールが良好で車椅子上での休息姿勢が必要な場合，または障害が重度で自動運動がまったく出現しないか，わずかに出現する場合にレスト機能を優先する．
・車椅子上の座位姿勢の目的が摂食嚥下動作などと明確であるが，ヘッドコントロールが不十分な利用者の場合にコントロール機能を優先する．

2）頭部支持，頸部支持のどちらを選択するのか

①頭部支持を選択
・ヘッドコントロールが良好で体幹の支持性は不十分な利用者，またはヘッドコントロール不十分で体幹の支持性は保たれている利用者の場合は頭部支持を選択する．ただし，頭部支持の形状・素材については，座位保持時間や目的動作継続の耐久性について評価が必要．

②頸部支持を選択
・ヘッドコントロールが不十分で体幹の支持性が不十分な利用者の場合は頸部支持を選択する．頭部の重量は環椎後頭関節を経て下位の頸椎へ伝えられるとされており，この関節面の免荷を

第4章　座位保持・シーティング

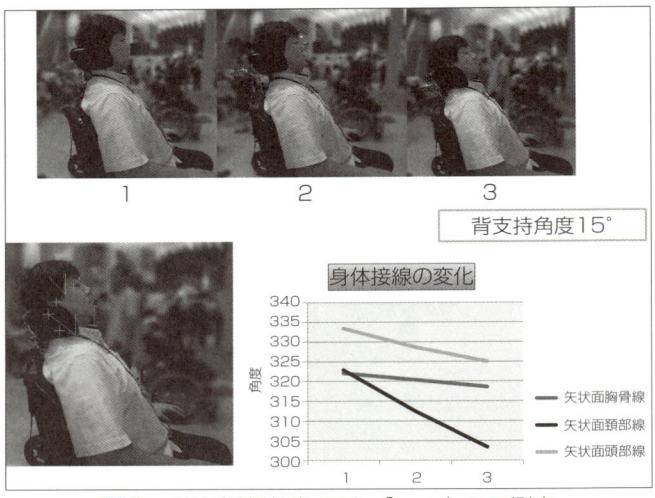

図2　座位姿勢計測ソフト「rysis」にて測定

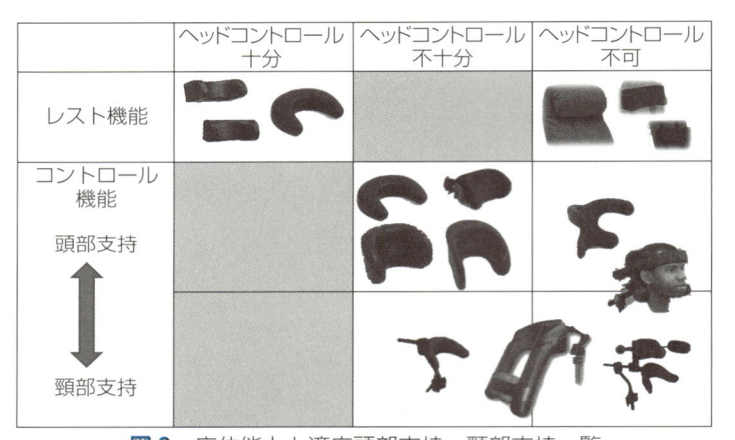

図3　座位能力と適応頭部支持・頸部支持一覧

Hoffer座位能力分類1, 2（JSSC版）については原則頭部支持は使用しない．適切な骨盤・体幹の安定性の確保が頭頸部の機能的安定性を保証する

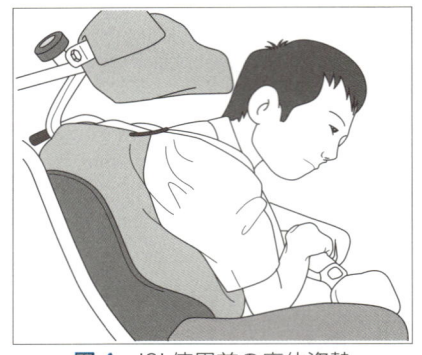

図4　i2i使用前の座位姿勢

行うことは体幹・骨盤の安定性を高める．よって，外後頭隆起から乳様突起を支持する頸部支持の機能をあわせもつ頭頸部支持が有効である（**図3**）．

◆**症例**

1. 症例1

GMFCSレベルV, Hoffer座位能力分類3（JSSC版），脳室周囲白質軟化症（PVL），気管切開の症例．刺激に対して屈曲姿勢になりやすく，座位にすると頸部が屈曲し人工鼻を圧迫してしまう．頭部を安定させるようティルト機構を使用したが，後方へ倒しても不良姿勢に変化なく，従来の頭部支持では座位を活動姿勢にすることは困難であった（**図4**）．

i2i head & neck positioning & support system（i2i）を使用した結果（**図5**），側弯（**図6**）の改善と呼吸の安定を認め屋外での活動も可能になった．

2. 症例2

福山型先天性筋ジストロフィー，Hoffer座位能力分類3（JSSC版）．電動車椅子を肘の支持を必

2　頭頸部支持

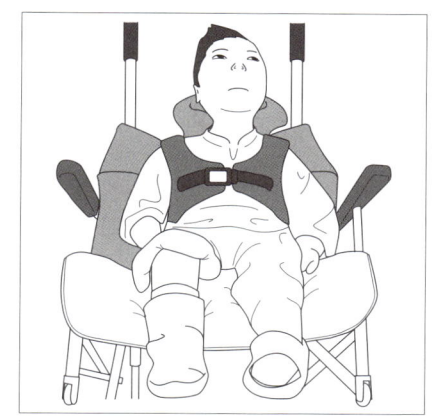

図5　i2i導入後の座位姿勢

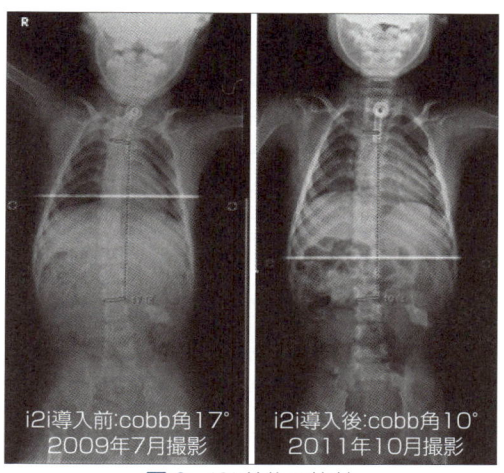

図6　i2i前後の比較

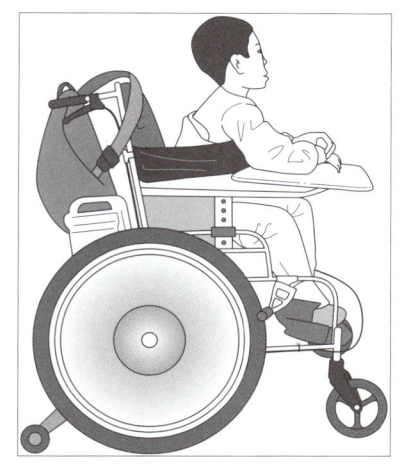

図7　介入前

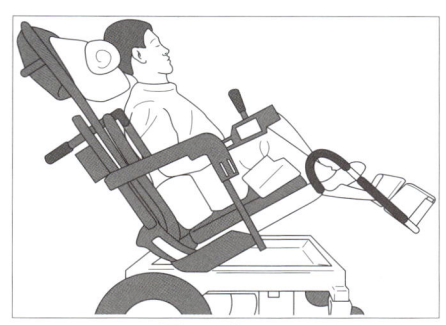

図8　介入後

要とせず操作していたが，病態の進行に伴い肘で体幹を支持しコントローラーを操作するようになる。加えて体幹を前傾させるため頸部の伸展が強くなり，頸部の拘縮・側弯変形も進行することが予測された（**図7**）。そこで，本児にとって安楽な姿勢でコントローラー操作ができるようにするために，背支持と頭部支持で体幹と頸部の安定性を確保することが必要であった。

　対応として，主に背支持角度と頭部支持を調整することにより，本児にとって安楽な姿勢でコントローラーを操作することが可能となった（**図8**）。

注意点

・頸部支持のサイズが適合していないと（大き過ぎる），体幹が側方へ偏位しやすくなるので，適合サイズを選択すること。
・頭部の側方への制御を目的とした頭部支持を選択する場合は，聴覚情報の阻害や耳への褥瘡発生のリスクをもつのでその形状には注意が必要。
・背支持と頭部支持の間が広い場合，なんらかの原因により頭部が側方へ偏位すると利用者の頸部がその間に挟まれる事故のリスクが高くなるので，設定への注意と利用者の観察が必要。

3. 体幹支持（背支持・側方支持・腰部支持）

　車椅子シーティングを行う際，体幹の支持により安定がもたらされ，容易に上肢を動かせるようになる。また，安楽な姿勢を求めて体幹の支持を行うこともある。しかし，座による支持（骨盤と大腿部）と骨盤の動きと脊柱の動きを切り離して考えることはできない。座・背支持角度を決定し座を決めた後には，どのように体幹を支持するかを考える。体幹および側方支持により円滑な日常生活動作につながることや体幹の安定により呼吸機能や摂食動作にも大きな影響を及ぼす。

◆ポイント

- 脊柱の変形および骨盤と脊柱の可動性をマット評価で行う。
- 体幹の支持を行う際の目的を明確にする。
- ゆったりとした支持で動きを許容するのか，また変形を防止するのか方法を選択する。
- 体幹支持だけでは姿勢を決定することはできないので，座面とともに組み合わせを決める。
- 成長に伴う変形への対応が重要である。

◆脊柱の動きがあり，変形がある場合

　車椅子の背支持にパッドを使用することで体幹の安定を図る。その際には背支持に側方支持などの利用の他，腰部支持などの使用も有効である。変形の程度により使用するパッドの形状や支持する位置が異なる。また，場合によっては背もたれ自体で支持をするため，一体型となったJAY®J2バック（サンライズメディカルLLC製）などの使用も有効である。現状の脊柱の変形予防を目的とすることが多い。脊柱を中心に体幹全体を支持することで安定した姿勢を保ち，かつ上肢の活動性を妨げないような支持を行うことが必要である。日常生活動作の向上として効率的な車椅子の駆動や摂食動作などの改善が見込まれる。

◆脊柱の動きがなく，変形がある場合

1. 変形が強くない場合

　変形の過度な進行を予防するために車椅子の背支持全体で支持できるような工夫が必要になる。背支持に張り調整式を利用し，現状の脊柱のアライメントを保つことも1つである。また，一体型となったJAY®J2バックなどの全体的な支持も有効である。JAY®J2バックの使用とともに変形にあわせて追加の側方支持や腰部支持などを使用することも考えられる。このとき，座・背支持角度の設定は十分に吟味する必要がある。

2. 変形が強い場合

　現状以上の変形を予防し姿勢の安定を図るためには，モールド型を使用する。脊柱の変形に伴い背支持で全体を支持することで，呼吸機能の改善や嚥下の促進を促すことができる。モールド型（図1）を製作する場合には，車椅子を使用する際にどのような姿勢をとることを目標にするのか明確にして採型する必要があり，日常生活動作を確認し進めていくことが重要である。座位の姿勢はともすれば矯正されることが多く，障害者への負担も予測されるため注意が必要である。

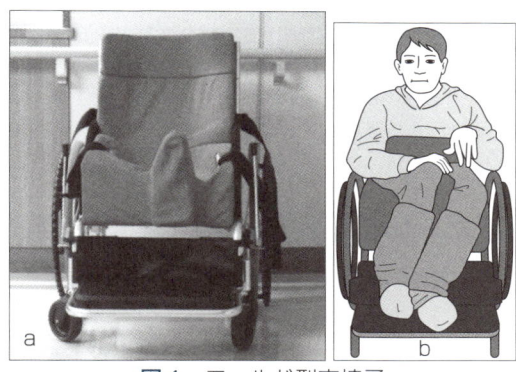

3 体幹支持（背支持・側方支持・腰部支持）

図1 モールド型車椅子
a：車椅子，b：座位姿勢

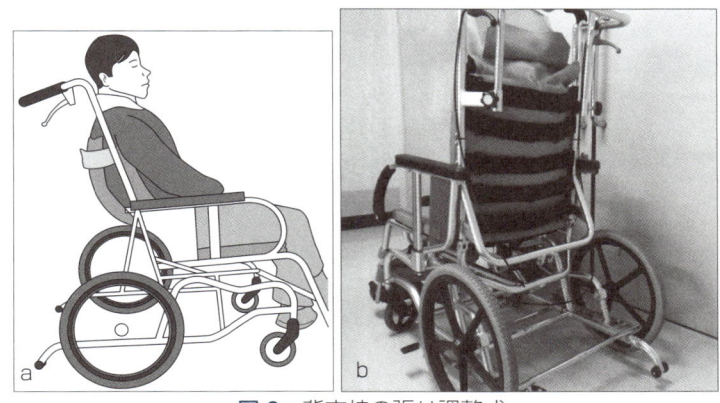

図2 背支持の張り調整式
a：横，b：背面

　また，背支持の張り調整式（図2）を選択することもある。特に高齢者などで円背が強かったり，日による変動が予測される場合などに有効である。モールド型で圧迫感や矯正により不快感がある場合は有効である。背張り調整式により，変形の状況にあわせた対応を行う。ただし，理学療法士・作業療法士の評価が重要であり，納品のときに必ず立ち会い調整を行う必要性がある。さらに，使用していても変形が進行する場合のため，定期的な座位姿勢の見直しを行い張り調整を行う必要がある。張り調整式の車椅子に適合しないまま座っていることで，さらなる変形を助長しないような適切な時期の評価は外せない。

◆必要なこと

・マット上で座位姿勢評価を行い，目的とする座位姿勢を明確にする。
・背支持などの変更を行った場合は必ず仮合わせを行う。
・パッドなどの利用により，あたるところや疼痛の出現などの使用状況を確認する。

注意点

・座面を考えずに，体幹のみを検討し背支持の調整をしない。
・目的をもたない体幹支持をしない。
・日常生活を考慮しない体幹支持をしない。

4. 座支持

座支持は骨盤および大腿を支持する機能をもち，座位保持の土台となるものである。座位時間が長く体幹が不安定であるなら，ソリッド・シートの選択を考える。

◆目的

- 変形を含めた骨盤・大腿部を安定して保持する。
- クッションを設置する。
- 車椅子フレーム本体と接合する。
- 座面が車椅子フレーム本体の間で位置を調整できる。
- 折りたたみや取り外しなどができる。

◆ポイント

- ベルトも含めたスリング・シートとプラスチックや合板，金属板，硬質板などのソリッド・シートに分けられ，その上に車椅子クッションが設置されている。
- 長さ調節が可能な複数のベルトから座支持が構成されているものがあり，特に座部は殿部と大腿部の形状の違いから，それにあわせる場合がある。
- 基本として平板，またはゆるい弧状の板からなり，クッションも平板状のものが多い。褥瘡の防止より安定や支持性を目指している。身体がずれたとしても，同じ接触を得ることができる。また，各種パッドなどを容易に取り付けることができる。**図1**は股関節屈曲角度制限の違いを考慮した座面である。
- 安定したソリッド・シートはスリング・シートと比較して作業効率が向上した報告[1]がある。
- 片麻痺での脚走行で，駆動する脚のシートの大腿部を下げることで駆動効率が上がった報告[2]がある。

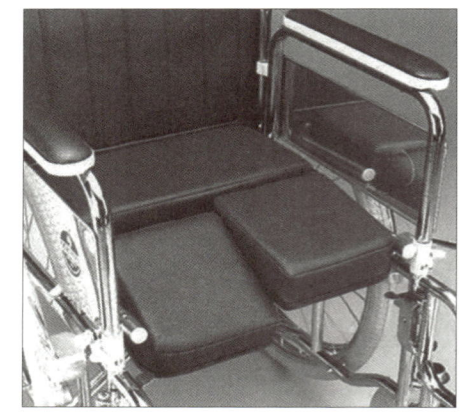

図1 股関節の角度を考慮したプレイナー座面

- 硬い板で座を支持する場合は，安定感と同時に骨格を意図した位置に保持することが目的で，座位保持の基本である。また，車椅子フレームとの媒介となり，継手などでフレームに固定される。しかし，折りたたむとき，容易に車椅子フレームから外れる構造のものが多い（**図2**）。また，フックの長さや角度が調整できるので，座支持であれば上下調整，奥行き調整や座角度調整が可能である。

 これらをまとめると，座奥行きは背支持の位置で調節できると同時に背支持とバックサポートパイプとの位置関係によっても調整ができる。また，座の高さ（下腿長とも関係する），前

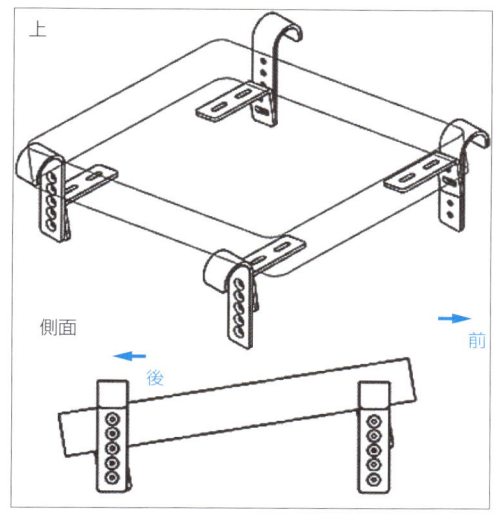

図2 位置が調整できる機構

座支持角度をプラスにつける場合，前を上げ後ろを下げる

図3 座支持座面に取り付けられた固定シート

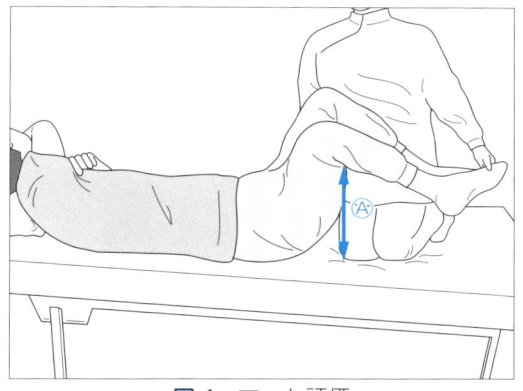

図4 マット評価

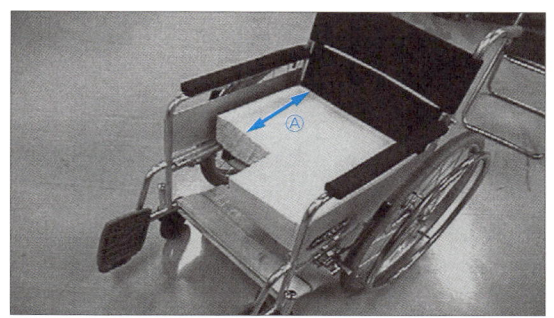

図5 マット評価による左右大腿長にあわせたクッションと座面をカットした状況．右側が短い

輪と後輪の高さで調節できると同時に座用固定シートと座フレームの位置関係で調節できる。当然，下腿長は足部支持との位置関係にあわせて調整する。簡易的にクッションの下にベニヤ板を敷いたり，スリングシートに金属板を置いたクッションなども市販されている（**図3**）。

◆症例

右大腿骨短縮がある脊髄損傷者

褥瘡から感染し，大腿骨頭摘出により右大腿骨短縮となった症例である。通常座面では下腿が座前縁にかかることで骨盤は右前に傾き，その結果，右後方に体幹が倒れてしまう。マット評価では右大腿骨短縮の結果，膝が左膝と比べて下がっていた（**図4**）。それに対して座位保持装置座面を右側だけ短くすることで，骨盤と座面が背部で支持することでき，体幹を正中位に保つことができた（**図5**）。

文献

1) 廣瀬秀行：高齢障害者の作業時の車椅子およびその座面の影響について．国リハ研究紀要 **18**：19-24，1997
2) Cron L, et al：Clinical evaluation of the Hemi Wheelchair Cushion. *Am J Occup Ther* **47**：141-144, 1993

第4章　座位保持・シーティング

5. 足部支持（膝も含む）

　車椅子座位における足部の支持は下肢全体の安定性や肢位に影響し，結果的に骨盤の安定性や殿部周囲の体圧へも影響を及ぼす。快適な車椅子座位姿勢を提供するためには膝関節と足関節の可動性をマット評価で把握し，負担の少ない膝，足関節の角度や位置を検討する。特に膝の伸展制限や足部の変形が重度な場合は，通常の車椅子では十分な対応が難しい。近年は，このような変形に対応できる車椅子も販売，レンタルされており活用していきたい。

◆評価

1. 膝関節の可動性

- 臥位や座位で膝関節の屈曲・伸展の可動性を評価する（図1）。
- 背臥位で車椅子座位を想定した股関節屈曲角度に固定し，膝関節の可動範囲を評価する。膝関節屈曲70°程度の角度が楽に保持できれば，通常の足部支持位置で対応可能となる。
- ハムストリングスの短縮が顕著なケースでは，通常の足部支持位置に足部を乗せると骨盤が後傾し姿勢全体が崩れる原因となる。

2. 足部の可動性，変形の有無

- 足部の可動性は概ね底背屈0°の角度が楽に保持できれば，通常の足部支持が使用できる。
- 足部の変形が重度な場合，足部支持上に固定されにくく，足部は落下しやすくなる。加えて接触面積が少なくなるため，褥瘡が発生することもあり，注意が必要である。

◆膝関節の屈曲・伸展制限に対して

1. エレベーティング機能

- 膝関節の角度への適合として，膝継手の角度を変化させるエレベーティング機能がある（図2）。
- 手動での調整が一般的だが電動のものもある。

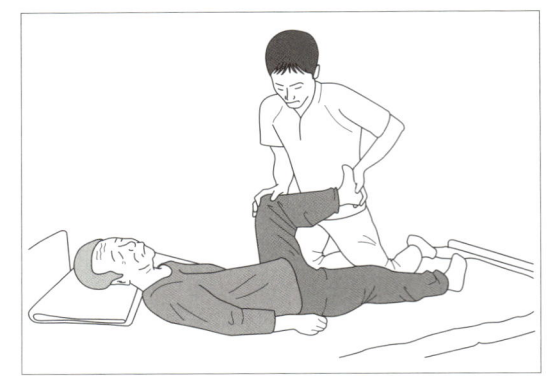

図1　臥位での下肢の可動性の評価

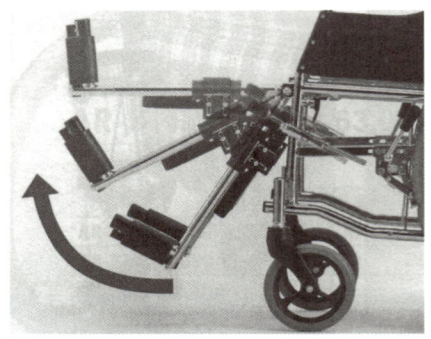

図2　エレベーティング機能
　　　（MATSUNAGA カタログより）

5 足部支持（膝も含む）

図3 前後位置，底背屈，内外反に対応できる足部支持（Bodypoint カタログより）

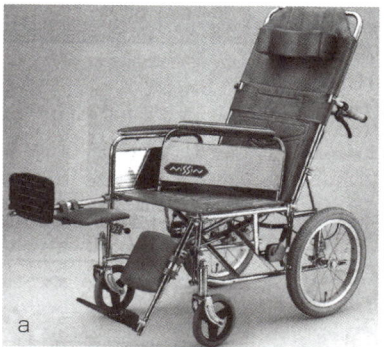

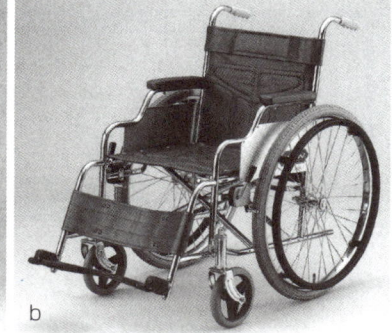

図4 下腿部での支持（NISSIN カタログより引用）
a：左右で独立した下腿支持部，b：左右一体の下腿支持部

2．キャスタの直径と足部支持の位置

　一般的にキャスタ径が小さいと足部支持位置は手前に，キャスタ径が大きいと足部支持の位置は遠方になるため，座位時の膝関節に影響を及ぼす。

◆足部の変形に対して

足部の継手機構による調整

・足関節の底背屈，内外転，内外反の変形に応じて，足部支持の角度を調整できるものがある（図3）。
・背屈制限が重度の場合は，足部支持を底屈方向へ調整する。内外反方向の変形の対応は苦慮することが多いが，ベルトタイプの製品もある。

◆足部支持からの下肢の落下に対して

1．下腿部での支持

・左右で独立した支持部をもつものとベルトで左右を一体的に支持するもの（図4-a，b）がある。
・独立しているものの中には前後位置や角度を調整できるものもある。
・いずれも立ち上がり時の膝の屈曲や移乗時の車

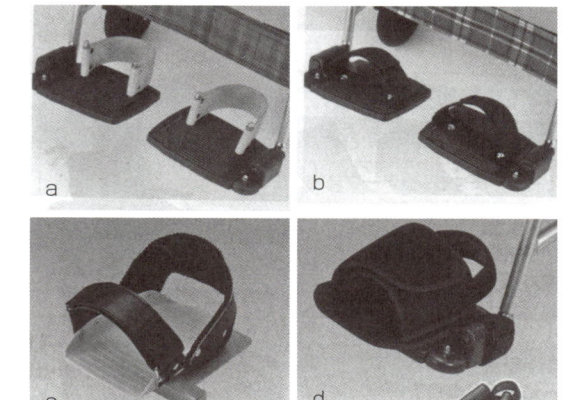

図5 足部での支持（NISSIN カタログより引用）
a：踵部での支持，b：上部での支持，
c：足部全体での支持①，d：足部全体での支持②

椅子への接近を妨げるため，脚部を取り外すなどして対応する。

2．足部での支持

　踵部，上部，そして足部全体で支持する方法が一般的である（図5-a～d）。緊張の亢進や変形が重度の場合は，支持部の局所に負担が集中しやすく褥瘡発生の要因となることもあり注意を要する。

69

第4章 座位保持・シーティング

6. 上肢支持，大腿内側支持

シーティングを目的とした動作を考えるうえで付加して検討すべき点では，上肢支持が挙げられる。上肢支持の方法としてはテーブルの使用やクッション，前腕支持の変更がある。テーブルの使用などにより食事などの摂食動作，コミュニケーションなどの文字盤や重度障害者用意思伝達装置などの利用も可能となる場合がある。また，手の位置が視界に入ることで安心感や安全性も保たれる。

◆上肢

1. ポイント
・上肢支持を行う際には肩甲帯を含めたアライメントの評価が必要になる。
・日常生活動作を確認し，動作を阻害しないものを選択のうえ対応する。

2. テーブル
テーブル（**図1，2**）を使用し上肢を支持する場合には，肩甲帯，鎖骨，上腕骨のアライメントを確認し高さを調整する。時に高めのテーブルを使用している場面をみかけるが，機能的な位置を確認し適切な高さのテーブルの使用を勧めたい。テーブルをクッション張りにするのか，板のままにするのかは，その方の生活での行為による。つまり，テーブルの使用方法により選択すべき材質は異なる。

3. 腕枕・クッション
車椅子を駆動するなどの動作を行う際に，テーブルがあると足元がみえにくく危険であることや

図1 縁ありのテーブル

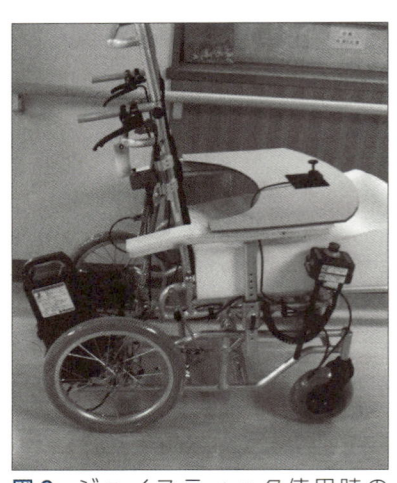

図2 ジョイスティック使用時のテーブル

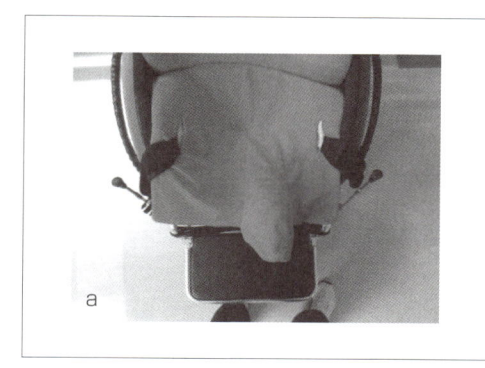

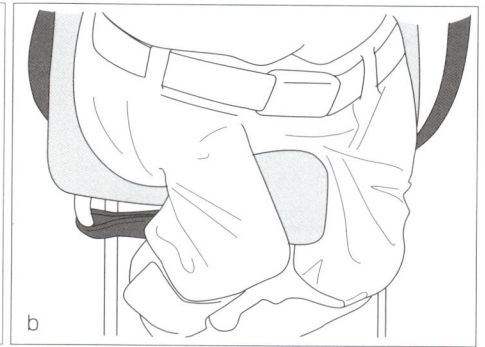

図3 大腿内側支持
a：上から見た図，b：座位時

前傾姿勢を阻害し駆動効率を下げる。その場合は膝上の腕枕やクッションなどで対応する方法がある。

4. 前腕支持

車椅子には平面状のものもあるが円形状のものもある。どのような姿勢で上肢の支持を行うかにより、接触する面積や支持する長さを決定する。時に電動車椅子の使用では幅を広くしたり、ジョイスティックの操作が有効になることもある。また、既製品の前腕支持形状も有効な場合がある。

注意点

- 使用状況を評価すること。
- 拘縮を助長するような支持は行わない。
- 脊柱のアライメントを評価し、上肢のみの支持を検討することは避ける。
- 立ち上がりを防止するためにテーブルを使用してはいけない。

◆大腿内側支持

1. 概念

股関節内転痙性が強い場合などに利用され、モールド型のクッションなどで検討されることが多い。大腿内側支持の利用のみで対応ができる場合もあるが、ベルト・ストラップなどを併用することもある。利用の際には移乗動作を確認する必要がある。

2. ポイント

- 移乗動作を確認する。
- 内転筋の緊張と拘縮を評価する。
- ベルト・ストラップなどの他部品との組み合わせも検討する。

3. 大腿内側支持（図3-a，b）

車椅子クッションの形状を考える際に検討することが多い。膝の間に製作する。骨盤から大腿部のモールド型クッションでよくみられる。移乗動作や男性の排尿動作の阻害防止のためには、付け外し可能なものを用いることもある。

注意点

大腿内側支持を車椅子からのずれ落ち防止に使用しないこと。

第4章　座位保持・シーティング

7. ベルト

ベルトは車椅子・座位保持装置の付属品として位置づけられ，障害者総合支援法第76条に基づく「義肢，装具及び座位保持装置等に係る補装具費支給事務取扱要領」にベルト部品として果たす機能が例示されているが，使用する部位や目的は多岐にわたるため，その種類も様々である．使い方によっては身体拘束ともなり得るため，身体機能を評価し日常生活動作や使用環境を考慮して適切に選択し，最小限に使用する．

◆目的

1. 姿勢を保持する
筋力低下や強度の変形のために，適正な姿勢を保つことが困難な場合，その姿勢保持を目的に使用する．

2. 安全性を確保する
車椅子・座位保持装置を安全に使用するために使用する．

3. 動きを調整する
痙性や不随意運動があり，適正な姿勢が崩れてしまう場合に動きを止めるために使用する．

◆ポイント

・身体機能を評価する．
・日常生活動作の目的を確認．
・介護および生活環境に適したもの．

◆ベルトの種類

なお，「義肢，装具及び座位保持装置等に係る補装具費支給事務取扱要領」により，製作要素の付属品として，ベルトは**表**に示すそれぞれの機能を果たすものであることとしている．また，その形状が例示以外のものであっても，当該機能を果たすものであれば，取り扱うことができること，価格はクッション素材を取り付けた場合を含む価格

表　ベルト部品

種類	機能
腕ベルト	手の不随意運動の抑制，体幹の正中保持
手首ベルト	同上
肩ベルト	体幹の正中保持，前傾防止
胸ベルト	体幹の前傾防止
骨盤ベルト	骨盤の保持
股ベルト	骨盤の前ずれ防止
大腿ベルト	大腿部の保持
膝ベルト	前ずれ防止，膝の伸展防止，骨盤の固定
下腿ベルト	下腿部の保持
足首ベルト	膝の伸展防止，足の横ずれ防止

「義肢，装具及び座位保持装置等に係る補装具費支給事務取扱要領」（厚生労働省）より抜粋

とすることとしている．

◆症例

1. 骨盤ベルトと大腿ベルトの併用例

頸髄損傷による四肢麻痺，褥瘡多発．関節可動域は股関節屈曲45°・伸展-20°，膝関節屈曲90°・伸展-50°で，動作時に伸展痙性が著明．自助具を使用して摂食とパソコン操作可能．座位保持装置付き電動ティルト・リクライニング車椅子を使用して移動は可能であるが，その他の日常生活動作は介助．ヘルパーを利用して独居している

7 ベルト

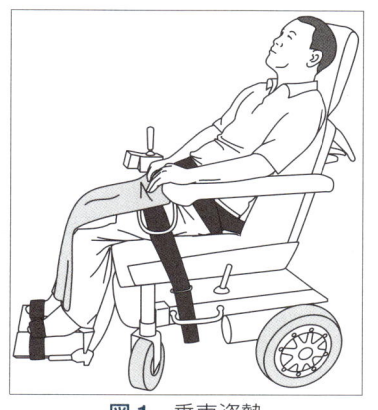

図1　乗車姿勢

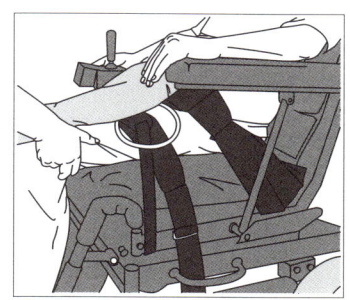

図2　骨盤ベルト・大腿ベルト

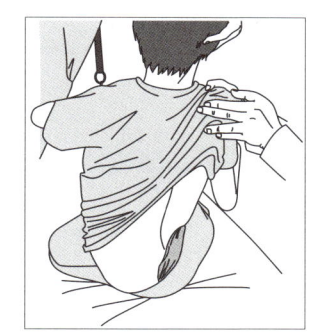

図3　マット評価（座位）

（図1）。

　理学療法評価により，殿部の褥瘡を繰り返すのは，リクライニングで前ずれした状態で姿勢を戻すことができないのが原因と考えられた。しかし，日中活動の唯一の楽しみはパソコンであり，車椅子上でなければパソコン操作ができないため，ベルトによる固定を行った。使用中の胸ベルトと骨盤ベルトに大腿ベルトを追加した（図2）。同時にクッションの変更と足台調整を行い，大きな姿勢の崩れは防げたが，姿勢変換の機会を増やすことはできず褥瘡悪化の危険要素は残っており，経過観察が必要である。

2. 体幹ベルト

　脳炎後の四肢麻痺。四肢体幹の変形・筋緊張著明。日常生活動作は全介助。理解力はあるが表出が困難であり，意思伝達時の緊張はさらに高まる。在宅時は和式生活であるが，日中は通所施設において車椅子に乗車して過ごしている。

　マット評価では，骨盤のねじれが認められ，端座位は不安定なため介助が必要（図3）。また，車椅子乗車中は常に緊張が亢進し，車椅子よりずり落ちの危険があると考えられた。

　そこで，骨盤・大腿支持部をモールド型として，背張り調整，加えてハーネスタイプの体幹ベルトを使用したところ，上部体幹の安定性が得られ，車椅子乗車姿勢が改善した（図4）。

　また，屋外移動時には安全確保のため下腿ベルトを使用することとした。

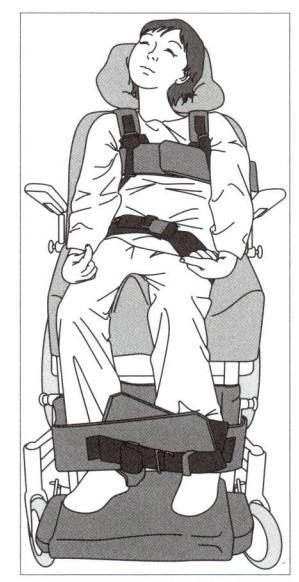

図4　乗車姿勢（体幹ベルト・骨盤ベルト・下腿ベルト）

注意点

・介助者の都合など，目的が不適当な使用は行わない。
・本体の形状，クッション，パッドなど，代替品の適応を検討し，過度に使用することは避ける。

8. モールド型

※本邦ではモールド式（JIS），モールド型（障害者総合支援法）とも呼ばれる。

骨盤・大腿部や脊柱に重度の変形を有する症例において，既製クッションや他方式では不適合な場合に適応となるものである。支持部を生体後側面の凹凸にあわせて全面接触する立体形状とし，重力や筋緊張に抗して適切な身体アライメントを保持し，かつ圧力集中による不快感，圧痛や褥瘡を防ぐことで身体支持と圧力分散の両立を目指すものである。これにより座位を安定させ，座位時の安楽性や耐久性を向上させることが主目的となる。症例に応じて座支持と背支持のどちらか一方を既製クッションや他方式と組み合わせる場合がある。

◆材料

支持部材料としては日常生活用品の椅子クッション部と同じ軟質ポリウレタンフォーム（以下，ウレタンフォーム）が一般的であり，粘弾性（クッション性），加工性（快削性，接着性）や軽量であることなどが適する。硬さの種類が様々あり，使用者の体格や筋緊張の程度にあわせて単一，もしくは組み合わせて用いられる。また，骨突起部などには弾性を抑え，粘性を高めた低反発弾性軟質ポリウレタンフォームの部分的使用により圧力集中を防ぐ工夫も施される。ウレタンフォームは生産後から劣化が始まり，支持性の変化（いわゆる「へたり」）を予測することは難しい。身体状況の変化とあわせて，適合状況を定期的に確認し，形状修正や再製作などのフォローアップが不可欠である。

◆製作方法

まずはじめに行う身体情報の取得方法は座位身体寸法に基づく採寸と専用採型器にて生体形状をかたどった採型の2つに大別される。

採寸では座位における特徴的な部位が計測箇所として定められており[1]，骨盤・大腿部では座底長，座位臀幅などがあり，体幹部では胸部幅，座位腰幅，座位腋下高などの数値を参考とする。この他にも骨盤・大腿部の外形，脊柱変形の凸部頂点までの高さおよび腰部のくびれの左右差など，可能なかぎり身体外形情報を得て支持部形状をデザインし，立体形状へと拡張して加工を行う。この作業は経験や勘によるところが大きい。

採型では座位保持装置専用採型器を用いる（図1）。これはプラスチック製粒状材が充填されたバック内の空気量により剛性を調整するもので，流動性がある状況下で生体の外形に沿わせ，バック内の空気を抜き取ることで硬化させて身体後側面の形状をかたどるものである。また，座位姿勢評価にも有効である。この形状から後工程（図2）の成形で必要となるギプスモデルを製作する場合と形状を3Dデジタルデータ化する場合とがある。

成形方法の1つはウレタンフォームの快削性から，採寸によるデザインやギプスモデルにあわせて手動・電動カッターにて削り出す切削法であり，もう1つは易成形性から，液体原料を混合させることで発泡させ，短時間で複雑な形状の成形が可能である発泡法である。製作現場のみならず，臨床現場で発泡成形可能な材料もある。

カバーも重要な製作要素であり，立体縫製，も

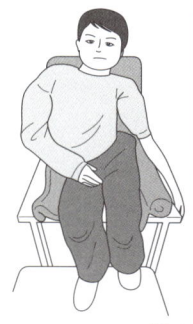

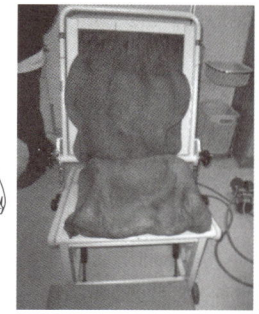

図1 採型器による採型と製作した支持部

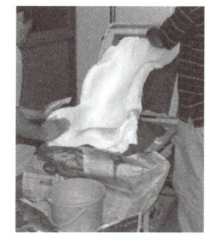

図2 採型後の後工程

しくは伸縮性の高い生地を用いて支持部形状に沿わせ，生地の張りによる骨突起部への圧力集中を防ぐ．近年では蒸れ対策として立体メッシュ生地が主流であり，脱着式では洗濯も可能である．さらに失禁などの対策として防水性レザー材料の使用やウレタンフォーム表面に薄く柔軟な防水性材料の貼付により衛生状態を良好に保ち，ウレタンフォームの劣化を防ぐ対策が講じられる．

◆CAD／CAM

採型器やギプスモデルから得た身体形状を3D座標測定器により3Dデータとして取得し，そのデータを基に3D切削加工機にてブロック材から削り出す方法である．ギプスモデルが不要，採型後の形状変更が容易，同一形状での複製が可能といった利点がある．

◆製作，使用上で注意点

モールドが単一形状であるがゆえに特有の考慮すべき点を以下に挙げる．

・使用上の効果は限定され，すべての要望を盛り込むことは不可能である．製作開始前に目的を順位づけし，目指す姿勢と必要な構成要素などについて本人や家族はもちろん，医師，医療スタッフ，学校教諭，介護職員などの間で方針を決めておく必要がある．

・小児への成長対応や重度変形を有するうえに身体状況の変化が著しい成人症例などへの適応は十分な検討を要する．

・特定の座位姿勢を強いる（関節運動を拘束する）ことから，適合性にかかわらず疼痛や疲労を考慮すべきである．対処としてティルト機構などの姿勢変換機構により可能なかぎり休息座位をとること，さらに連続乗車が長時間に及ぶ場合はベッド上での臥位にて休憩を挟む必要がある．

・移乗では乗り移るだけでなく所定の座位姿勢に整える必要があり，介助者によらず適切に対応できなくてはならない．ずれによる支持状態の変化がさらなる筋緊張を誘発し，姿勢を崩す要因となる．

文献

1) 車いす・シーティング用語検討委員会：車いす・シーティング用語集．ニチゲン，pp55-58, 2005

第5章

疾患別のシーティング

第5章　疾患別のシーティング

1. 疾患別のシーティング概論

シーティングの基本は共通するが，各症例の特徴を踏まえたうえで評価することが重要である。特に進行性疾患，小児など時間経過によって状態が変わる可能性の高い症例の場合，定期的に評価・確認する必要がある。本章では9つの疾患，または障害について解説した。

◆現状の課題

- エビデンスとして脳性まひでその効果が一部述べられているが，不十分である。今後症例の蓄積を含め科学的アプローチを期待したい。
- ポストポリオ症候群のように各疾患が高齢化した場合の身体機能変化とその対応について検討すべきであろう。

◆脊柱変形が起こる経過

- 筋ジストロフィーなど脊柱起立筋や腹筋など体幹筋の筋力が全体で低下すると，無力性脊椎が起こる。対応としては背支持の後方傾斜や腹部側方支持などの支持部品を設置することは有効である。
- 座位保持装置を使用していないと，体幹が側方や前後方向に倒れ，頭部や頸部が立ち直ろうとするために脊柱変形が起きる。対応としては座位保持装置を使用し，Hoffer座位能力分類2（JSSC版）であれば垂直対称位に近い姿勢の確保，Hoffer座位能力分類3（JSSC版）であればティルト使用による対称姿勢の確保や頭部支持が必要となる。
- 小児脊髄損傷では成長期での骨の成長と腸腰筋の短縮が変形を増悪させる。腸腰筋は大腿骨と腰椎に付着しているので，左右の腸腰筋の短縮があり，かつ左右差があると，左右大腿が水平になる座位では腸腰筋がひかれ，その結果，腰

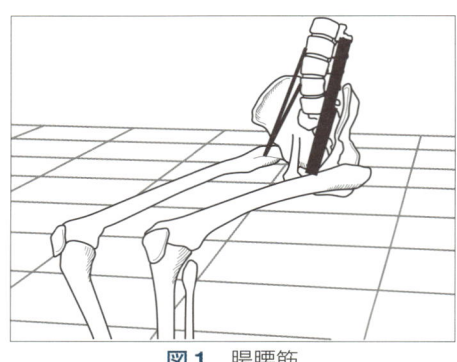

図1　腸腰筋
特に大腰筋（太線）が腰椎肋骨突起に付着するため，変形を招く

椎は捻転する（図1）。同時に股関節臼蓋形成不全も起こしているので，腸腰筋を伸長すると脱臼が起こる。延長術など外科手術との併用も視野に入れるべきであろう。

◆症例

1. 骨形成不全

骨の脆弱性から頻回の骨折，骨変形を生じる特徴をもつ。症例は31歳，四肢体幹機能障害のため，特に体幹部の脊柱変形が著しい。就労中1時間ほどの座位で疲労しやすく，頸から腰背部の体幹後面と殿部下に痛みが起こる。

そこで電動車椅子上で2つの姿勢をとることで，長時間の作業への対応を提案した。1つはキーボードを打つときの作業姿勢（図2），もう1つは15分程度おきに殿部を前方に位置させ，

1 疾患別のシーティング概論

図2 作業姿勢

図3 リラックスした姿勢

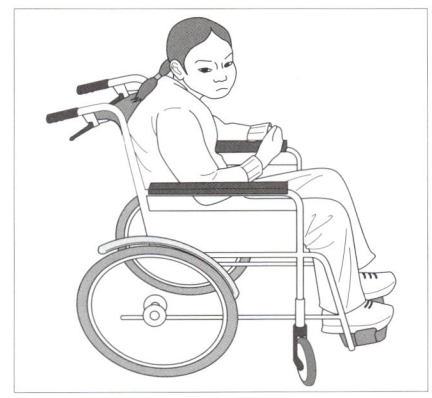

図4 標準形車椅子（スリングシート）の姿勢

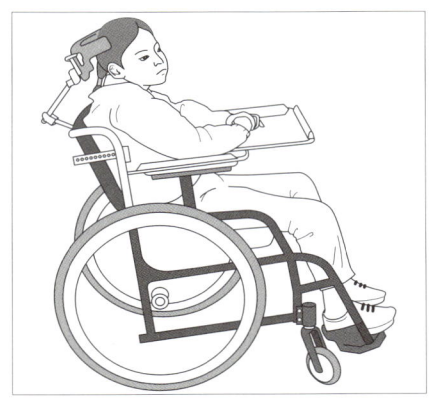

図5 座位保持装置の姿勢

背クッションに寄りかかり，頭部から腰背部まで支持させるリラックス姿勢である（図3）。

2. レット症候群

　レット症候群は神経系を主体とした発達障害で，特発性側弯症に類似している。レット症候群の側弯症のガイドライン[1]では，座位保持装置を推奨している。本症例は後弯を示していたので，後弯による脊椎のゆるみから側弯になる可能性があった。レット症候群に対しても後弯予防が側弯を予防することにつながると考えた。そこで，スリングシートの車椅子（図4）から座と背がソリッドシートで，なおかつ頭部支持をもつ座位保持装置の製作を行った（図5）。

3. 色素性乾皮症

　色素性乾皮症は光線過敏性皮膚疾患であるが，神経症状を伴う型では，20歳くらいになると歩くのが難しくなり誤嚥などを起こす。
　われわれの調査では，車椅子に乗車している

と脊柱円背の変形をもっているようにみえるが，マット評価をすると対称位で生理的弯曲を維持していた。また本疾患の特徴は15〜16歳でHoffer座位能力分類（JSSC版）が1または2であり，20歳を超えるとHoffer座位能力分類（JSSC版）3と座位能力が低下すること，そして最大の特徴が頸部屈曲位の症状が早期から起きてくることである。これらより，見た目だけの変形でモールドタイプの座位保持装置を製作せず，頸部の拘縮予防を視野に入れながら，常に体幹部の対称性を確保し，頭部支持も含め嚥下機能には十分に配慮する必要がある。

文献

1) Downs J, et al : Guidelines for clinical management of scoliosis in Rett syndrome. The Rett Syndrome Association of Australia and International Rett Syndrome Foundation.
https://www.rareconnect.org/uploads/documents/scoliosis-management-for-clinicians.pdf
（2014年6月13日アクセス）

第 5 章　疾患別のシーティング

2. 頸髄損傷に対するシーティング

頸髄損傷は運動麻痺と知覚麻痺があるため，車椅子は姿勢変形，褥瘡を考慮したものが必要である。さらに自律神経障害，膀胱直腸障害といった症状もあり，特に起立性低血圧に留意しなければならない。第 3 頸髄以上では横隔膜が作用しないのでレスピレータ（人工呼吸器）を使用し，チンコントロールで電動車椅子操作をする。第 5 頸髄では屋外は電動，屋内は自走式を用いる。第 6 頸髄以下では自走式を用いる。

◆目的

- 褥瘡予防のためのクッションと減圧指導，自己減圧ができない場合は電動ティルト式を処方。
- 変形がない場合はその予防を，ある場合は最大限の予防と変形への対応。
- 電動，自走式とも安定した車椅子操作能力を獲得するための姿勢保持。

◆ポイント

1. 褥瘡予防の重要性

- 褥瘡リスクが高いのでクッションは 10 cm の厚さを使用する。
- 減圧動作はプッシュアップよりも，30 分ごとの体幹前屈，左右側屈を指導する。
- 自己減圧動作ができない者は電動ティルト式を用いる。リクライニング式は体幹の前方ずれが生じるので避ける。
- 背支持高は低いほど外観がよいと考えている者もいるが，低いほど骨盤を後傾させた「ずっこけ」「前方すべり姿勢」となるので仙・尾骨の褥瘡に注意をする。

2. 起立性低血圧，気分不良時対応の重要性

- 起立性低血圧の対応ができない方は，実用的な車椅子駆動操作能力がない場合が多い。そのため，電動車椅子の使用を考慮すべきである。

3. 脊柱・骨盤変形予防の重要性

- 車椅子を使用し始めたら，脊柱変形を予防する適切な座位保持装置を処方すべきである。
- 自走式を使用するレベルでは，自動車への積み込み動作を容易にするため，自動車の天井に接触しないよう意図的に背支持高を低くしようとする。しかし，円背を増長することとなる。専門家の指導を受ければ座位バランスに応じた背支持高でも積み込みができる。
- 1 日の車椅子乗車時間は駆動操作時間と休息・作業での座位時間では，圧倒的に休息・作業座位時間が長い。駆動が容易なだけの座位姿勢は避けるべきである。

◆理学療法士・作業療法士の対応

- 理学療法士・作業療法士は機能レベルの評価は大切だが，まずマット評価で変形が確認できれば，骨盤や脊柱の可動域を確認し，そのうえで変形が強ければ採型などで変形予防，疼痛予防，日常生活動作の維持などを考えるべきである。
- 適切なジョイステック，ボタンスイッチなどの電動車椅子操作スイッチの選択。

◆症例

1. 変形が起きていない第 2 頸髄損傷レベル

変形，拘縮の予防，移動能力の獲得，褥瘡の予

2 頸髄損傷に対するシーティング

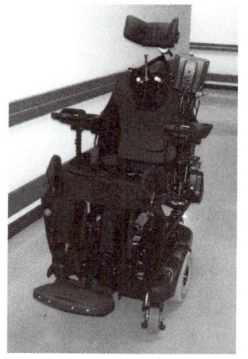

図1 提案した車椅子

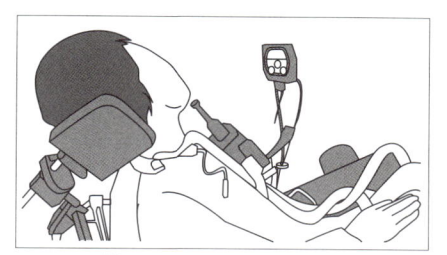

図2 チンコントロール

図3 体幹左右対称位の車椅子座位姿勢にてパソコン操作

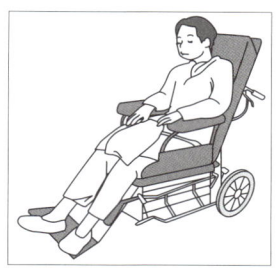

図4 介入前の車椅子座位姿勢

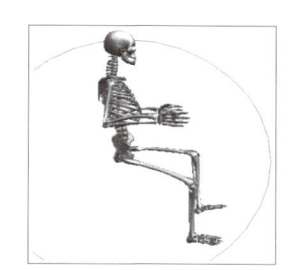

図5 マット評価　骨盤が中間位となる股関節の角度

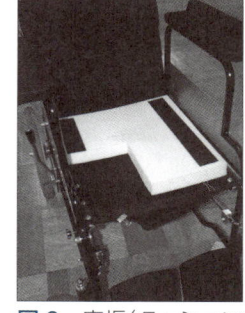

図6 座板（クッションを除いて撮影）　右股関節角度に合わせた座面

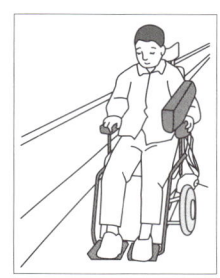

図7 介入後の電動車椅子座位姿勢

防，起立性低血圧への対応を目的として座位保持装置を処方する。構造フレームは電動車椅子，支持部の連結には電動ティルト・リクライニング式である。頭部，体幹を対称位保持するために頭部支持，前腕支持を処方した（**図1**）。第2頸髄は副神経で僧帽筋，胸鎖乳突筋が作用するので，後方へティルトして頭部支持で後頭部を支持すればチンコントロールが可能となる。電動車椅子による移動の他，ティルト操作できるチンコントロールスイッチを選択した（**図2**）。結果，自分で移動と姿勢変換を行うことで褥瘡予防，起立性低血圧，疲労への対応ができ，それにより介助量の軽減，生活の質の向上が図られた（**図3**）。

2. 変形がある第5頸髄損傷レベル

外傷性頸髄損傷（機能レベル第5頸髄）と右異所性骨化による右股関節の屈曲制限（股関節屈曲右60°，左110°）がある。左右対称な座面では骨盤後傾（すべり座り），脊柱に右側弯がみられた（**図4**）。マット評価で，後傾させずに骨盤中間位に座位保持させるために座面角度は制限にあわせる。それにより，脊柱伸展，体幹左右対称位で保持できるようになった（**図5**）。座面には股関節屈曲60°で座れるよう右大腿部をカットした5cm厚のウレタン座板を敷いた（**図6**）。介入後は骨盤中間位になり，脊柱が伸展し左右対称位で姿勢保持できた（**図7**）。褥瘡予防，休息として30分ごとに後方にティルトする指導をした。

> **注意点**
>
> 買い物，外出では積み下ろしなどが容易な軽量型を使用することがあるが，座位姿勢保持を目的としていない。長期では脊柱・骨盤変形を起こすため使うべきではない。

81

第5章 疾患別のシーティング

3. 小児脳性まひに対するシーティング

脳性まひは受胎から新生児の間に生じた脳の非進行性病変による永続的な運動障害を呈し，満2歳までに発症する疾患とされているが，臨床像は児のライフステージに伴い，様々な要因で容易に変化し得る。よって，身体機能のみならず，成長の過程で変化していく生活および社会環境の要因も考慮する必要がある。

◆目的

- 重症度に応じた能動的活動の促進（潜在能力を引き出す）。
- 側弯などの二次障害予防および身体機能の維持。
- 日常生活動作および生活の質の維持・向上。

◆ポイント

1. 粗大運動機能分類システム（GMFCS）レベルⅣ，Ⅴの児の場合

- ヘッドコントロールが不十分な児の場合は適切な頭部支持を使用し，誤用・過用症候群を予防する。
- 必要以上の後方ティルトの使用は下顎の後退・舌根沈下，誤嚥を生じ，呼吸機能や摂食嚥下機能の低下につながる。
- 適切な頭部支持を使用することで骨盤の安定性を確保し，呼吸機能，上肢操作の改善や側弯の予防につながる。
- 自力でのヘッドコントロールが困難な児の場合は腰部支持と体幹支持を使用し脊柱のニュートラルポジションを作る。

2. GMFCSレベルⅠ～Ⅲの児の場合

- 座位姿勢だけでなく移乗動作能力や介助量も含め，座位保持装置を選択する。
- 学習時使用する椅子については座位保持時間に応じ，姿勢支持ができるようにクッションやベルトなどを使用する。
- Hoffer座位能力分類（JSSC版）が2であっても，ヘッドコントロールが不十分な児は座位保持時間や作業内容を考慮し頭部支持を使用する。

◆理学療法士・作業療法士の対応

- 脳性まひ児は姿勢により筋緊張は変化するので，座位姿勢の崩れや呼吸の評価を定期的に実施する必要がある。
- 背支持角度は各児により異なるため，他職種への伝達と周知が必要である。
- 目的にあった動作を児が実施できているかを他職種からの情報を含め確認すること。
- 脳室周囲白質軟化症（PVL）の場合，PVLの特徴である体幹筋の低緊張と頭部が大きいという小児のプロポーションの特徴から容易に脊柱変形を生じやすいため，頭部と頸部の両方を支持できる物の選択が有効である。
- 座位保持装置の製作目的を明確にし，姿勢調整に限界があることを保護者へ説明する。

◆症例

1. 症例1

GMFCSレベルⅤ，Hoffer座位能力分類3（JSSC版），先天性小脳腫瘍後遺症，発達遅滞。脳性麻痺簡易運動テスト（SMTCP）：5点。筋緊張は低下しているが，骨盤を一側へ回旋すると背臥位から

3 小児脳性まひに対するシーティング

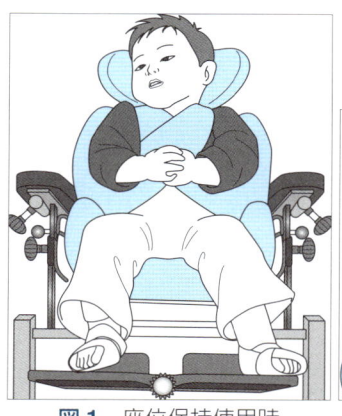

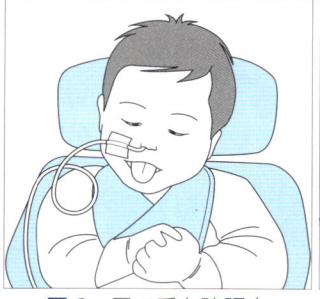

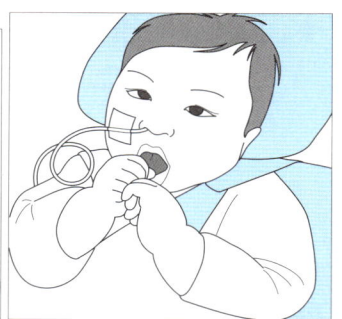

図1 座位保持使用時

図2 目で手を確認中

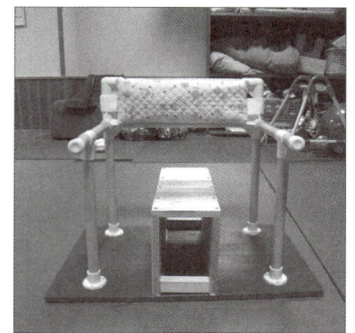

図3 口で手を確認中

図4 SEM

図5 家庭での様子

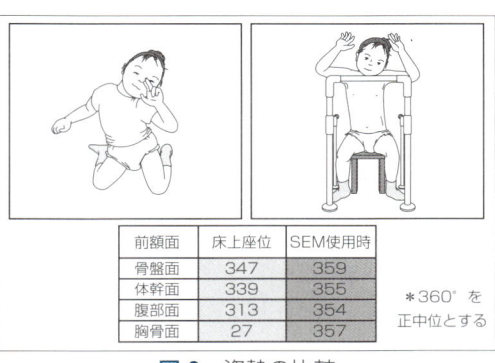

前額面	床上座位	SEM使用時
骨盤面	347	359
体幹面	339	355
腹部面	313	354
胸骨面	27	357

＊360°を正中位とする

図6 姿勢の比較

腹臥位への寝返りは可能。定頸は不十分。背臥位では正中位指向は困難であった。抗重力位でのヘッドコントロールと正中位指向の促通を目的に座位保持装置を使用した（**図1**）。結果、定頸し、左右差なく手を口にもっていくようになった（**図2、3**）。さらに口腔機能を使用することで口腔過敏も減弱し、経鼻栄養から摂食訓練が開始され、口腔からの栄養摂取が可能となる。

2. 症例2

GMFCSレベルⅢ、Hoffer座位能力分類2（JSSC版）、PVL、股関節亜脱臼ありの症例。

対象児の生活の中でもっとも長い遊びの時間に多くみられる割り座と肘這いの時間を短縮することを目的に座位保持装置を導入した。しかし、対象児の欲求や家族の介助量を考慮できず、座位保持装置の使用継続を困難とした。その反省を踏まえ、日常生活動作中の座位姿勢と移乗動作に着目した跨ぎ椅子（the simple-shaped chair encouraging body load experience through voluntary movement：SEM）を製作した（**図4**）。SEMは自発的な移乗動作を意図的に取り入れることにより座位姿勢だけでなく、荷重経験と動作反復の実施を通じて姿勢・運動を関連づけることができる。その結果、対象児は遊びに応じた姿勢変換が可能となり欲求が満たされ、家族は目を離せる時間が確保でき、生活の中に受け入れられた（**図5**）。また、理学療法士・作業療法士が目的としていた不良姿勢の改善につながった（**図6**）。

第5章　疾患別のシーティング

4. 成人脳性まひに対するシーティング

　脳性まひは，周産期および出生時に生じる脳原性の障害であり，進行はしないとされている。しかし，障害は加齢とともに変化し，特に青年期以降は重度化する。
　疾患的に多い痙性，筋緊張の亢進，それらが引き起こす脊柱変形および関節拘縮が著明となり目的動作を阻害する。自発的な運動が困難な重症者は，抗重力姿勢がとれず非対称性の変形が発生する。また運動が可能であっても，独自の動作パターンを習得している場合が多く個別性が高い。
　身体機能とあわせて生活環境にも考慮したシーティングを正しく実施する必要がある。

◆目的

- 痙性や筋緊張の亢進による脊柱・関節変形に対応。
- 独自の動作パターンを阻害しないように工夫。
- 可能なかぎりの生活の質を維持。

◆ポイント

1. 小児期からの変化に対応する重要性

- 変形や拘縮の状況，身体の成長にあわせて寸法を変える。
- 体得している動作パターンを妨げない。
- 採型モールドのみに閉じ込めるのではなく，自由度のある座位保持装置も検討する。
- 抗重力姿勢に対応するために，ティルト・リクライニング機構を活用する。

2. 個人の生活環境に対応する重要性

- 身体機能の変化に応じて，車椅子を導入する時期を決める。
- 在宅では介護者の負担を考慮し，和式生活から洋式生活への切り替えの時期を見極める。
- 自立生活能力が高い場合は，電動車椅子の使用も考慮する。

◆理学療法士・作業療法士の対応

- マット評価で，骨盤・脊柱の変形・関節拘縮の状態と座位姿勢を確認する。
- 各肢位において，痙性・筋緊張の影響を考慮して，動作評価を行う。
- 脊柱や胸郭の変形が著しい場合は，背張り調整，または体幹部支持を使用する。
- 伸展方向の筋緊張が強い場合，各関節を屈曲位で固定すると緊張が弱まり安楽な座位姿勢が保てる。この場合はベルトの使用も効果的である。
- 抗重力姿勢の保持が困難な場合は，動作を妨げない範囲でティルト・リクライニング機構を検討する。
- 児童期よりモールド型を使用している場合でも，主たる介護者の状況も一様ではなくなることが多い。モールド型への乗車介助は困難な場合もあるため，その適合を評価し，効果的な活用ができるよう検討する。

◆症例

1. 筋緊張亢進の例（全介助）

　アテトーゼ型の脳性まひ。筋緊張が亢進し，四肢に非対称性の変形が著明である。日常生活動作は全介助，理解能力はあるが，表出が困難であり，

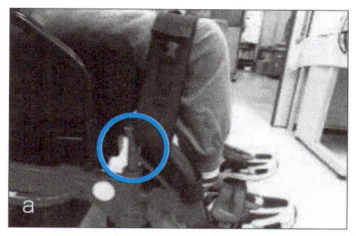

図1 ベルト取り付け位置を間違えると危険，大腿部から足部に変更した他の事例
a：大腿部のベルトでは下腿支持が外れてしまう，b：足部の固定により安定

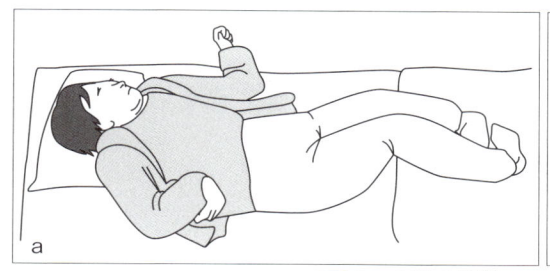

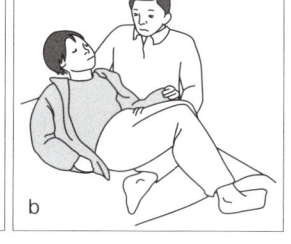

図2 前腕支持の改造

図3 介助の姿勢
a：臥位姿勢，b：介助姿勢

意志伝達時の緊張はさらに高まる。

　在宅時は和式生活であったが，施設入所により日中は車椅子へ乗車し，就寝時はベッドを使用している。伸展の緊張が高まると車椅子よりずり落ちそうになるため，座位保持装置付ティルト式車椅子を処方し，ベルトで体幹・下肢を固定した。

　ベルトは，取り付ける位置を間違えると効果を表すどころか，かえって危険である（**図1**）。

2. 筋緊張亢進の例（一部介助）

　アテトーゼ型の脳性まひ。筋緊張を利用しながら独自の動作パターンで日常生活動作は一部介助，ヘルパーを利用しての独居のため，屋内外で電動車椅子を使用している。動作時に左上肢での支持を必要とするため，前腕支持を幅広いものにして側板を立ち上げ一体型にした（**図2**）。

3. 低緊張の例（全介助）

　四肢体幹ともに痙性が高いが，低緊張である。抗重力位の姿勢がとれず日常生活動作は全介助であり，いまだに和室で抱きかかえて食事介助を行っている。一方向からの同じ動作が続いていることも影響し，非対称性の変形が著明である（**図3**）。児童期より採型モールドのティルト・リクライニング形車椅子を使用していたが，適合させることができていなかった。再製作にあたり，座面を採型モールド，背面を張り調整式背支持に体幹部支持を使用したリクライニング式車椅子とした。

> **注意点**
>
> ベルトは，身体機能と日常生活上の目的に応じて必要なものを最小限に使用する。介助者の都合などにより過度に使用すると身体拘束となる。テーブルやティルト・リクライニング機構も同様であり，利用目的を明確にする。

5. 筋ジストロフィーに対するシーティング

　筋ジストロフィーは全身筋力の低下やアンバランスの進行とともに，歩行から車椅子移動，そして電動車椅子移動へと変化する。特に成長期とも重なり，脊柱変形が起きやすく，その変形は重度化しやすい。それがさらなる呼吸機能や日常生活動作の低下，また疼痛などの発生原因ともなる。シーティングにあたっては人工呼吸器の使用も考慮し，生活の質の低下にも注意する必要がある。

◆目的

- 変形がない場合はその予防を，変形がある場合は最大限の予防と変形への対応。
- 生活の質のレベルの維持または向上。

◆ポイント

1. 電動車椅子の重要性

- 十分な車椅子駆動能力がない場合が多いので，電動車椅子などの使用も考慮すべきである。
- 若年が多いため，移動能力をもつことは電動車椅子サッカーなど楽しみを増加させる。
- 運動負荷としての車椅子操作と日常生活での移動とは分けて考えるべきである。

2. 脊柱変形予防の重要性

- 車椅子を使用し始めたら脊柱変形を予防する目的で早期に適切な座位保持を実施すべきである。
- 同時に，体幹の座位能力が今後さらに低下することを念頭に置き対策を実施する。
- 座位での骨盤のわずかな変形が脊柱変形を大きくする。
- 変形が強くなると，呼吸機能の低下が起こることが報告[1]され，また座り心地の低下による介助量の増加や日常生活動作の低下が起きやすい。

◆理学療法士・作業療法士の対応

- マット評価により骨盤と脊柱の可動域を，また

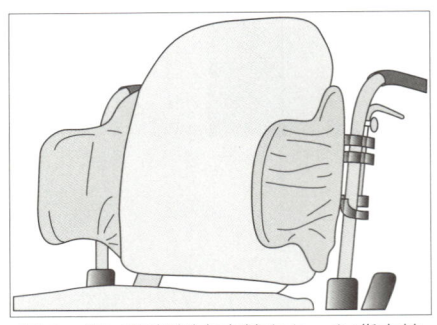

図1 深い腹部側方支持をもった背支持

車椅子座位姿勢も変形がないか確認すべきである。

- 腰部支持（ランバーサポート）を入れ，腰椎を軽度前弯位にすると腰椎の椎間関節が接近し，腰椎の側方への不安定性を抑える。
- 腹部の安定性がない場合，深い腹部側方支持で腹部を側方から支えるものが有効である（図1）。
- 変形が強い場合，まずマット評価で骨盤や脊柱の可動域を確認し，そのうえで変形が強ければ採型モールドなどで変形予防，疼痛予防，日常生活動作の維持などを考えるべきである。
- 重力による姿勢変形を抑えることができ，身体への負荷位置を変えることができる手動や電動ティルト機構を使用する。
- 適切なジョイステックなどの電動車椅子操作スイッチを選択する。

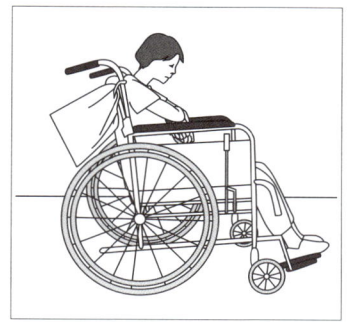

図2　標準形車椅子での座位姿勢

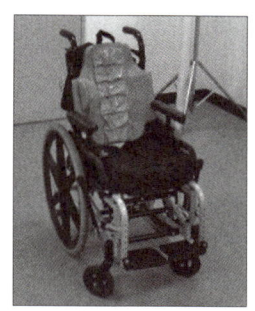

図3　提案した座位保持装置

図4　座位保持装置上での座位姿勢

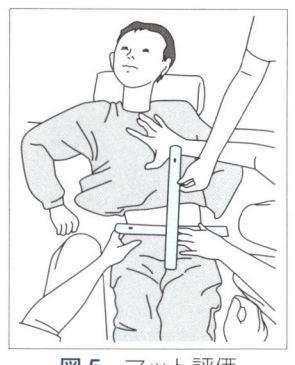

図5　マット評価

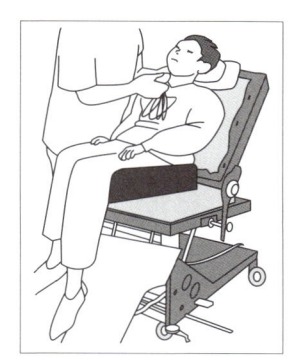

図6　採型とスイッチ選択

図7　電動車椅子操作

◆症例

1．変形が起きていない例

　小学生，筋ジストロフィー。一般に筋力が低下すると車椅子にあわせて座る（**図2**）。それに対して，座背のしっかりとした支持（**図3**），特に矢状面や前額面での姿勢の確保，ティルト機構など使用すると姿勢がより伸び生理的になる（**図4**）。しかし，学校の授業時は前傾位が求められたため，その際は姿勢が崩れるが授業を優先とした。休息として授業時間中にティルトを倒し，胸郭や腹部を伸ばすよう教員に依頼した。

2．変形が強い例

　変形が強いと疼痛が強く，家族に頻繁に訴えるため負担も大きい。そこで，変形を伸ばし，なおかつ無理のない姿勢を得ることを目標とした（**図5**）。同時に体幹変形対応のためのモールド型座位保持装置の製作，頭部機能を使用したスイッチとその位置の選択，またそれらの前提となる頭部安定を考慮しながら座位保持装置を選択した（**図6**）。また，頭部操作による電動車椅子移動に加え，ティルト機構も動かせるスイッチとした。その結果，自分で移動や姿勢変換を行えるようになり疼痛や介助量が軽減され，生活の質が向上した（**図7**）。人工呼吸器への対応もその後，実施した。

文献

1) 青木主税，他：DMDの椅座位姿勢に関する研究：座圧分布と肺機能について．理学療法学 11：133-140，1984

> **注意点**
>
> 標準形車椅子などの個人の身体機能にあっていない車椅子の使用は2～3日の遠足など短期使用では許可してよいが，長期では骨盤，脊柱の後弯と同時に側弯を招き，姿勢変換が困難となるので使うべきではない。

第5章　疾患別のシーティング

6. 二分脊椎に対するシーティング

二分脊椎は，先天的な脊椎骨の形成不全によって引き起こされる神経管の閉鎖障害である。胎児が母胎内で脊椎骨を形づくるときに，なんらかの理由で十分な形ができないことで，脊椎管の中から外に脊髄が出て癒着や損傷を起こしたものである。二分脊椎症には症状の重い開放性と症状の軽い潜在性があるが，通常は開放性のことを指す場合が多く，脊髄髄膜瘤ともいわれている。

下肢の運動，知覚の麻痺，そして排泄の機能に関する障害が残ることが多く，水頭症を合併することもある。車椅子や装具を必要としたり，変形や褥瘡に手術で対処したり，腎機能や水頭症の管理など，必要となる対応は多岐にわたる。また，麻痺域の成長発達が十分とならないことが多く，障害は加齢とともに変化する。

身体機能とあわせて，生活環境にも考慮したシーティングを正しく実施する必要がある。

◆目的

・麻痺域の成長発達の影響による変形・拘縮に対応。
・さまざまな移動手段に応じて工夫。
・使用環境に配慮して生活の質を維持。

◆ポイント

1. 多岐にわたる障害に配慮することの重要性

・麻痺域の発達や機能に応じて寸法を決める。
・麻痺の影響により変形・拘縮などが生じやすいため予防に配慮する。
・褥瘡予防に対応するクッションを選択する。
・児童期に介助が必要であっても，成人期までにはできるかぎり自立に向け，自己管理ができるように配慮する。

2. 生活環境の変化に対応することの重要性

・車椅子だけでなく，他に想定されるさまざまな場面に対応する。
・歩行移動であっても日常の座位姿勢に配慮する。
・自動車の運転時には，車椅子の積み込みや長時間の運転姿勢などさまざまな動作を考慮する。

◆理学療法士・作業療法士の対応

・マット評価により，骨盤・脊柱の変形・関節の拘縮の状態と座位姿勢を確認する。
・各肢位において，麻痺域の成長発達などの影響を考慮して，身体機能および動作評価を行う。
・脊柱や胸郭の変形が著しい場合は，背張り調整または体幹部支持を使用する。
・褥瘡の既往や感覚障害がある場合は，褥瘡予防に対応するクッションを選択する。その際は，できている動作を妨げないように注意する。
・使用環境や利用目的に応じた機種・機構を選択する。

◆症例

1. 一般就労者の例（車椅子使用）

30歳代の男性で，日常生活は車椅子を使用している。マット評価では脊柱の側弯と骨盤・下肢（麻痺域）の変形・未発達が認められる（図1-a）。端座位保持が可能（図1-b），車椅子への移乗動作の自立，立位・歩行は不可能である。日常生活動作

6 二分脊椎に対するシーティング

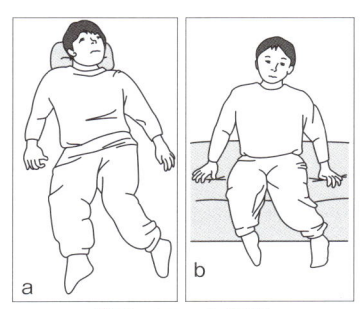

図1 マット評価
a：臥位，b：座位

図2 自家用車内の補高

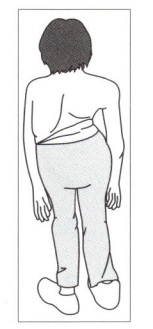

図3 立位姿勢

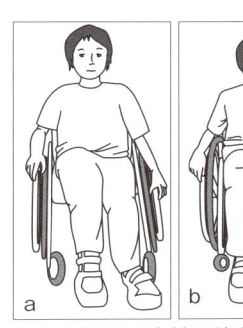

図4 車椅子姿勢
a：入院時，b：評価・対応後

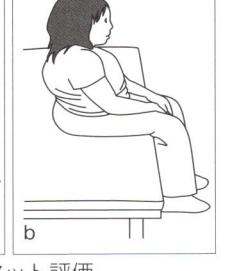

図5 マット評価
a：側弯，b：後弯

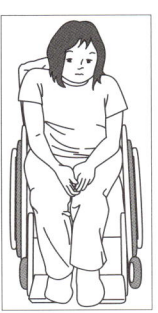

図6 背クッション

は自立し，排泄は自己導尿と摘便により可能である。通勤は自家用車を使用し，車椅子の積載も自立している。

車椅子は，背張り調整と下腿支持高に配慮した。通勤に使用する自家用車の車内では，下肢が安定して接地するよう補高した（**図2**）。自家用車の運転中，およそ1時間の通勤時間内で除圧動作ができていなかったため，動作練習と褥瘡予防クッションの使用を指導した。

2. 一般就労者の例（歩行可能）

30歳代の女性で，移動は歩行が主である（**図3**）。通勤には自家用車を使用している。仕事中は一般の事務用椅子，または普通形車椅子（**図4-a**）を使用している。褥瘡が発生したため，車椅子の背支持を張り調整式として，下腿支持，足部支持高（**図4-b**）に配慮した。また，自家用車と普通形車椅子ともに褥瘡予防クッションの使用を指導した。

3. 学童期から成人への移行期の例

20歳代の女性で，学童期より車椅子を使用している。マット評価では脊柱の側弯（**図5-a**）と後弯（**図5-b**）が強く，下肢の変形と形成の未発達が認められる。端座位保持は可能で，車椅子への移乗動作は自立していた。立位・歩行は不可能である。日常生活では，学童期には介助で家屋内に入り，床上は座位で移動していた。成人後は自立・就労に向けて，家庭内での車椅子生活を指導した。

車椅子のバックサポートパイプが身体に接触し，発赤が認められたため，背クッションを製作した（**図6**）。

注意点

褥瘡予防のクッションに変更するときは，バランスなどの身体機能面を評価し，できている動作を阻害しないものを選択する。

7. パーキンソン病に対するシーティング

パーキンソン病患者では，症状の進行に伴い脊柱の変形や姿勢反射障害が重度化し，座位姿勢の崩れに発展しやすい。また，運動障害により車椅子の駆動や立ち上がりなどの動作にも支障をきたすことも多く，これが介護の負担にも大きく影響する。

◆目的

身体状況に応じた座位姿勢を提供できるよう，定期的にシーティングを見直し，拘縮，変形や褥瘡などの二次障害を防ぎ，日常生活動作の維持，拡大を図ることが重要である。

図1 下肢の可動性の評価

図2 姿勢保持能力，変形の評価

◆ポイント

1. 姿勢

パーキンソン病はYahrの重症度分類ステージ3の頃より，姿勢反射障害などにより特徴的な姿勢となりやすい。座位では体幹前屈，頸部伸展位をとりやすく，体幹前屈と頸部屈曲があわさった首下がりの姿勢をとることもある。また側方への傾斜が顕著なケースも多い。脊柱の後弯や側弯変形が高度になると，呼吸や嚥下などにも影響するため，車椅子シーティングでは早期から変形予防の視点をもつことが大切である。また，症状の日内変動により座位安定性が短時間で変動する場合もある。不調時の姿勢にも対応できているかの確認も重要である。

車椅子シーティングを考えるうえでは，マット評価を行い，下肢・体幹を中心とした可動性の評価（図1），脊柱の変形や倒れやすい方向，安定するときの支持部位や角度などを評価する（図2）。軽度の体幹前屈，円背は背支持の張り調整機能で対応できるが，重度の姿勢保持障害がある場合はリクライニングやティルト機能を利用し，体幹の安定を図ることを検討する。体幹前屈が重度でリクライニング，ティルト時に頭部支持が届かない場合は，頭部支持の調整範囲の広い車椅子を選択する。

パーキンソン病患者の場合，自分自身で姿勢修正を行えない場合が多い。このため，身体と車椅子が強く接触していないかの確認や殿部の負担を軽減する車椅子クッションの使用，座位時間の調整も重要である。

2. 車椅子駆動

下肢の運動性が保たれている時期は，座面高を低くし下肢駆動の併用も検討するが，立ち上がりに影響するため慎重に判断する。また，前述のように体幹前傾位をとりやすいため，ハンドリムを効率的に動かすことが困難となる。体幹の姿勢修正や車軸位置，タイヤサイズの変更によりハンドリムの操作性向上を図る。

3. 日常生活動作

特に食事動作は栄養状態を保ち誤嚥を防ぐうえでも重要である。自力での食事が行える時期に

7 パーキンソン病に対するシーティング

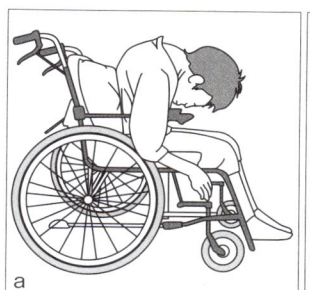

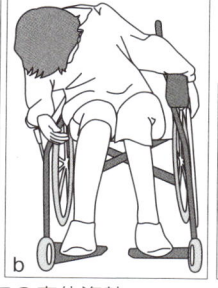

図3 普通形車椅子での座位姿勢
　a：側方，b：前方

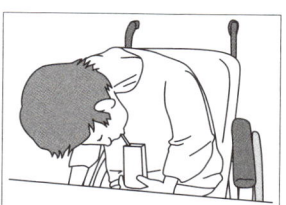

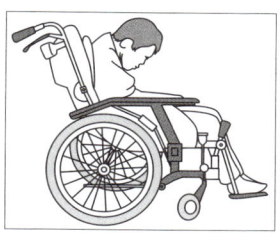

図4 普通形車椅子での水分摂取の様子

図5 変更した車椅子での座位姿勢（側方）

図6 変更した車椅子での水分摂取の様子

は，上肢の運動が行いやすいよう体幹の支持やリクライニングの角度，前腕支持の高さなどに配慮する。症状が進行すると，安全に嚥下するためにより細かく体幹や頭部の位置関係を設定する必要が出てくる。ティルト・リクライニング形の車椅子や調整範囲の広い頭部支持の使用を検討する。

◆理学療法士・作業療法士の対応

症状の進行に伴い介護者の介入の機会は増加する。介護者に対し，車椅子上での最適な骨盤，体幹位置や姿勢修正の仕方について十分に説明を行うことは重要である。また，多くの介護者が介入する場合，ティルト・リクライニングの角度や頭部支持の位置を統一することは難しい。写真付きの解説書を車椅子に常備することや車椅子のフレームにテープなどを貼り，角度設定の目安にすることは有効である。

◆症例

Yahrの重症度分類ステージ3～4

70代，女性。在宅で暮らすパーキンソン病患者。当初から首下がりが顕著であった。上下肢の運動性と姿勢保持能力が保たれていた時期は，上肢の駆動のしやすさを優先し普通形車椅子に体幹の側方支持および車椅子クッション，腕枕などをレンタルし使用していた。進行とともに姿勢は右前方に崩れるようになり（図3），上肢での駆動，食事が困難となった（図4）。これに対し，背支持のリクライニング，前折れ機能のある車椅子に変更し，体幹を後方に傾け，後弯した脊柱を広い面で支えることにより姿勢の安定を図った（図5）。その結果，体幹の前方，右側方への崩れは軽減し顔面は前方を向けるようになり，嚥下，発話に改善を認めた（図6）。介護者，通所サービススタッフに対し最適なリクライニングの角度などの指導を行った。

> **注意点**
> ・前方や側方に倒れそうになるケースに対し，ひもなどで固定することは避ける（身体拘束）。
> ・姿勢修正が行えないケースに対し，長時間の同一姿勢の車椅子座位をとることは避ける。

91

第5章　疾患別のシーティング

8. 筋萎縮性側索硬化症に対するシーティング

　筋萎縮性側索硬化症（以下，ALS）は，いまだに原因不明の難病であり，運動神経が阻害されることが特徴である。多くのALSは，他の病気と比較できないほど進行が急速なため，時間をかけずに対応するべきである。

◆目的

- 急速に進行する多様な障害にあわせて，生活の質を低下させないようにする。

◆ポイント

1. 身体機能低下への対応の重要性

- 球麻痺症状（嚥下障害，構音障害）を含む全身の障害とは，上肢，下肢障害，嚥下や呼吸機能障害，そしてコミュニケーション障害が複合的に連続して起こる状態であり，これらの障害を担当者は頭に入れて対応する。
- 1カ月以内に独歩状態から車椅子を利用せざるを得ない状態への進行もある。製作中に疾患の進行があるなど，車椅子や各種機器を短期間しか使用できない，または使用できなくなる場合が多い。
- 嚥下障害と呼吸機能障害は生命と非常に関係し，適切な対応が求められる。
- 脊柱変形は起こりにくいが褥瘡のリスクはある。

2. 進行具合によって変化する利用できる福祉制度

- コミュニケーション機器や電動車椅子の使用。
- 車椅子については介護保険と障害者総合支援法が適用される。医療費は特定疾患治療研究事業の対象となるため扶助を受けることができ，人工呼吸器は医療保険で対応できる。介護保険は必要な車椅子を比較的早く導入できるが，障害者総合支援法は個別対応であり，急激な疾患の進行に適合しているとはいえない。障害が一定となる，人工呼吸器を24時間装着，四肢の運動が全廃となった状況で障害者総合支援法を考える。

◆理学療法士・作業療法士の対応

　すべての段階で球麻痺症状が出る可能性があり，呼吸に支障が出る。必要であれば人工呼吸器搭載台付き車椅子を選択する。

1. 自力での歩行が可能だが，長距離は厳しくなった段階

- 介助用または自走式車椅子を選択する。

2. 自力で歩行ができなくなった段階

- 痛みの訴えが出る場合も多く，介助用車椅子にティルト機能の付いたものが望ましい。
- 移乗時に立位をとれなくなることが多いので，人的な介護力が見込めない場合は，早急にリフターを導入する。

3. 自力での移動が必要な段階

- 自力で移動したい場合は，電動車椅子も選択の候補とする。屋内の床の補強，屋外への段差解消方法が前提となる。特に上肢や手指機能低下の進行もあるため，力，可動範囲，感度などが調整できる多様入力コントローラを選択すべきである。同時に，病気の進行にあわせて調整できる体制を整備すべきである。それでも操作が困難になる場合が多い。

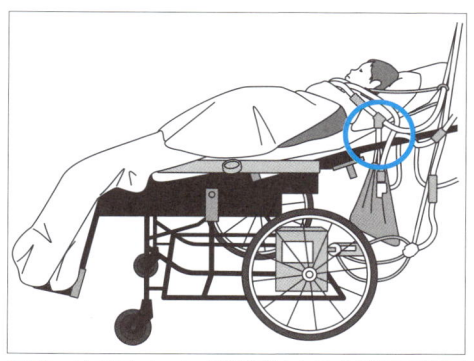

図1　リクライニング機能付きの介助用車椅子

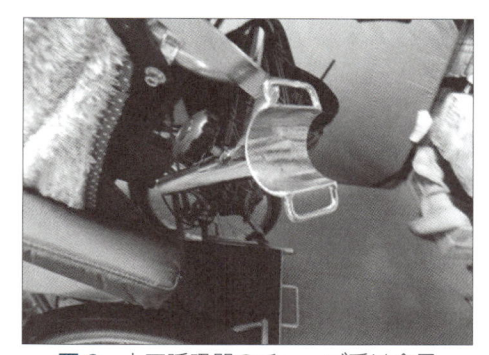

図2　人工呼吸器のチューブ受け金具
図1の該当箇所（青丸）を拡大

4. ティルト機能で座れなくなった段階

- 一般的に人工呼吸器や痰吸引器が必要になると，ティルト機能付き介助用車椅子ではそれらを載せるスペースがないので，フルフラットと呼ばれるリクライニング機能の介助用車椅子となる。
- 身体にぴったりとあわせることができなくなるため，幅広の車体を選択し，間にはクッションやタオルを丸めたもので身体が傾かないようにする。
- 特にこの時期は座り心地の改善や褥瘡予防のために，適宜身体を動かしてもらうための合図を決めておくとよい。

5. 呼吸障害

- 呼吸不全や排痰への対応のため，座席下に人工呼吸器搭載台・痰吸引器搭載台を設置する必要がある。図1に，人工呼吸器搭載台を設置した介助用車椅子の外形を示す。また，チューブ受け金具（図2）といった物の対応が可能である。

◆症例

人工呼吸器を装備した車椅子および患者

発症後3年で人工呼吸器が必要となり，人工呼吸器を搭載できるリクライニング機能付きの介助用車椅子を作製した。

身体の一部の拘縮が顕著で，改善する見込みがなかった。また変形部分の保持にタオルなどで調整することにも時間がかかり，移乗時に人工呼吸器のチューブの保持に，さらにヘルパーを必要としていた。介護保険で用いていた車椅子を基本に，障害者総合支援法によって採寸し，人工呼吸器のチューブ受け金具を設置した。この症例はまばたきを随意的に繰り返すことで，体位交換をするルールを決めていた。

◆まとめ

本人・家族・日々の支援者とで用いる機器に関して十分に話し合うことが重要である。機器だけで解決できることは多くはないので，介助をどこまでするかというところまで早いうちから話し合いを継続していくことが本人・家族共に生活の質を下げないことにつながる。

特に人工呼吸器を装着している方は入院しているイメージがあり，自宅で生活をされている方は少ないと思われているかもしれない。実際には，日本には人工呼吸器を装着していても地域で生活しているALS患者の方が多くいる。早めに最寄りの日本ALS協会の支部に連絡して，実際の生活をみせてもらえるとよい。

> **注意点**
> 病気の特性から，対応が後手にならないよう現場での工夫が必要である。その工夫を具体的にして，機器でできることを明確にする。

9. 切断に対するシーティング（脊髄損傷を含む）

　下肢切断者の移動手段は義足のみ，義足と車椅子の併用，車椅子・座位保持装置のみの3パターンに大別される。これらは切断肢（片側／両側），切断部位，断端の状態，健側（非切断肢）の状況を鑑みて処方される。健側の支持性や体性感覚に問題がある片側切断や片側の切断部位が大腿より近位の両側切断において歩行耐久性が低い場合は，義足と車椅子の併用となることが多い。さらに，皮膚の耐圧性や疼痛の有無などの断端の状況に加えて，上肢の巧緻性や理解力の欠如により義足装着を適切に行えない場合は義足の適応とならず，車椅子・座位保持装置が処方される。また，高齢切断者や脊髄損傷などの重篤な疾患の合併症例では姿勢の安定化と褥瘡予防に特化したシーティング対応が必要となる。

◆目的

- 切断による身体の一部欠損に由来する支持面積と重量が左右非対称であることに対し，座位姿勢の安定化，および変形の発生予防と進行防止。
- 左右非対称に起因する接触圧の集中に対し，接触圧の分散化と減圧指導による褥瘡予防。
- 姿勢の変換不可能や昇降機能を必要とする場合に対する電動車椅子などによる特殊対応。

◆ポイント

1. 骨盤・脊柱変形予防の重要性

- 断端形状や使用する義足の状況を踏まえ，必要に応じて左右で形状や支持性の異なるクッションを用いて骨盤の水平位保持を目指す。
- 義足で立位保持が可能であっても，座位にて長時間過ごす場合は安易な機器選択は避け，脊柱の変形や疼痛予防などの予測的要素も考慮した適切な座位保持を検討すべきである。

2. 褥瘡予防の重要性

- 義足が不適応の場合は座位中心の生活となり，減圧動作が重要である。机などを利用した体幹屈曲位や側屈位などの長く姿勢を保つことが可能な方法を30分ごとに実施することを指導する。
- 脊髄損傷などの合併例では合併疾患特有の褥瘡対応に加えて，切断側の支持面積低下と重量の左右非対称による圧力集中に十分な注意を払う。

3. 周辺環境などへの対応の重要性

- 住宅・職場などで建物内移動やトイレへの移乗などの状況を確認し，具体的な問題点の洗い出しに基づく機器選択と環境整備を行う。この際に，機器の外形寸法のみを優先し，褥瘡予防に必要な座支持面積や座位保持に必要な補助部品の設置ができないことは避ける。

◆理学療法士・作業療法士の対応

- 義足のみで移動が自立した切断者でも，断端トラブルや義足部品の故障などにより，一時的に義足が装着不可能となる場合がある。特に両側切断者ではこの状況に備えておく必要がある。
- 褥瘡の易発症性疾患では，褥瘡の悪化が原因で切断となり得ることがあり，その後のシーティング対応がより難渋となる。褥瘡を起こさない，悪化させないために，機器での適切な対応と患者本人の自己管理と周辺に対する十分な教育・指導が必要である。

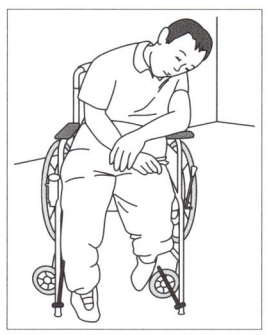

9 切断に対するシーティング（脊髄損傷を含む）

図1　以前の座位姿勢
図2　左右体幹部支持の必要 
図3　対応後，前面像 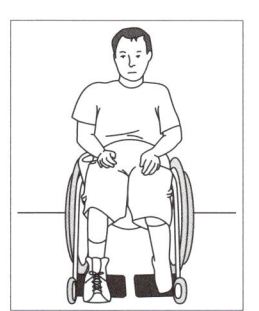
図4　対応後，後面像 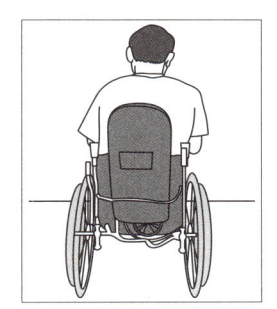
図5　ROHOでの圧力分布 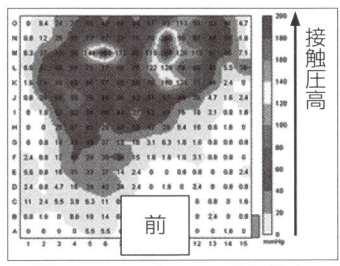
図6　断端前後を圧迫した採型 
図7　製作したクッションとゲル 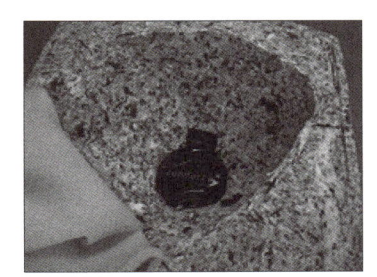

◆症例

1. 精神発達遅滞および外傷による脳損傷と片側サイム切断の合併例

外傷による脳出血と左サイム切断。屋内では断端末荷重によるつかまり立ちが可能。義足は不使用であった。常用の標準形車椅子では座クッションを用いず体幹が常時左に傾くが，自己修正を行えなかった（図1）。これまでは立位が可能であったため座位姿勢の検討はなされなかったが，腰痛を訴え受診した。X線画像上では脊柱の側弯は確認されず，マット評価から骨盤が左に傾斜し座位保持には左右体幹での支持の必要を確認した（図2）。対応として左右で2cm厚の差を有する座クッションを用いて骨盤中間位を保つとともに，全高が高く，体幹側方の支持性が高い背支持にて体幹を中間位にした。これにより腰痛を軽減させ，上肢の活用度を向上させた（図3，4）。

2. 胸髄完全損傷（Th2）を合併する股関節離断

事故による胸髄完全損傷（Th2）。仙骨部に発症した褥瘡での細菌感染が左大腿骨に及び，左股関節離断となった。左半側の支持面積が大きく減少し，既製クッション上の座位では股離断側へ体幹が倒れ，左坐骨への圧集中により新たな褥瘡が発生していた（図5）。これに対し，股関節離断断端前・後面の軟部組織部での体重支持量を増加することで骨盤の安定性向上と坐骨部圧力を低減するモールド型クッションを製作して対応し（図6），上肢での支持を必要としない座位保持を可能にした。また，蒸れ対策として坐骨部に吸熱ゲルを追加した（図7）。

> **注意点**
>
> 長時間，一定の座位姿勢を取り続けることは膝・股関節の屈曲拘縮を招く。これは切断術後から義足完成までの一時的な車椅子使用時でも起こり得る。後の義足適応に大きく影響することから，車椅子の設定（下腿切断では膝伸展位の保持），訓練および生活指導を十分に行う必要がある。

第5章　疾患別のシーティング

10. 脳血管障害のシーティング

近年わが国では脳卒中の発症年齢は高年齢化していると同時に，食生活環境の変化や種々のストレスなどの影響により，若年層の脳卒中患者は増加傾向にあるといわれている[1]。特に若年脳血管障害患者は，発症後の経過中に座位保持能力や日常生活動作が大きく改善する場合もあり，変化に対応したシーティングが求められる。

◆目的

- 端座位が保持できない場合は，安定した座位を保持できるよう車椅子，クッション，各種サポート（支持）類を選択。
- 端座位が保持できる場合は，身体が活動しやすい車椅子，サポート（支持）類を選択。
- 身体機能，能力の改善が長期間に及ぶこともあり，定期的なフォローアップをあらかじめ計画。

図1　庭からの簡易スロープの利用

◆ポイント

1. 良好な座位姿勢の保持

- 特に発症初期の段階では，良好な姿勢をとることで運動機能，高次脳機能などの改善が期待できる。シーティングを積極的な治療手段の1つとしてとらえる。
- 座位の安定性に応じて使用する車椅子を使い分ける。Hoffer座位能力分類（JSSC版）[2,3]を参考に判断するとよい。
- 車椅子座位中に姿勢変換を行えない者は，痛みや疲労が生じやすく「すべり座り」や「ななめ座り」になりやすい。クッションなどで局所の負担を分散させ，介助者による姿勢修正を定期的に行うとともに，疲労する場合はベッドで休息する時間も設ける。

2. 車椅子での移動

- 四肢で車椅子駆動に活用できる部位があれば駆動を検討する。
- 特に片手片足での駆動は，その偏った身体の使い方から姿勢の崩れを起こしやすい。下肢，上肢の駆動に配慮した座面高，タイヤの大きさ・位置を検討する。また，崩れた姿勢を自己修正する練習もあわせて行うとよい。

3. 介助者への配慮

- 自宅で過ごす場合は，移動，移乗しやすい住環境整備をあわせて提案する。
- 活動的な生活を送る場合は，車椅子用電動昇降機や簡易スロープ（**図1**）などを使った外出方法，自動車への移乗方法，自動車への車椅子の積載方法などにも配慮する。

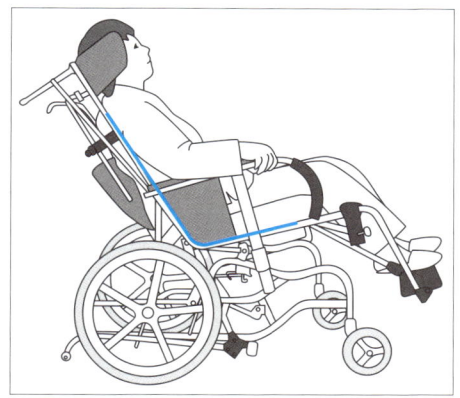

図2　休息しやすい車椅子角度

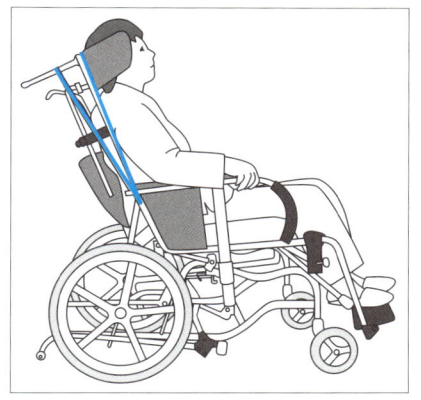

図3　頸部に抗重力位での固定性向上を図る角度

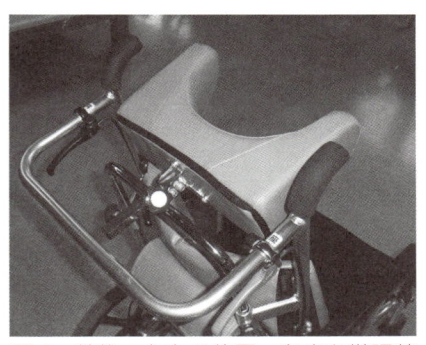

図4　前後・左右の位置，角度を微調整できる頭部支持

◆理学療法士・作業療法士の対応

特に若年の場合，身体機能が長期にわたって改善するケースもある。このため，車椅子の支給や購入を検討する場合は，いつ，どのような制度（労働者災害補償保険法，障害者総合支援法，介護保険法など）を使って手続きを行うのか多職種間でよく協議する。また，長期的な変化を予測し，変化にもある程度対応できる車椅子を検討する。

◆症例

30代，女性，くも膜下出血。重度の運動障害，意識障害を認め，発症2カ月で回復期リハビリテーション病棟に移り，理学療法士・作業療法士・言語聴覚士による集中的なリハビリテーションを実施中。体幹や頸部の固定性は非常に弱く，特に咳こんだ際の前方への姿勢の崩れは大きい。リハビリテーション時には，休息，嚥下，積極的な頸部の運動，下肢への荷重などの目的に応じて，車椅子のティルトの角度，リクライニングの角度，頭部支持位置を微調整して対応（図2〜4）。2カ月間のリハビリテーションで頭部の固定性の向上や追視の出現などの変化があらわれてきている。今後は自宅に退院する予定であり，理学療法士・作業療法士，医師，医療相談員が協働して，車椅子に必要な機能や利用制度，住環境などについて検討している。

文献

1) 豊田章宏：勤労者世代における脳卒中の実態：全国労災病院患者統計から．日本職業・災害医学会会誌 58：89-93，2010
2) 日本シーティング・コンサルタント協会HP（Hoffer座位能力分類（JSSC版）は「座位評価手法の紹介」から閲覧できる）
http://seating-consultants.org/
3) 日本褥瘡学会（編）：在宅褥瘡予防・治療ガイドブック第1版．照林社，pp60-61，2008

注意点

・身体の可動性，座位保持の安定性，痛みなどの評価をせずに車椅子を選択することは避ける。
・特に退院先や長期的な身体状況の変化を確認せずに最終的な車椅子を決定すべきでない。

第6章

電動車椅子

1. 電動車椅子の概論

電動車椅子は単なる歩行代替手段の機器ではない。自立した移動手段の確保であることには違いないが，移動には価値がある。それは日常生活での行動範囲と人的交流の拡大があるからであり，それにより社会参加が図れることになる。さらに，その活動はタックスペイヤー（納税者）となり，社会活動の一助となる優れた福祉機器である。

◆目的

目的は，①歩行代替手段としての移動機能，②椅子として仕事，学習，食事，ティルトの姿勢となり休息の椅子として使用（作業・休息椅子）する椅子機能である。また，小児の場合は発達促進という重要な目的がある。

現在の既製品は移動の目的は果たしているが，障害のある利用者にとって変形，拘縮，褥瘡，座り心地などの椅子としての機能は十分ではない。そのため，今後はシーティングにより医学的配慮をされた生活用具となるべきである。

◆分類

分類は障害者総合支援法，JIS，ISO があるが，臨床で使用される分類は障害者総合支援法と JIS である。

1. 障害者総合支援法による分類

1) 普通型
モーターが後ろにある後輪駆動で上肢操作用のジョイスティックにて操作するタイプである。

2) 手動兼用型
① 手動兼用型 A（切替）：普通型車椅子のフレームに電動ユニットを取り付けた電動車椅子で，電動走行と手動走行の切り替えができるもの。
② 手動兼用型 B（アシスト）：普通型車椅子のフレームに電動ユニットを取り付けている。利用者がハンドリムを駆動するとモーターが作動し補助を行う。

3) リクライニング式普通型
普通型電動車椅子で手動にて背支持の角度を変えることができるもの。

4) 電動リクライニング式普通型
電動にて背支持の角度を変えることができるもの。

5) 電動リフト式普通型
電動で座支持を昇降できるもの。

6) 電動ティルト式普通型
電動で座・背支持角度が一定の角度を維持した状態で角度を変えることができるもの。その他は普通型と同じ。

7) リクライニング・ティルト式普通型
電動ティルト式普通型と同様であるが，重度な起立性低血圧，体調不良，排痰などの緊急処置が必要な方に処方される。

2. JIS 分類

JIS の分類では自操用と介助用の2種類に分類される。高齢者に使用されているハンドル形は3輪または4輪構成である。これは障害者総合支援法での給付対象ではなく，介護保険で対応している。

◆構造

普通型（JIS 分類での標準形）の電動車椅子の構造は，①身体支持部分，②操作部分，③駆動部

分がある。

1. 身体支持部分

座シート，バックサポート，アームサポート，レッグサポート，フットサポートがある。

2. 操作部分

ジョイスティックが一般的であり，電源スイッチ，速度スイッチ，バッテリー残量計がある。

3. 駆動部分

左右モーター，駆動輪，キャスタ，バッテリーがある。

◆処方の留意点

1. 知的レベルの確認

電動車椅子は重量があり暴走すると凶器と化す。そのためにも社会的な判断，認知機能に問題がないことを確認する必要がある。

2. 椅子として（安定した座位姿勢）

移動機器として考えることは当然であるが，まず，車椅子と同様に椅子の機能を重視する必要性がある。それは姿勢の安定，特に体幹が安定すれば，上肢，下肢，頭部での操作能力が向上する。そのため，機能障害，変形，拘縮に対しては第2章「3. マット評価」に記載されているように安定した姿勢をつくることが肝要である。

3. 褥瘡予防・休息（姿勢変換）

利用者は運動機能のみならず知覚機能にも障害があることが多い。日常では長時間乗車するため褥瘡のリスクがある。対策としてまずクッションであり，褥瘡リスクのあるものは10cm厚，それ以外は5cm厚を選択する（第3章「3. クッション」参照）。

次に除圧・減圧動作である。長時間乗車するためには定期的な姿勢変換が必要である。特に褥瘡リスクが高い方で自己で姿勢変換ができない者が電動車椅子を使用すれば，ティルト・リクライニングができるために介助量の軽減となる。その際，除・減圧は30分ごとにすることが必要である。長時間の同一姿勢は身体的に苦痛を伴うため，ポイントは疲労感，疼痛が起こる前に定期的な姿勢変換を行うことである。

4. 使用環境

電動車椅子は手動車椅子と同様に利用者の想定される日常生活において，いつ（場面），どこで（場所），どのくらい（時間）といった条件を考慮する必要性がある。例えば，仕事でパソコンを使用する場合，電動車椅子は手動車椅子と比較して座面高が高くなっているので，脚の入る机の高さなどの適合性が重要である。ドアの幅，移動する廊下の幅，方向転換する場所の面積を事前に調査し，電動車椅子の能力，そして操作能力で補塡可能かを検討する。使いこなすためには，使用環境のシミュレーションをする必要性がある。しかし，環境を重視するあまり医学的に問題が生じる場合は，環境調整も必要である。

5. 移動

移動距離はバッテリー容量に影響がある。手動兼用型で屋外移動を考えている場合は，予備のバッテリーを購入する必要性がある。

6. 移乗

介助が必要な利用者が多いので，ベッドなどの移乗の際，前腕支持が邪魔にならないように跳ね上げ，取り外しができる細工が必要である。座・背支持，体幹部支持，ベルトなどがあるので移乗の際，接触してもずれない，外れにくいようにする。また，ずれても元の位置に戻せるように目印などの細工が必要である。

7. 利用者の所有物となること（申請）

シーティングでの試乗評価で良好であっても，利用者の所有物となり日常生活で使用しなければ意味をなさない。それには適切な申請，必要であれば理由書を作成する。却下されても，スタッフと相談して必要に応じて不服申し立てをしていただきたい。

第6章 電動車椅子

2. 電動車椅子

電動車椅子は上肢および下肢に障害のある人に対して自立移動の実現を支援する。したがって，重度の障害のある人にとって生活活動を大きく広げる重要な福祉用具である。

◆電動車椅子の構造と特徴

図1に代表的な標準形電動車椅子の構造を示す。大きく分けると身体を支持する部分，操作を行う部分，駆動に関連した部分に分けることができる。

1. 身体支持部

身体支持部はシート，バックサポート，フットサポート，レッグサポート，アームサポート，ヘッドサポートなどからなる。座位姿勢の保持が困難な利用者の場合には，座位保持装置（第4章を参照）を併用することが必要となる。

2. 操作入力部

操作部は操作ボックス，操作レバー，速度切り替えスイッチ，電源スイッチなどからなる。一般的な操作レバーはジョイスティックと呼ばれ，1本のレバーで2つの機能を有している。すなわちレバーを倒す方向に応じて電動車椅子の回転半径を調節し，レバーを倒す角度によって電動車椅子の速度を調節する。コントロールボックスにはバッテリー残量計が取り付けられているものが多い。

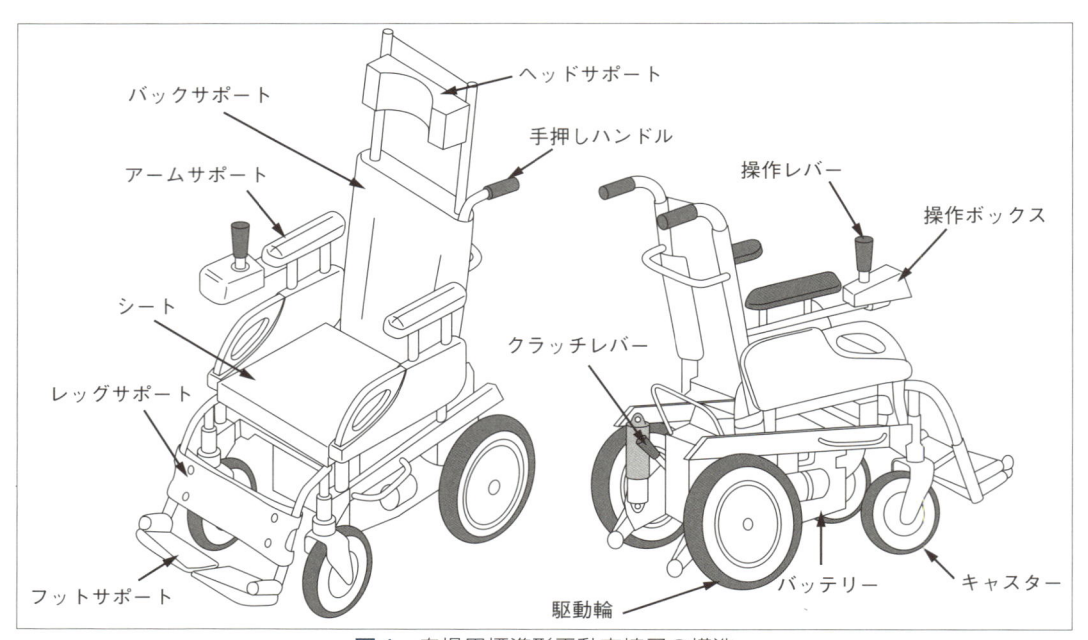

図1 自操用標準形電動車椅子の構造

3. 駆動部

駆動部は駆動輪，キャスタ，クラッチレバー，バッテリーなどからなる。駆動輪はモータからの動力により電動車椅子の推進力を発揮する車輪である。本邦では後輪に駆動輪が配置されている後輪駆動式が一般的であるが，世界的には前輪が駆動輪となる前輪駆動式や，シートの下に駆動輪が配置されている中輪駆動式のものが主流となっている。駆動輪の配置は電動車椅子の回転性能に影響を及ぼし，一般的に後輪駆動式，前輪駆動式，中輪駆動式の順に回転半径が小さくなる。例えば，エレベータ内などの狭い場所での旋回には中輪駆動式が有利となる。駆動輪の配置により操作性も変わるため，駆動輪の異なる電動車椅子に乗り換える際には操作練習が必要である。

キャスタは駆動輪が伝える推進力に応じて，向きを変えることができる車輪である。電動車椅子では，キャスタの方向転換による抵抗も大きくかかり，例えば，その場回転後に直進しようとした場合では，キャスタの動きの影響により意図しない方向に車体が進む現象が起こる。狭い場所での走行では，この点も十分注意する必要がある。

モータと駆動輪をつないでいるのがクラッチである。クラッチをつなぐことで電動での走行が可能になり，クラッチを切ることで駆動輪がフリーになり介助者が押して移動することが可能となる。介助者用の手押しハンドルも設置されている。バッテリーの充電は通常充電器を介して家庭用電源から行う。中には，充電器が電動車椅子本体に組み込まれているものもあり，その場合，車体から伸びるケーブルを家庭用電源に接続することで充電を行う。

◆電動車椅子の種類

日本工業規格 JIST9203 電動車いす[1]では，**表**に示すように電動車椅子の形式を分類している。大きくは利用者自らが操作する自操用と介助者が操作する介助用に分けられている。

1. 自操用

自操用には，**図1**に示す標準形に加えてハンド

表 JIST9203：2010 による電動車いすの分類

自操用	標準形
	ハンドル形
	座位変換形
	室内形
	簡易形
	特殊形
介助用	標準形
	簡易形
	特殊形

ル形，座位変換形，室内形，簡易形，特殊形が規定されている。

1) ハンドル形

自操用ハンドル形は操舵を直接ハンドル操作により行うものであり，電動三輪・四輪車とも呼ばれる。**図2**にその構造を示す。身体支持部にはシート，バックサポート，アームサポート，ステップがあり，機種によっては椅子部分が回転して移乗しやすい構造となっているものもある。操作ボックスにはアクセルレバー，バッテリー残量計，速度切り替えスイッチ，前後進切り替えスイッチなどが取り付けられている。アクセルレバーは，押し込む量により速度を設定する機構となっている。電源スイッチは，鍵を差し込む方式のものが多い。クラッチレバーは，バックサポートの後ろやシートの下などに取り付けられており，クラッチを外すと手押しで動かすことが可能となる。後輪が駆動輪となっているものが一般的である。操舵輪とハンドルが直結されており，自操用標準形電動車椅子でみられる片流れ（横傾斜の影響で直進性が保たれなくなる現象）は起こりにくい。ヘッドライトやバックミラー，方向指示器，反射板，バスケットなどが取り付けられている機種もある。

JIST9208 ハンドル形電動車いす[2]によれば，回転性能により，1.2 M 形（タイプⅠ）と 1.0 M 形（タイプⅡ）に分類される。1.2 M 形では幅 1.2 m の直角路を曲がれる回転性能が要求され，1.0 M

第6章 電動車椅子

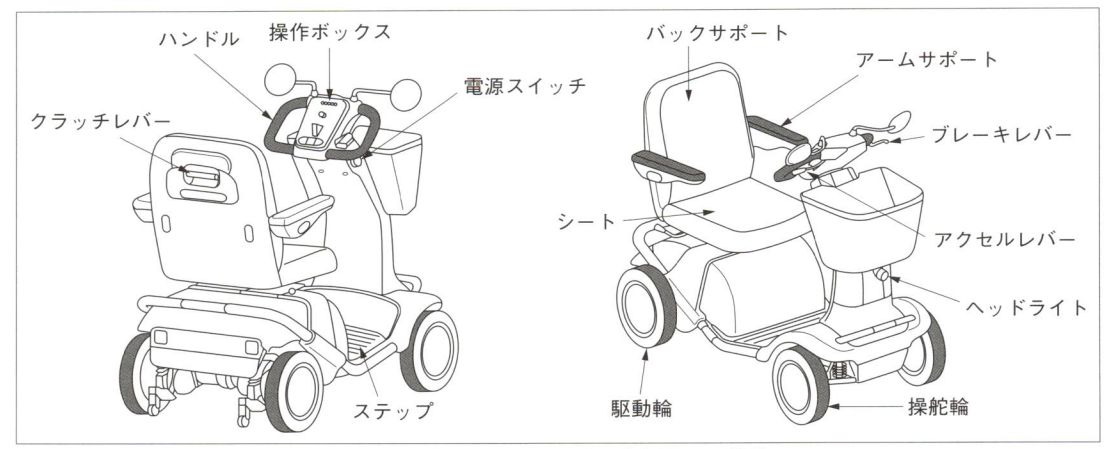

図2 自操用ハンドル形電動車椅子の構造

形では幅1.0 mの直角路を曲がれる回転性能が要求される．1.0 M形では，その他に幅0.9 mの直角路を5回までの切り返しで曲がれることと1.8 m未満の幅で180°の回転ができることも要求される．

2）座位変換形

自操用座位変換形はリクライニング機構やティルト機構，スタンドアップ機構といった座位姿勢を変換する機能を有するものと座面の上下機構が取り付けられている電動車椅子である（詳しくは本章「3．高機能電動車椅子」を参照）．

3）室内形

自操用室内形は室内での使用を主目的とした電動車椅子であり，特別な座位保持装置を装備していないものである．

4）簡易形

自操用簡易形は手動車椅子のフレームに電動駆動装置または制御装置を取り付けた簡便な電動車椅子である．自動車への積み込みや折りたたんでの保管が可能，見た目が仰々しくないなどの利点があり利用者が多いがヘビーユースには向かない．

5）特殊形

自操用特殊形は特殊な駆動方式や特別な用途の電動車椅子であり，その他の車椅子がすべて含まれる．

2．介助用

介助用には標準形，簡易形，特殊形が規定されている．

1）標準形

介助用標準形は三輪または四輪の電動車椅子で介助者が操作して使用するものである．制御操作部は電動車椅子の後部に取り付けられているものが多い．

2）簡易形

介助用簡易形は手動車椅子のフレームに電動駆動装置，または制御装置が取り付けられた簡便な電動車椅子で，介助者が操作して使用するものである．

3）特殊形

介助用特殊形は介助用でその他の電動車椅子をすべて含む．

3．電動車椅子の最高速度

JIS T9203では電動車椅子の最高速度によっても種類が示されている．4.5 km/h以下のものがLS（低速用）であり，6.0 km/h以下のものがMS（中速用）である．ちなみに電動車椅子の最高速度は道路交通法により6 km/hと決められており，歩行者とみなされる．

◆電動車椅子の利用における注意点

電動車椅子は重量もあり，操作を誤ると大事故になりかねない．使用にあたっては認知や判断といった知的機能がしっかりしていることが重要で

ある。また，視覚（特に視野）も大切な機能である。これらの身体機能について，操作能力以外にも確認する必要がある。障害者総合支援法における補装具費支給制度では，更生相談所における走行チェックを行うこととしている。

1. 速度の選択

適切な速度の選択は操作性に大きく影響する。最高速度を制限することで走行が安定したり，危険の回避が安全に行えるようになる場合がある。また，走行場面に応じて適切な速度を選択できることも重要である。機種によってはプログラミング機能を有しているものもあり，最高速度などの値が利用者の状況にあわせて設定できるものもある。これらの機能を有効に活用することで，より重度の障害者に対して電動車椅子の適応範囲を広げることが可能となる。また，電動車椅子の操作は身に付くまでに慣れも必要である。適切な機器の選定にあたっては，試用を行いながら評価することが必要である。

2. ハンドル形の選択と公共交通機関の利用

電動三輪車は側方への安定性が悪く，転倒事故の報告もある。なるべく四輪車を選択することが望まれるが，三輪車を選択する場合にはどのような状態になると転倒するかについて利用者に説明し，理解してもらうことが大切である。

介助用電動車椅子は，機種によってはハンドルを前方に押し込むことで電動駆動のスイッチが入るものがある。一見便利そうではあるが，走行する道路の状況によってはON/OFFが繰り返される状況に陥る場合がある。あらかじめ試したうえで選択することが大切である。

ハンドル形電動車椅子は，電車への乗車を拒否される場合がある。国土交通省ではJIST9208の1.0 M形に相当するものを改良型ハンドル形電動車いすとして定義し，一部のデッキ付き車両について，利用可能とすることを示している[3]。改良型ハンドル形電動車いすの認定は日本福祉用具評価センター[4]にて行っており，認定された電動車椅子には，ステッカーを発行している。しかし，取り扱いは鉄道会社や車両により異なるため，ハンドル形電動車椅子を選択する場合は日常的に利用する鉄道会社への確認が必要である。

文献

1) 日本工業規格 JIS T9203：2010 電動車いす．2010
2) 日本工業規格 JIS T9208：2009 ハンドル形電動車いす．2009
3) 国土交通省："ハンドル形電動車いす"での鉄道利用の要件などが拡大—新たな運用のための報告書がまとめられました．
http://www.mlit.go.jp/report/press/sogo09_hh_000007.html（2014年5月26日アクセス）
4) 一般社団法人日本福祉用具評価センター：ハンドル形電動車いすの鉄道利用申請を受け付け中（2014.4.3 機種追加）．
http://www.jaspec.jp/news/detail.php?1327282064（2014年5月26日アクセス）

3. 高機能電動車椅子

電動車椅子のもっとも優れた利点は，電気を使うことによって限られた身体機能を最大限に活かし，自立移動につなげることができる点にある。すなわち，重度の障害者であっても自分の行きたいところに自分の力で行ける可能性を広げることができるということである。ここでは，このような観点から高機能電動車椅子を紹介することとする。

◆座位変換形電動車椅子

シーティングの基本となる姿勢は様々な成書にて紹介されている。しかし，それがいくらよい姿勢だからといって，同じ姿勢で1日中過ごすというのは無理がある。電動車椅子の利用者では体幹や上肢の機能に障害のある者も多く，その場合，姿勢を自ら変換することが困難である。座位変換形電動車椅子はこのような利用者に有効である。一般的な座位変換にはリクライニング（**図1**）とティルト（**図2**）がある。リクライニングはバックサポート（背支持）が後方に倒れることで，股関節を伸展する動きとなる。脚部も連動して動くことで膝関節の伸展を促す方式のものもある。リクライニング機構の問題点としては，背支持の回転中心と乗車している人の回転中心（股関節付近）がずれていることにより背支持と背面のずれが生じ，リクライニングを戻した際に座位姿勢が崩れることが挙げられる。車椅子によっては背支持の回転中心をずらすことで，ずれを防止する機能がついているものもある。これに対してティルトは座支持と背支持が一体となって後方に倒れるもので，座位姿勢を変えることなく重力方向を変えることが可能である。リクライニングにみられる背支持と背面のずれを生じることがないため，姿勢の崩れが起こりにくい。機種によってはリクライニングとティルトの両方の機能を備えた電動車椅子も市販されている。

リクライニングやティルトは重力方向を変えることにより，起立性低血圧への対処や除圧効果，循環器系への効果などが考えられる。電動で座位変換が行える機種であれば，利用者が自らの判断

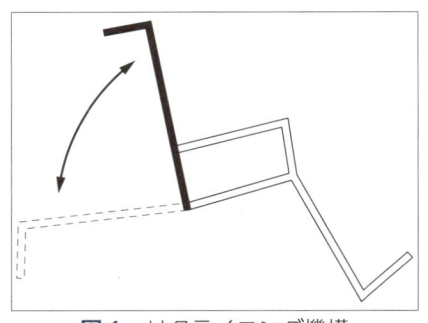

図1 リクライニング機構

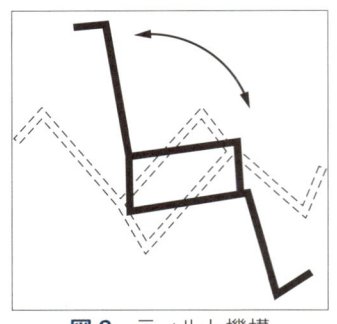

図2 ティルト機構

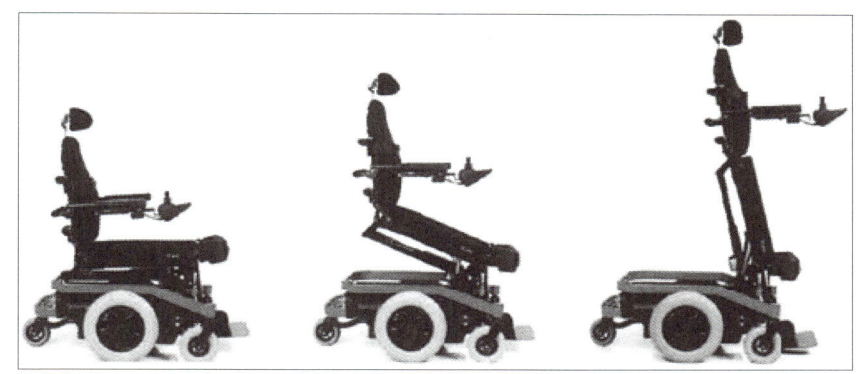

図3　スタンドアップ電動車椅子（アクセスインターナショナル）[1]

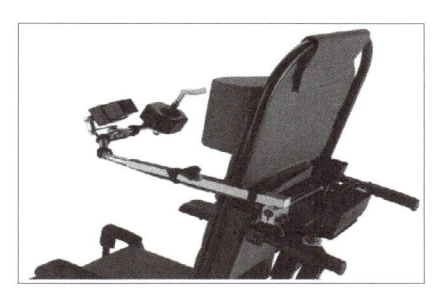

図4　チンコントロール式電動車椅子（今仙技術研究所）[2]

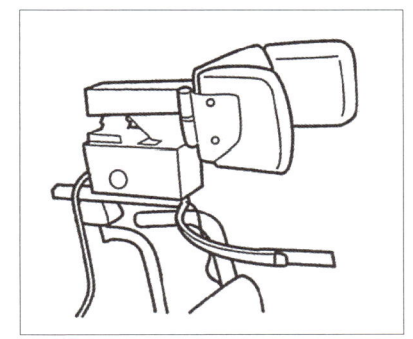

図5　ヘッドコントロール式操作入力装置[3]

でこれらへの対処を行うことが可能となる。一定時間ごとに姿勢を変えることで，長時間の電動車椅子利用が可能となる。

　近年，座位から立位への姿勢変換を可能とするスタンドアップ電動車椅子も普及している（図3）。高い場所の物を取ったり，立位での作業が可能となったりと生活の幅を広げることができる。就労において必要性がある場合などで給付が認められるケースもある。

◆様々な操作入力装置

　ジョイスティックの使用が困難な，より重度の障害者対象として多くの操作入力装置が市販されている。

1．操作入力装置の種類

　ジョイスティックの配置を替えることで，上肢ではない身体部位での操作が可能となる。高位の頸髄損傷者では，図4のように顎で操作するチンコントロール式の利用が効果的である。また，下肢の機能が残存する場合には，足によるジョイスティックの操作で電動車椅子走行を可能とすることもできる。また，ヘッドサポート（頭部支持）とジョイスティックを連動させたシステム（図5）もあり，頭部で頭部支持を動かすことで速度や回転半径の操作が可能となる。チンコントロール式よりも楽に操作することが可能である。

　より重度の障害者を対象とした操作入力装置ではスイッチ式のものが市販されている。図6に示すスイッチ式ジョイスティックはジョイスティックの軸の周りに4つのスイッチが配置されており電動車椅子の速度調整はできないが，進む方向（8方向）を操作することが可能である。顎での操作に利用することが多い。押しボタン式の入力装置（図7）は，上肢などでスイッチを押すことができ

107

第6章　電動車椅子

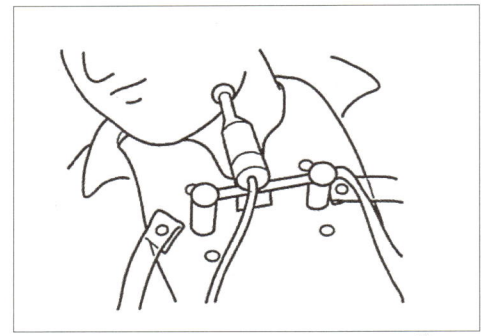

図6　スイッチ式ジョイスティック[3]

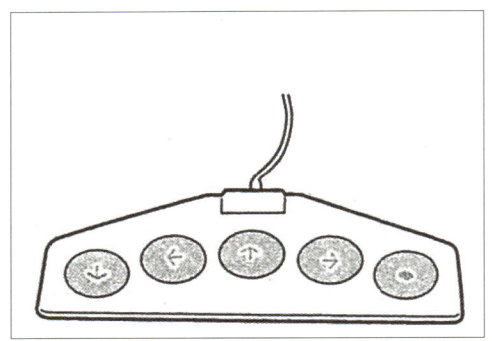

図7　押しボタン式入力装置[3]

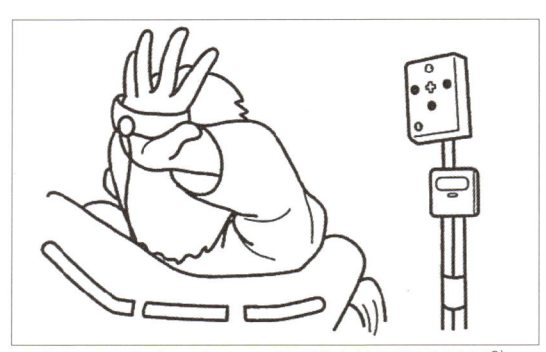

図8　1入力スキャン式電動車椅子操作装置[3]

る場合に利用する。脳性まひなどで通常のジョイスティック操作が困難な場合に効果的である。スキャン方式で1つのスイッチ操作により、電動車椅子の走行を可能とするものもある（**図8**）。前、右、左、後の順にLEDが点滅し行きたい方向が点灯した際にスイッチを押すと、その方向に電動車椅子が走行する。

2. 入力装置による走行性

　走行性はジョイスティックよりもスイッチ式のほうが劣らざるを得ない。すなわち、身体機能の障害が重度になるほど操作は難しくなってしまう。例えば、押しボタン式の入力装置を使用した場合、直進ボタンを押すことで前進し、ボタンを離すと停止する。次に右旋回ボタンを押すことで電動車椅子は右にその場回転し、行きたい方向に向いたときにボタンを離して停止させる。そして、直進ボタンを押すという操作を繰り返して走行しなければならない。これは通常のジョイスティック操作での走行よりも効率も悪く、操作も難しい。そのぶん、操作練習にも時間をかける必要がある。それらを考慮したうえで重度障害者への電動車椅子の適合を進める必要がある。ただ、自立移動の実現（経験）は何物にも代えがたい価値があることも確かである。

◆走行特性の高機能化

　高機能の機種の場合、最高速度や旋回速度、加速度、減速度、トルクなどを設定できるものがある。これらを適切に設定することで、より重度の障害者でも電動車椅子の操作が可能となる。特に最高速度の設定は重要であり、利用者の反応速度にあわせて速度を設定することで走行の可否を大きく左右する。トルクは低速での走行に大きく影響する。電動車椅子は電動モータにより駆動輪を回転させているため、低速では力が出ない構造となっている。すなわち、ゆっくりとしたスピードで段差を乗り越えるということは、もともと困難なのである。そこでトルクの調整ができると低速でのトルクを大きくすることで走行性能を上げることが可能となる。

1. モメンタリーモードとラッチモード

　海外製品では、モメンタリーモードとラッチモードの選択ができるものがある。モメンタリーモードでは、ジョイスティックが倒されている間、もしくはスイッチが押されている間に走行し、ジョイスティックが中立位に戻る、またはスイッチから離れると停止する。これに対してラッチモードでは、ジョイスティックが倒される、も

しくはスイッチが押されることで走行が始まり，それらが元に戻っても自動で走行し続ける。停止するには停止スイッチを押す必要がある。スイッチ式の入力装置とあわせて使用することで走行性を向上させることができる。スイッチを押し続けることが難しい場合でも，電動車椅子の操作が可能となり，重度障害者の可能性を広げる1つのツールともなり得る。ただし，停止スイッチが押せることが使用の絶対条件となるため，利用の検討は慎重に行い，操作練習も十分に行うことが必要である。通常，前進のみをラッチモードとする機種がほとんどであり，停止には後退スイッチを押すことで対応するものが多い。

2. 直進性能

チンコントロールやスイッチ入力では，電動車椅子の直進性能が重要となる。通常の電動車椅子では走行路面の傾斜に影響され，進行方向は一定しない。例えば，進行方向に対して右から左に下降している傾斜路面を後輪駆動式の電動車椅子で走行した場合，直進の操作をすると左に曲がっていってしまう（前輪駆動式では右に曲がる）。

これに対する1つの解決策は中輪駆動式の電動車椅子の利用であり，この場合，路面の傾斜の影響は少なくなり，直進性が保たれやすくなる。もう1つの対応はキャスタ輪を電動で方向制御するもので，パワーステアリングと呼ばれる機種を選択することである。しかし，パワーステアリング式の電動車椅子では，最小回転半径が通常の電動車椅子の倍近くとなることが多く狭い場所での利用が不利になる。近年では制御技術の向上により，ジャイロセンサなどを用いた直進制御を搭載した機種も市販されている。重度障害者の電動車椅子の選択においては，これらの点も考慮する必要がある。

文献

1) 電動車椅子製品ガイド．アクセスインターナショナル，2007
2) 今仙技術研究所：電動リクライニング式普通型．http://www.imasengiken.co.jp/emc/emc_720_730.html（2014年5月26日アクセス）
3) 浅沼由紀，他：新版福祉住環境．市ヶ谷出版社，pp128-133，2008

4. 入力装置

　入力装置を選択する際，機器を使用者にあわせるのではなく，使用者の機能に機器をあわせることが重要である。避けなければならないことは「ネットで同じ障害の方の，これがよいとの書き込みがあった」「業者さんがよいといっている」などの不確定な情報で選択をしないことである。必ず理学療法士・作業療法士の視点から選択することが重要である。

◆方法選択

1. 評価方法

　入力装置をセットした電動車椅子にて操作能力をみることも有効であるが，マット評価の座位で電動車椅子の操作を評価することを提案したい。操作姿勢の座位を評価者が保持させて，利用者が入力装置を操作する。その際，入力装置により，座位姿勢を修正する必要性がみられることがある。

2. 操作入力方法の優先順位

　操作部位は上肢，下肢，顎，頭部，舌，息の順でみていく。理由として操作能力は微妙なコントロールが要求され，巧緻性が高い順でみていく必要があるためである。もう1点はコストの問題であり，上肢操作はジョイスティックで代表されるように既製品も多く出回り，形状も様々であるので障害に応じて対応できる。

　操作観察で重要なことは停止時にコントローラーから手，足などを確実に外すことができ，発進時にコントローラーに接触できることである。それは操作時間より停止時間が長く，外していないと他人との接触などで暴走し事故につながることが想定されるからである。また，コントローラーに自己で手や足を置けないと，移動する際，他人の介助を必要とするため自立した移動ができない。

　操作部位選択のポイントとして優先順序は確実性であることには違いないが，操作姿勢を安定させると，いままで使用できないと考えていた部位の随意性が発見できることがある。それは操作性，コスト削減にも直結するので，評価を怠らないことである。

図1 ジョイスティックの種類

（ジョイスティック：一般的なジョイスティック／短いジョイスティック／手掌型）

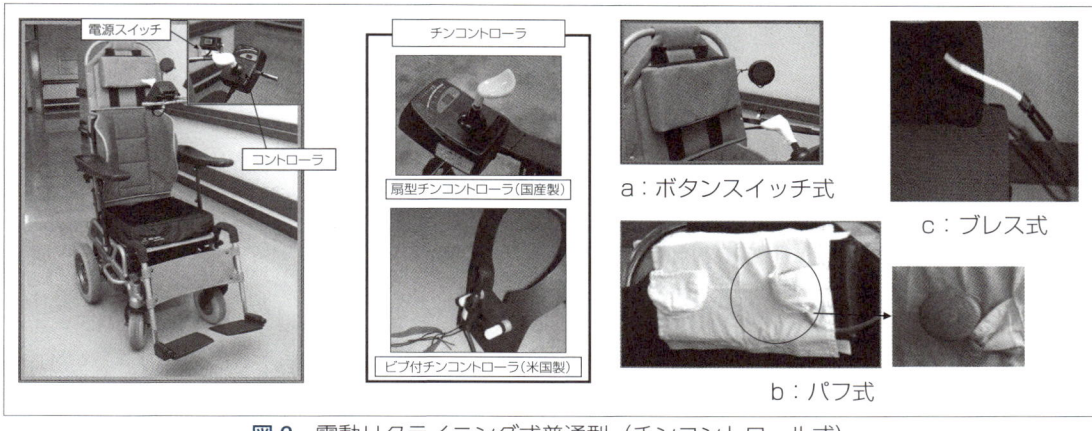

図2 電動リクライニング式普通型（チンコントロール式）
a〜c：リクライニングするためのスイッチ

3. 操作入力装置

　臨床で使用されているのはジョイスティック（**図1**），ジョイスティックの理論を応用したチンコントロール（**図2**），スイッチ入力ジョイスティック，押しボタン入力装置の1入力操作（**図3**）であり，この順番で操作性が低下し，車椅子の反応，走行性が低下する。

　通常のジョイスティックでは倒した方向が進行方向，倒した角度が速度であり，回転，走行速度の調節が1本の棒で可能となる。スイッチ式ジョイスティックは速度調節ができなくなる。押しボタン式では連続した走行が不可能であり，1度停止して方向転換をするなどが必要で，スムーズな走行ができなくなる。1入力式では進行方向をスキャン方式で決定するために時間がかかってしまう。

　入力方法としてモメンタリーモードとラッチモードがある。従来のモードはモメンタリーであり，モメンタリーでは「触れる・押す」などの操作をしている間は走行状態であり，止めるときはコントローラから離せばよい。しかし，このモードは屋外走行中，路面からのショックなどの外乱刺激により，チンコントロールでは顎がコントローラーから外れてしまうことがある。また，長

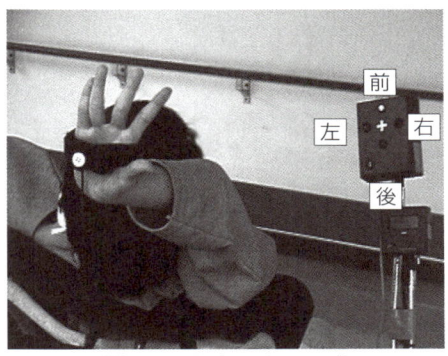

図3 1入力スキャン式
進行方向をスキャン方式で決定する。ボタンを押している間は進行する

時間の操作には疲労が伴う。

　長時間の操作を容易にするものとしてラッチモードがあり，このモードは直進走行の場合は1回の操作で走行中はコントローラーから顎を外しておける。止める場合はまたコントローラーに触れる。そして，左右はコントローラーの進行方向に触れればよいといった簡単な操作である。そのため長時間安定した屋外走行が可能となる。これは筋力・耐久力に劣る頸髄損傷者，筋ジストロフィーの利用者には必要である。

第6章　電動車椅子

5. 操作練習

電動車椅子操作に重要なことは，安全に操作できることである．機種を選んだ後は適当に操作練習を施行すれば終了といった方法では不十分である．

◆安全性

利用者が安全に電動車椅子を操作可能と判断する際，筆者は，① 確実に停止できる，② 環境に応じた速度のコントロールができる，③ 人や物などを傷つけない，④ 事故を起こした場合の対応ができる，⑤ 第三者が安心と感じることと考えている．「障害者だからしかたがない」「許さなければいけない」ではなく，「安全に操作できる人」と評価され，道路交通法での歩行者として責任を負う立場でなければならない．そのためにも安全性と操作性のレベル向上に努めなければならない．

◆操作性

1. 操作性を向上させる練習方法

乗車させて「ここを走って」「これを回って」といった練習法は運転感覚を学習するにはよいと考える．筆者は走行に必要な感覚をつける，覚えるという練習方法を施行している．

1）つける

緩やかな発進と停止，直線走行，停止，ターン，急発進，急停止の感覚をつける．10，30，50 cm，1，3，5，10 m の距離感をつける．車椅子の先端からの距離について，車椅子の前に立ち質問をする．例えば，質問の順番は「1 m はこの長さです」「車椅子の先端から私までの距離は 1 m より長いですか，短いですか」といったように目測での距離感をつける．

2）覚える

車椅子の全長，全幅，全高を覚える．「この電動車椅子の幅が 60 cm です」「このドア幅は通行できますか？」または「この廊下は通行できる幅でしょうか？」と質問しながら，電動車椅子の通行できる幅の感覚を身に付けさせる．

3）キャスタの動きを覚える

乗車しているとキャスタはみえないので，鏡または他車で動きをみせる．順番は直線走行の場合，停止状態からの回転，停止状態からの後進である．後進した状態から直進しようとするとキャスタが1回転するため，挙動が不安定となる．その際，利用者が焦って操作をすることがある．このような挙動を経験し，慌てずに操作することを覚える．

4）事故が起きる場面とその予防策を覚える

事故が多く起きるのは，ドアの入り口，自動ドア，片流れ道路通行，横断歩道の段差，踏み切り通行である．

① 玄関・ドアの入り口での事故の原因の多くは，電動車椅子の内輪差を考慮せず，入り口に対して車椅子の進入角度が斜めであり，そのため電動車椅子後輪を入り口の壁にあててしまうことである．練習としては，入り口に進入する際に電動車椅子をまっすぐに移動させるため，ドアから距離を置いて進行させることである．

② 自動ドアでの衝突の原因は，速度調整・停止

のタイミングが不適切で，自動ドアが開く前に進んでドアに衝突することである。練習としてはドアの前で停止して，開いたことを確認して進むことである.

③ 片流れ道路通行での事故原因は，直進するための不安定な運転姿勢とコントロール能力不足である。道路は水はけをよくするために中心を高く，左右端は低く，いわゆる「かまぼこ型」となっている。それを片流れという。微妙なコントロールをしないでまっすぐに進もうとすると道路の端に流されていくのである。練習としては右側通行であるため，コントローラーを左方向に微調整し直進できるようにする。

④ 交差点の出入りでの転落の原因は，交差点では歩道と車道の間に段差があるため，段差昇降の際に路面からの衝撃で前方すべりが生じ，姿勢が崩れ操作困難，または転落することである。練習としては段差昇降の際に速度を落として通行することと，残存している機能で重心を背支持に移動させることである。また，段差が高い場合は後進で入ることである。

⑤ 踏み切り通行での原因は，閉まるのを恐れることと車を避けるために道路端を通行し，あせって操作ミスをして通行路から脱輪し走行不可能となることである。最悪な場合は利用者が転落する。練習としては，電動車椅子で幅が狭い踏切通行の際，自動車の通行を妨げることはしかたがないが，「事故を起こすよりはまし」という考えをもって，踏み切りの端から余裕をもって通行することである。

5) 事故を起こした際の対応を覚える

事故直後はパニックになるため，適切な状況判断が困難な状態である。指導としては，① 落ち着くために口をすぼめて息を吐く，② 自分の外傷と電動車椅子の状態をみる，③ 周辺をみる，④ 助けを求める，⑤ 状況に応じた連絡を取り，慌てずに二次的被害を防ぐことである。

2. 練習メニュー

練習メニューのチェックリストを巻末に**付録2**としたので参考にしていただきたい。練習は定期的に行い，難易度の低いものから高いものへと移行していく。たとえ完全にできなくても進めていけば，モチベーションを低下させずに学習できる。

第6章 電動車椅子

6. 小児電動車椅子

　小児への電動車椅子の支給は全国的に難しいとされている（ここでいう小児とは就学前の幼児を指す）。その要因はいくつかあるが，最大の要因は小児では電動車椅子の操作が未熟とされ，その操作による安全性が保障されないという点である。そのため，本邦では安全性の確保が優先され，歴年齢により支給される現状は否めない。

　電動車椅子を必要とする子どもの障害は一過性ではなく永続的で治癒しない。よって，障害のある子どもの療育は障害を「医学モデル」でとらえるのではなく「生活（社会）モデル」としてとらえた対応が求められる。また，子どもにとって「移動」の獲得は空間認知や概念形成，言語発達の重要な発達促進の因子であり，それらの発達は子どもの情緒・社会的機能の基盤となる自己選択，自己決定，自立生活を保障することとなる。

　よって，電動車椅子は小児にとって社会参加するための必須ツールであり，それには現状の歴年齢を基準とした支給ではなく操作性を基準とした支給への変換が求められる。同時にわれわれは小児でも安全な電動車椅子操作を可能にするシーティング技術の習得と操作獲得に向けた取り組みを実施し，電動車椅子支給の拡大を図る必要がある。

◆なぜ小児に電動車椅子が必要なのか

・理学療法士・作業療法士は機能障害を軽減できても治癒させることはできない。
・障害を「医学モデル」でとらえるのではなく「生活（社会）モデル」としてとらえる。
・早期から障害のある子どもの自立生活を支援するアプローチが必要。
・支援の優先順位は① コミュニケーション，② 座位の保持，③ 日常生活動作，④ 移動。
・乳幼児の発達促進である「欲求→行動→達成→満足」の過程を保障すること。
・二次障害の予防につながる（**図1**）。

◆電動車椅子の支給について

・本邦における電動車椅子支給については「電動車椅子に係る補装具費支給事務取扱要領」[1]に定められている。
・電動車椅子使用者は歩行者とみなされる。
・前述の取扱要領に記載されている操作能力は小学校高学年の能力が必要と判断されている。
・この事務連絡では，対象児童の年齢のみをもって一律に支給しないことや申請を却下することは適正としないとしている。

◆安全性の確保を保障するために

1. シーティング技術と操作性

1）障害特性に応じたシーティングにより操作性は異なる

・車椅子上の姿勢の提供（特に視覚情報と手操作の確保）がコントローラーの操作性に影響を与える。

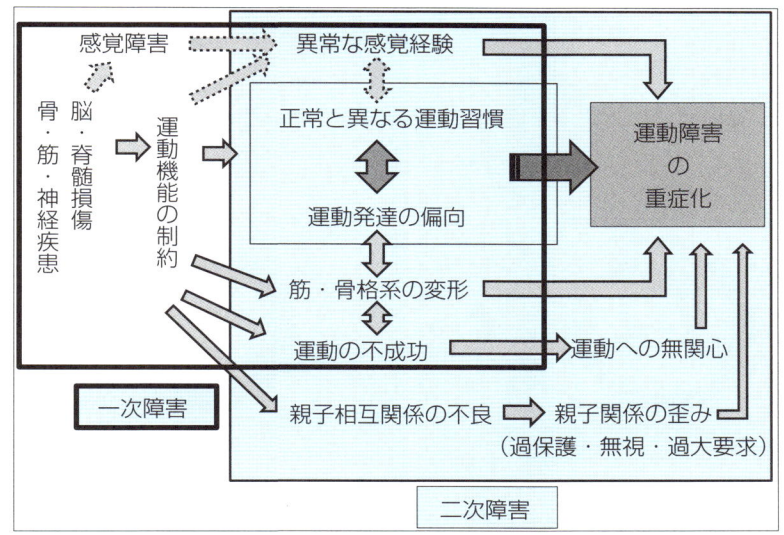

図1 運動障害重度化への過程

太線の枠内が，疾患の結果起こる一次障害。細線の枠内が，不適切な療育により生ずる二次障害を示す。重複している部分はどちらでも起こり得ることを示す。生涯を見通した長期療育において二次障害を予防することは重要である

- どこでコントローラーを操作するのか，コントローラーの種類によってシーティング手法が異なる。
- 座位能力が低下していく進行性疾患の場合は体幹前傾位（上肢で体幹を支持する）ではなく体幹後傾位（背支持で体幹を支持）でのシーティングを基本とすること（二次障害への対応）。
- 実際の操作練習時の衝突や加速による姿勢の崩れを考慮したセッティングが必要（特に頭頸部）。

2）ボタンスイッチか，ジョイスティックの選択

- 言語理解能力（知的発達）により選択する。
- ジョイスティックとボタンスイッチは操作方法が異なるので，操作の因果関係と操作方法が汎化できる能力があれば，ボタンスイッチ→ジョイスティックの順で練習する。
- 電動車椅子の自立操作を目指す場合はジョイスティックよりボタンスイッチ操作のほうが難易度は高い（ボタンスイッチは2動作以上となるため）。
- 早期から取り組む場合は，ジョイスティックの形状や操作性の制御を実施し学習させていくほうが自立しやすい。
- 進行性疾患（例えば筋ジストロフィー）は病態の進行度に応じ，コントローラーの形状を変化させていく必要がある。
- 「因果関係の理解」「外界への興味」「コミュニケーションの向上」を目的とした導入であれば，ボタンスイッチ（1動作）が適応。

3）二次障害を考慮する（ライフステージが長い）

- コントローラーの操作を頭部の運動で行う場合は頸椎・頸髄への二次障害を考慮する必要がある（安易に頭部の操作を設定しない・他に使用できる運動にて練習）。
- 特に頸髄損傷は日常生活動作の低下を引き起こすだけでなく，その後の電動車椅子操作も困難にする可能性が高い。
- 可能なかぎり手操作の設定を行う。
- 電動車椅子による自立移動手段を獲得しても，移乗や介助の容易さの面から立位保持機能の維持・改善を図る。
- 進行性疾患の場合は，初期のシーティング設定を体幹前傾位にすると頸椎が過伸展位で拘縮，

第6章　電動車椅子

GMFCS：Ⅳ
Hoffer 座位能力分類（JSSC 版）：3
シーティングアプローチの目的：頸部の安定性確保とそれに伴う操作性の向上

	PMP テスト
頭頸部支持 導入前	94/100 点
頭頸部支持 導入後	97/100 点

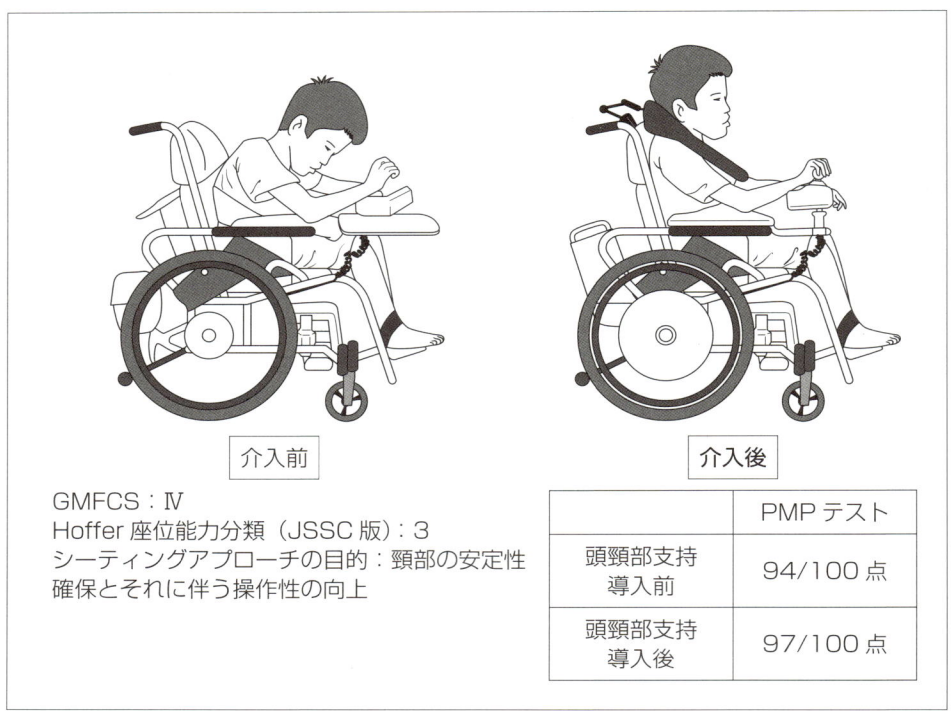

図2　脳室周囲白質軟化症へのシーティング

または可動域制限を引き起こすことが多く，その後の姿勢の変換は視覚（視野）へ影響を及ぼすので注意が必要．

2. 使用場所・操作レベルによるスピード制御と監視

- 電動車椅子の使用環境によって，操作レベルや電動車椅子のスピードは異なるので，環境に応じた監視下（近位・遠位）のもと使用させる．
- 導入時は低速で，1方向または前後の2方向の操作から開始する．
- ボタンスイッチで制御できる小児用電動車椅子であれば，児にジョイスティックで操作するように指示し，実際は保護者や理学療法士・作業療法士が操作を実施し，児に対する危険性を回避しながら学習させていく．
- 操作は繰り返し，高頻度で実施するほうが効果的．その場合は子どもが移動したくなる環境設定が必要（「欲求→行動→達成→満足」の過程を保障する）．
- 導入には，電動車椅子の楽しみを十分理解した

後，使用についてのルールなどを用いることで社会的ルールや自己制御を獲得していく手法もある．

3. 安全性の確保

1) 事故に対する対応

電動車椅子と第三者との事故に対応するのが個人賠償責任保険である．保護者が加入していればその子は保険の対象になるので，電動車椅子を製作した場合，保護者に確認し加入を勧めることも対応となる．

2) 電動車椅子のメンテナンス

タイヤの空気圧や摩耗，コントローラーの不具合など保護者は定期的にチェックし，不備な点があれば早急に補修の手続きを行う．

4. 今後へ向けて

小児への電動車椅子支給については支給環境が整備されなければ実現しない．それは理学療法士・作業療法士による操作性と安全性の確保への技術努力と行政側の「電動車椅子に係る補装具費支給事務取扱要領」についての周知の徹底である．

さらに行政側への積極的なアプローチとして，安全な操作性の評価指標や支給後の児および家族も含めた変化の定量的な評価が必要と思われる．

◆症例

1. シーティングにより電動車椅子の操作性が向上した症例

9歳，男児，脳室周囲白質軟化症（PVL）．PVLの特性として下部体幹の低緊張を伴うため，頭部の保持に努力を要す．結果，上肢は体幹の支持に使用され，分離した上肢活動にはつながりにくい．本児も電動車椅子操作中はテーブルに寄りかかって姿勢を保持することが多く，電動車椅子の更新に伴い頭頸部支持を導入した．電動車椅子を操作する場合，上肢の操作性と視覚情報は重要となる．

その操作能力を屋内操作に限定した項目のpowered mobility program（PMPテスト）を使用し比較したところ頭頸部支持導入後，スコアは向上した（図2）．

2. 福山型先天性筋ジストロフィー児の電動車椅子自立症例

12歳，男児，福山型先天性筋ジストロフィー，施設入所児．電動車椅子導入前の様子は，就学レディネステスト（RTS）にて基本的生活習慣，社会生活能力，一般的知識各0点．順番を待つことができず，自分の思うようにならないとかんしゃくを起こす．遊びは1人遊び．

電動車椅子を週に1回30分から開始．導入1カ月後，週に3回30分と頻度を増していき導入開始から約6カ月で電動車椅子操作が自立した．自立操作獲得までには適宜シーティングの介入は実施されているが，本症例では電動車椅子操作自立によって外界に興味を示すようになる，ルールが守れるなどの社会性が身に付くといった変化が認められた．また，このような変化を支えたのはこの児に対する職員の継続する根気があったことが大きい．

文献

1) 厚生労働省：電動車椅子に係る補装具費の支給について．http://www.mhlw.go.jp/bunya/shougaihoken/yogu/dl/kurumaisu.pdf（2014年5月13日アクセス）
2) 北原　信：脳性麻痺：小児科医の立場から．小児科診療 **65**：550-555, 2002
3) 北原　信：まとめ—小児神経医師と療育．脳と発達 **30**：238-243, 1998
4) 沼尻和子：SMA未就学児への電動車いす交付・その経緯—船橋市障害福祉課へのインタビュー．難病と在宅ケア **9**：17-20, 2004
5) 久保温子，他：小児における電動車いす操作に必要な能力に関する研究．第25回リハビリテーション工学カンファレンス，pp207-208, 2010
6) Furumasu J, et al：The development of a powered wheelchair mobility program for young children．*Technol Disabil* **5**：41-48, 1996
7) 髙橋愛子：電動車椅子乗車の自立をみた先天性筋ジストロフィー症（福山型）児の看護を振り返って．小児看護 **6**：9-15, 1983

7. 成人電動車椅子

現在，成人の国産電動車椅子は既製品でシート幅，奥行き，背支持長などが一定の寸法であり，背角度が調整できる機構，3段階の速度調整などができる。しかし，それでは利用者の疾患，身体状態，機能に適合させるには困難である。現在，利用者に適合させるため，理学療法士・作業療法士によるシーティングが施行されているが，既製品の車椅子では限界が生じている。臨床では構造フレームに必要とされる機能をもつ電動車椅子を使用し，座位保持装置，コントローラーを装着する。

◆ 65歳以上の電動車椅子の対応

利用者が65歳以上で座位保持装置を使用して移動確保ができたものは介護保険，障害者総合支援法のどちらで対応するのか。臨床的にはカタログにある体幹部支持，クッション，規格品の電動車椅子を使用する場合は介護保険のレンタルで対応となる。利用者が側弯などの体幹変形が重度であり，コンツアー型，モールド型の座位保持装置を使用した電動車椅子，特殊な入力スイッチなどを使用する場合は，医師が意見書を作成し，必要に応じて理学療法士・作業療法士が理由書を作成して障害者総合支援法での対応となる。そして，基準にない場合は特例補装具として申請をする。

◆ 疾患と特徴

成人電動車椅子の適応となる代表的な疾患の特徴を述べる。詳細は第5章を参照。

1. 頸髄損傷（完全・不全麻痺）

完全麻痺（フランケル分類A）の場合，駆動する筋力の弱い機能レベル頸髄損傷（以下，C）5番以上で電動車椅子の適応となる。C3以上では横隔膜が運動しないため人工呼吸器使用となる。そのため，電動車椅子に人工呼吸器を搭載できることが必要となる。C3レベルでは座位姿勢が安定しないので座保持装置を装着する。操作方法は顎での操作となる。C5以下では屋内の平坦な場所では手動車椅子操作が可能であるが，屋外では坂道や段差などの道路環境，そして耐久性を考慮して安全な移動を目的とした普通型電動車椅子，手動兼用型を選択する。操作方法はC5レベルでは上肢装具を装着し，手掌をコントローラーに乗せて行う。なお，褥瘡リスクが高いので圧分散の優れたクッションの処方を忘れてはならない。

不全麻痺で実用歩行ができない（フランケル分類B，C）場合は，残存している筋力の随意性から検討する（図）。

①肩甲骨挙上 MMT 3以上，肘関節屈曲 MMT 3以上，手関節背屈3以上ではジョイスティックを使用する。手関節背屈2以下では手関節固定スプリントを使用してジョイスティックを使用する。

②肩甲骨挙上 MMT 3以上，肘関節屈曲 MMT 2以下で頸屈曲・伸展 MMT 3以上では，チンコントロールと頭部操作でエアパフ，またはスイッチでリクライニング・ティルトのシート調整と速度調整をする。頸屈曲・伸展 MMT 2以下ではチンコントロールとする。チンコントロールと同一コントローラーでティルト・リクライニングのシート調整と速度調整をする。

③上肢がまったく動かない場合はチンコント

```
                      ┌─────────────────┐
                      │  上肢が動くか？  │
                      └─────────────────┘
                           │      │
                         Yes      │
                           ↓      │
                ┌──────────────────┐│
                │肩甲骨挙上MMT 3以上││
                └──────────────────┘│
                      │      │     │
                    Yes     No     │
                      ↓      ↓     │
             ┌──────────────────┐  │
             │肘関節屈曲MMT 3以上│  No
             └──────────────────┘  │
                │      │           │
              Yes     No           │
                ↓      ↓           │
      ┌──────────────┐ ┌──────────────────┐│
      │手関節背屈    │ │頸屈曲・伸展MMT 3以上││
      │MMT 3以上    │ └──────────────────┘│
      └──────────────┘       │     │      │
        │     │             Yes   No      │
       Yes   No              ↓     ↓      ↓
        ↓     ↓
```

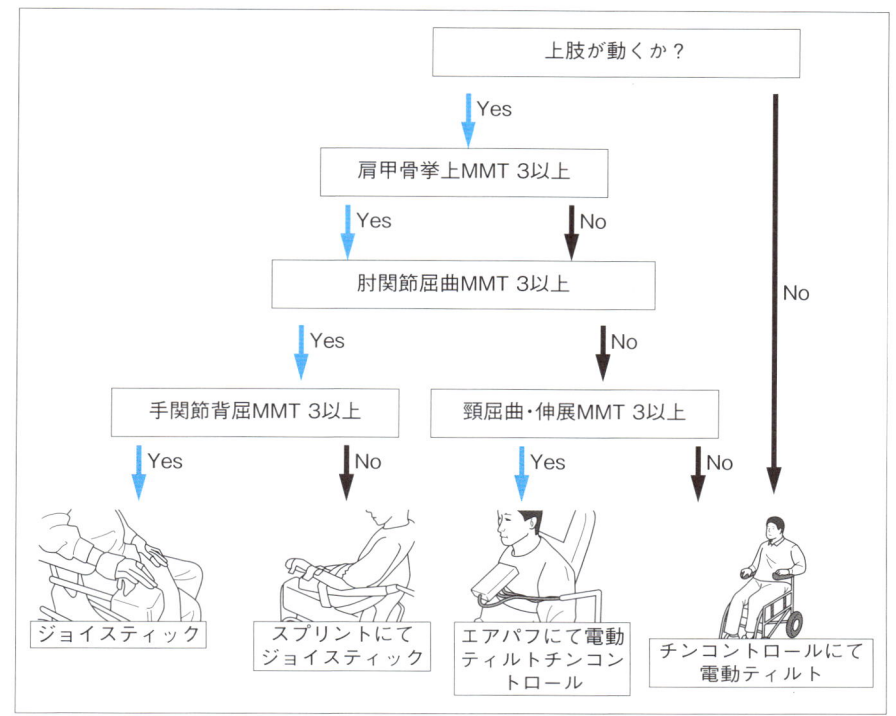

図　頸髄損傷者の操作方法

（操作選択：ジョイスティック／スプリントにてジョイスティック／エアパフにて電動ティルトチンコントロール／チンコントロールにて電動ティルト）

ロールとする．チンコントロールと同一コントローラーでティルト・リクライニングのシート調整と速度調節をする．

2. 脳性まひ

　随意性が高い部位で操作をする．一般に上肢操作が多いがアテトーゼ型の者は下肢や足指での随意性が顎や上肢より優れている場合があり，コントローラーを足部支持に設置する．実用性のある操作には骨盤の安定が必要なので，座位保持装置を処方することが望ましい．

3. 筋疾患

　長距離歩行，または手動操作で長距離移動の実用性のない場合に処方される．長時間の座位姿勢保持ができない者は電動リクライニング式普通型が適応となる．屋内移動，あるいは外出する際に軽量・小型の機能を求める場合は手動兼用型が処方される．しかし，座位耐久性が低下，休息姿勢獲得が必要な者は電動リクライニング式普通型を選択する．

4. 関節リウマチ

　四肢関節の筋力，拘縮の状態，使用環境，移乗能力程度により普通型，ハンドル型電動車椅子，あるいは小回りが利く電動車椅子が選択される．また，移乗を容易にするためのものとして，電動リフト型電動車椅子を選択する場合がある．コントローラーの形状は手指の変形・拘縮により握りを太く，または手掌型などを選択する．

5. 多肢切断

　両下肢切断に上肢切断を伴う三肢切断の場合は片手駆動式手動車椅子の使用が可能である．長距離移動では疲労などを考慮して，手動兼用型，普通型が適応となる．四肢切断の場合は普通型のコントローラーにフックで使用できる形状が必要となる．

　切断者は切断部位により，バランスが崩れ，体幹側屈，骨盤傾斜を起こす．対策として骨盤，体幹部支持を処方する．

第7章

クリニック運営

第7章 クリニック運営

1. クリニック運営の概論

　シーティング・クリニック（以下，SC）とは，使用者・介護者，製作者に評価者を加えた職種にて車椅子の適合を検討する場のことである。車椅子は使用する目的によって機器の選定が大きく変わり，使用する環境によっても様々な制限が生じてくる。また拘縮や変形・褥瘡などの二次障害を予防する視点や機器導入にかかる経費確保のための各種制度の知識，さらには導入後の継続的な維持・管理まで検討しておく必要がある。これらはどれが欠けても最適な車椅子を提供できないので，導入時にそれぞれの分野の専門職が集まって意見をまとめる場が必要となる。

◆ SC の目的

　SC を行う目的は最適な車椅子の提供である。従来の適合方法は車椅子に乗車したうえで行われることが多かったが，理学療法士・作業療法士によるマット評価によって身体機能・能力を見極め，その結果をもとに機器を選定調整することで「人に機器をあわせる」ようになってきている。その際は想定できるかぎり多くの情報を集め，各方面の専門家による総合的な判断をすることで「最適」を追求できるのである。

　SC を行ううえで重要なのは，使用目的を明確にすることである。車椅子の機能には「姿勢・移動・移乗」の3要素があるが，一部に特化した機能を追求すると，他の要素に支障をきたすことがある。本人・関係者の要望を踏まえたうえで優先順位を確認しながら作業を進めていく。そのために事前に以下の情報を収集しておく。

・本人の感じている問題と要望。
・介護者，関係者の感じている問題と要望。
・障害の状態（現在と将来）。
・使用環境と1日の生活パターン。
・介護者の能力（身体能力，理解力）。
・現在使用している機器の情報（入手時期，製作者，制度の利用など）。
・他の福祉機器の有無と使用状況。
・現在の移乗方法。
・経済面と社会保障制度の利用状況。

　また，車椅子によってすべての問題が解決するわけではない。車椅子での対応の限界と代替の解決策を示すことも SC の役目である。

◆ SC の参加者と役割分担

　多職種でSCを行う場合の役割を表にまとめた。SC 時には各自が以下の役割をもち，効率よく対応するとよい。

　① 評価責任者：SC 全体のとりまとめ，身体評価の実施，使用者や家族への説明と最終判断を行う。

　② 評価補助者：身体評価の補助，評価責任者へのアドバイス，機器組み上げ時の補助など。

　③ 機器調達・調整：評価責任者の要請に応じて機器を調達し，組み上げる。また試乗時は評価責任者の指示に応じて機器の微調整を行う。

　④ 記録・観察：目的の確認や評価結果，検討内容，使用機器と調整状態を記録する。

　作業に携わると記録が疎かになるので，記録専門の者がいることが理想である。あわせて使用者の観察を行い，異常時にはすぐに対応できるようにしておく。

表　各職種の役割

職種	役割
医師	障害の現状把握と予後予測，各種申請書類の作成
理学療法士・作業療法士	使用者の身体機能・能力評価，介護者の介護能力評価，使用環境評価
社会福祉士	各種制度の情報提供，申請手続きの指導
義肢装具士・リハビリテーションエンジニア	車椅子・各種座位保持装置などの情報提供と調整，組み上げ
製作業者	車椅子の製作・修理，試乗機器の提供
ケアマネジャー	介護保険下での貸与機器プランニング
使用者・介護者	問題点と要望の確認，試乗時の意見

◆クリニックの開催時期と留意点

　車椅子を含めた福祉機器の導入は二次障害の予防という観点からも早いほうがよい。ただし，諸制度の関係からSCを行う時期によって，対応も違ってくる。

1）医療保険利用の時期

　車椅子の導入は医療機関入院中が多い。医療機関でSCを行う場合，マンパワーは比較的充実しているが，施設備品の使用が基本となるため，機器の選択肢が乏しいことが多い（近年は医療機関がレンタル契約して提供しているところもある）。また回復過程にあるので，身体機能・能力の変化に応じて車椅子を頻回に調整する必要がある。

2）介護保険利用の時期

　介護保険では，在宅者と施設入所者とで対応が変わる。在宅者は福祉機器貸与事業者からの貸与が原則となる。ケアプランの作成はケアマネジャーが行うため，特殊な車椅子，機器を貸与したい場合には，十分な説明を行って理解を得るとともに他のサービスとの調整が必要となる。また，施設入所者は医療機関と同じく施設備品の利用が原則となる。

　どちらにしても介護保険下では多職種による総合的な評価が難しく，さらに在宅と入所を繰り返すような場合も多く，機器の調達や調整が煩雑となりやすい。

3）障害者総合支援法利用の場合

　旧障害者自立支援法であるこの法の補装具給付制度は身体障害者手帳の所持者が利用できる。車椅子の公布にあたっては既製品と特注品で判定の主体が変わる。地域によって対応に差があるようであるが，複雑な機器を使用する場合は，基本都道府県の更生相談所での判定となる。

　利用の際は申請書類に加えて，SCの結果をまとめた報告書を作成，提出し判定の参考としてもらう。報告書には「なぜこの機器が必要か」「機器を用いることで何ができるようになるのか」を簡潔にまとめるとよい。公益財団法人テクノエイド協会ホームページ[1]が参考となる。

◆組織としての取り組み

　利用者にとって車椅子は生活の一部となる重要な機器である。SCで検討した機器も，想定どおりに使用されなければ意味がない。また，移乗や姿勢の修正，さらには機器の破損や汚染などの発見という観点からも，施設職員全体の教育が重要となる。

　筆者の所属する鹿教湯病院では月に1度，全職種から職員を召集して車椅子清掃を実施している。定期的な清掃は清潔の保持，故障の早期発見などにつながるだけでなく，職員の車椅子に対する認識を高めることとなり，結果的に座位姿勢への配慮や備品の充実にも理解を示すようになったと感じている。

文献

1) 公益財団法人テクノエイド協会：調査研究報告．＞特例補装具判定困難事例集2010．http://www.techno-aids.or.jp/research_report.html（2014年5月29日アクセス）

第7章　クリニック運営

2. 車椅子の選定・適合の実施手順

　車椅子の選定・適合は使用者や介護者らの要望を聴取し，使用目的と使用環境を明確にしてから行う必要がある。また，実際の生活場面で試用・再評価を行い，必要に応じて調整を繰り返しながらあらかじめ設定した目標の達成を図る。以下に永生病院のシーティング・クリニック（以下，SC）での車椅子の選定・適合の実施手順について説明する。

◆車椅子の選定・適合の実施手順（図1）

1．SCの申し込み

　SCを希望する理学療法士・作業療法士の担当者（以下，担当療法士）はSCの受付係に基本的な使用者の情報と車椅子使用時の主な問題点を伝達し，SCの実施日を調整する。補装具費支給制度を用いる場合は，車椅子製作業者にSCへの参加を依頼している。

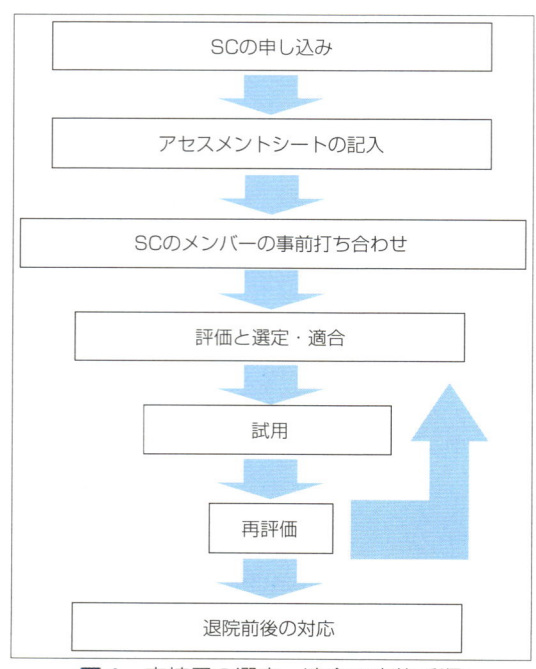

2．アセスメントシートの記入

　担当療法士は「車いすシーティングのアセスメントシート（以下，アセスメントシート）」（**付録3**）の事前記入項目に記入する。また，家族や関係者にSCへの参加を促す。

3．SCのメンバーの事前打ち合わせ

　SCのメンバーはSCの実施前日に打ち合わせを10分程度行う。打ち合わせ内容は，使用者の情報確認，必要になりそうな車椅子やクッションの確保，参加メンバーの役割決めである。参加メンバーの役割は評価・適合の主担当者，アセスメントシートの記入係，写真撮影係，機器調達・調整と圧力測定の補助係である。

4．評価と選定・適合

1）場所と頻度

　場所はリハビリテーション室もしくは病室である。毎週金曜日に2つの時間枠（15：20〜16：20と16：20〜17：20）を設け，1名につき概ね60分で実施している。60分で終了しない場合は，日程調整をして続きを行う。年間実施件数は70件程度である。

2）参加者

　本人，家族，担当療法士とSCのメンバー3〜4

図1　車椅子の選定・適合の実施手順

（フロー図：SCの申し込み → アセスメントシートの記入 → SCのメンバーの事前打ち合わせ → 評価と選定・適合 → 試用 → 再評価 → 退院前後の対応）

名の他，必要に応じてケアマネジャー，車椅子の関連業者などが参加する（図2）。

3）使用機器

使用機器は本章「3.医療機関における運営」の「1.機器管理 1）使用機器ならびに使用物品」を参照。試用したい車椅子やクッションがない場合は，地域の福祉用具貸与事業者やメーカーにデモ品を依頼するか，カタログなどを用いて情報提供をしている。車椅子の関連業者には，試用した製品の長所や短所を伝えるなど，お互いに利益になるような関係性が保てるよう心がけている。また，新規の車椅子を購入する際には，カタログ上にはないオーダーができる場合があるので，メーカーに確認してから注文するようにしている。

4）評価と選定・適合

評価・適合の主担当者は参加者とアセスメントシートの内容を確認しながら評価を進めていく。本人・家族からの希望を再確認することで，新たな希望を聴取できることがあるので必ず行う。マット評価や動作の確認を行い，シーティングの目標に優先順位をつける。その後，目標とする座位姿勢を決め，身体寸法を計測し，車椅子やクッションなどを選定・適合する。クッションの選定や除圧動作の指導を行う際には，体圧測定が有用である。また，適合前後や評価の様子，機器をデジタルカメラで撮影することで振り返りがしやすくなる。

5）適合後の点検

ネジの締め忘れなど車椅子の調整が起因となる事故を防ぐ。対応として，アセスメントシートの最後に点検項目を設け，適合終了時に評価・適合

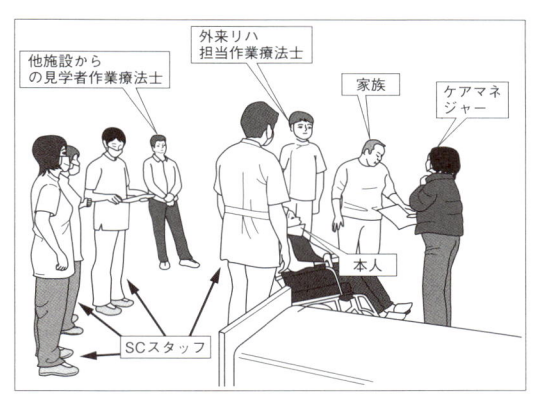

図2 シーティング・クリニックの実施場面

の主担当者がチェックしている。

6）介護者への伝達

機器の変更点や変更によるメリットとデメリット，車椅子の操作時の注意点，介助方法などを介護者へ伝達するよう担当療法士に依頼する。

5. 試用と再評価

適合後の生活場面での試用は必須である。他職種から情報を収集しながら再評価をする。車椅子の適合は1回の実施で終わるものではなく，むしろ再適合を継続的に行うことが多い。そのため，試用期間は1週間以上としている。試用期間中，目標とした座位姿勢や動作が得られなかったり，生活環境との不適合が生じた場合，担当療法士が再適合を行う。それが困難な場合には評価・適合の主担当者に連絡をとり，再適合の日程調整を行う。なお，在宅復帰の場合は家屋評価を実施し，必要に応じて試用している車椅子を現場に持参している。

第7章 クリニック運営

3. 医療機関における運営

　使用者に適切なシーティングを提供するためには，機器や記録の管理，スタッフ教育，使用者・家族らへの啓蒙，院内の委員会との連携が必要である。各病院・施設にあった運営方法を個人あるいはチームで検討する。その際シーティングに対応する窓口を明確にすることが重要である。そして多職種連携のもと，生じた問題に適宜対応しながら地道に活動を進めていく。

◆目的

- 機器管理をすることで事故の発生と機器の紛失を防ぐ。機器の品質を維持するためにはメンテナンス方法や機器の修理依頼の手順を確立する。
- 記録を管理することで，シーティング・クリニック（以下，SC）の利用者の経過の把握，補装具費支給制度に関する書類の作成，研究などに用いるデータの蓄積がしやすくなる。
- スタッフ教育や使用者・家族に啓蒙を行うことで，SC のメンバーの確保や SC の利用者の増加を促す。
- 院内の委員会に SC のメンバーが加入することで，多職種連携が促され，褥瘡の予防や車椅子などの福祉用具の管理がしやすくなる。

◆ポイント

1. 機器管理

1）使用機器ならびに使用物品（図1）

① 適合関連：評価用の車椅子とクッション，加工

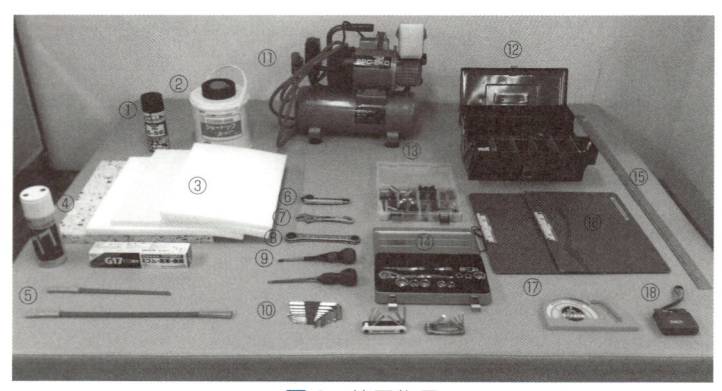

図1 使用物品
① 潤滑剤，② アルコールタオル，③ ウレタンフォーム，④ ウレタンフォームの接着剤，⑤ ウレタンフォーム用カッター，⑥ カッターナイフ，⑦ モンキレンチ，⑧ ラチェットレンチ，⑨ プラスドライバー，マイナスドライバー，⑩ 六角棒レンチ（メートル規格とインチ規格），⑪ エアコンプレッサー，⑫ 工具箱，⑬ ボルト，ナット，ネジ，⑭ ソケットレンチ，⑮ 物差し，⑯ バインダー（身体寸法計測用），⑰ 角度計，⑱ コンベックス

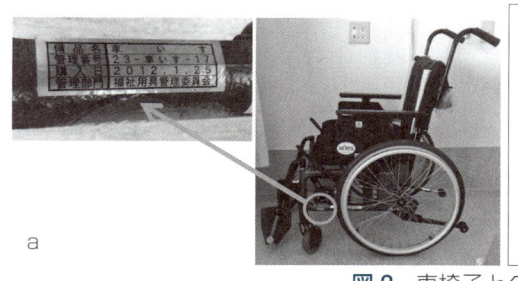

3 医療機関における運営

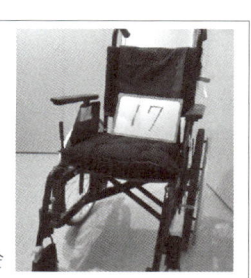

図2 車椅子とクッションの管理方法
a：車いす管理ラベル，b：車いす管理台帳

図3 車いすメンテナンス表

用のウレタンフォーム，ウレタンフォーム用カッター，接着剤，クッションカバーなど。
② 車椅子の調整やメンテナンス関連：工具〔ソケットレンチ，ラチェットレンチ，モンキレンチ，スパナ，六角棒レンチ（メートル規格とインチ規格），ドライバー，カッターナイフなど〕，工具箱，空気入れ（エアコンプレッサー），ボルト，ナット，ネジ，潤滑油，アルコールタオル，洗濯機など。
③ マット評価や計測関連：プラットホーム，コンベックス，物差し，バインダー，角度計，体圧分布測定装置など。

2) 車椅子とクッションの管理方法

① 車椅子（図2）：各車椅子に管理ラベルを貼り付け，管理台帳を作成することで台数の把握やメンテナンスがしやすくなる。「車いす管理台帳」の

127

第7章　クリニック運営

図4　クッションの管理
a：クッションの棚。クッションを借りるときに，仕切り板に伝票を貼り，クッションの貸し出し場所がわかるようにしている．b：クッションにはネームプレートを取り付け，棚には管理番号と商品名を記入したシールを貼り付けている．c：3枚つづりの管理伝票．病棟の指示箋を使用している

内容は車椅子番号，メーカー名，商品名，使用部署，車椅子の写真などである．

- 評価用の車椅子を貸し出しする際には，担当療法士が管理ノートへ貸出日，担当療法士名などを記入している．調整機能が多い車椅子はメンテナンスの不備や誤操作による事故発生につながりやすいので，貸し出し前の点検と介護者への申し送りを入念に行う．また，取扱説明書がいつでも閲覧できるように保管場所を確保しておく．返却時に誰が清掃するかも決めておく．
- 車椅子のメンテナンスには，「車いすメンテナンス表」（**図3**）や修理依頼票が必要となる．永生病院（以下，当院）では定期的なメンテナンスを月1回，病棟スタッフや理学療法士・作業療法士が行い，記入済みのメンテナンス表を購買部が集計している．修理が必要な場合は修理依頼票を購買部に提出している．パンク以外の修理は購買部が外部の業者に依頼している．修理内容についての情報共有を図るため，福祉用具管理委員会で修理依頼票を回覧している．

② クッション（**図4**）：月1回の頻度でSCのメンバーが在庫確認を実施している．紛失物品については捜索する．

- 当院では間仕切りのある棚に個々のクッション置き場を作っている．クッションには管理番号を記入したネームプレートを取り付けている．貸し出しの際には3枚つづりの管理伝票に担当療法士名，使用者名，管理番号，商品名，貸出日を担当療法士が記入している．記入後の伝票は担当療法士とSCのクッション管理係が保管し，3枚目はクッション棚に貼り付けている．
- 試用後は担当療法士がクッションカバーを洗濯し，返却している．
- 感染症への対応は，院内の感染対策委員が作成した感染防止対策マニュアルに従っている．

2．記録の管理

- SCの利用者ごとに記入済みの「車いすシーティングのアセスメントシート（**付録3**）」と適合時の写真，体圧測定の測定結果をまとめてファイリングしている．
- 「車いすシーティングのアセスメントシート」のデータはコンピュータに入力し，データベース

として活用している．また，写真や動画もコンピュータに保存している．
- 車椅子の新規購入を検討する際には，院内の患者の座位能力と車椅子やクッションの調査が有効である．Hoffer座位能力分類（JSSC版）は施設全体で必要となる車椅子の数量や機種の把握に役立つ．また，車椅子の新規購入の提案は褥瘡対策委員会や福祉用具管理委員会の会議の中で病院長や医師，購買部担当者に確認を取りながら進めている．

3. スタッフ教育

- 理学療法士・作業療法士向けには，症例検討会，新人勉強会などを定期的に行っている．目的はシーティングに関する知識や技術の質の維持と，SCメンバーのモチベーションを高めるためである．
- 看護・介護職向けには，シーティングの取り組みを行った患者の症例報告やクッションの座り比べ，車椅子の乗車体験などを看護部主催の勉強会で行っている．その中で多職種連携の必要性と車椅子座位姿勢に問題があった場合の窓口について説明している．

4. 使用者・家族への啓蒙

使用者や家族向けには，シーティングの必要性に関するポスターの院内掲示やSCの利用方法をホームページ上で掲載している．

5. 院内の委員会などとの連携

1) 院内の委員会との連携

SCの代表者が院内の褥瘡対策委員会と福祉用具管理委員会に加入している．委員会の活動に参加することで医師，看護師，事務職などとの多職種連携がしやすくなった．褥瘡については椅子・車椅子上における褥瘡の予防や治療への意識が徐々に高まり，早期に対応ができるようになった．また，福祉用具管理委員会の設立により車椅子の管理や車椅子の購入の提案が格段にしやすくなった．

2) 地域リハビリテーション支援センターとの連携

地域リハビリテーション支援センターのホームページ上の車椅子データベースへの情報提供やシーティングに関する講習会，福祉機器展の運営に協力をしている．地域の理学療法士・作業療法士や福祉用具関連業者，当事者の方々とのつながりをより密に，より幅広くもつうえで重要な活動の1つになっている．

4. 介護・看護・家族への指導

　車椅子使用者は障害により移動や座位保持が困難となっているため，生活場面での介助や車椅子の保守管理など，なんらかの形で他者に介入してもらうことが多い。快適な車椅子生活を継続するには，このような周囲の方にも知識・技術を指導することが大切である。

　では，何を指導すればよいのだろうか。車椅子の機能には「姿勢・移動・移乗」という要素がある。これらは互いに影響を及ぼすものなので，車椅子適合時には目的と環境に応じて，優先するところ，妥協するところを評価・相談しながら決定している。関係者への指導とは第1にこの点を伝えることにある。適合時の方針とそぐわない使用をしたのでは「使いづらい車椅子」となってしまい，知識のない中で調整箇所をいじられてしまうと，二次的な危険も発生することになるからである。

◆姿勢・移動・移乗の指導内容と留意点

1. 姿勢に関して

- 目的動作に適した姿勢の提供。
- 活動時間と休息時間の配分。
- 二次障害予防のための姿勢変換の方法：除圧動作（褥瘡予防），自動運動範囲の確保（変形・拘縮予防），ティルト・リクライニングの角度の調整（誤嚥防止）。

　生活場面では様々な座位姿勢が要求される。机上での活動（事務作業や食事）と，休息時の姿勢に違うので，身体への負担を考慮した生活リズムの設定が必要である。特に重度障害があると自身で姿勢を変えることが難しくなる。固定的な姿勢は身体の一部に負荷が集中し疲れやすいうえに，拘縮や変形などの二次障害をきたしかねない。また，ティルト・リクライニングや頭部支持の角度が統一されないと，誤嚥・窒息の危険も生じる。

2. 移乗に関して

- 移乗方法（立位・座位・リフト）と介助方法の選択。
- 移乗機器の理解と技術指導。
- 移乗後の確認（姿勢と圧抜き）。
- 特殊な移乗の環境整備（浴槽，玄関，自動車など）。

　移乗は介助者の心身への負担が大きい。機器を用いても自立できる方法を提供したい。介助が必要な場合は1つの方法だけでなく，場面によって何通りかの方法を指導しておくほうがよい。また介助者も特定の人に負担が集中しないよう，複数設定することが望ましい。移乗機器の使用は転落の危険を伴うので，必ず理学療法士・作業療法士による実技指導を実施すべきである。

　適合時の想定どおりに座ることも大切である。移乗後の確認も関係者全員ができるように指導する。

3. 移動に関して

　移動方法には自力駆動，介助，電動がある。関係者への指導は介助面だけでなく，リスク管理についても十分に行う。

- 移動能力と身体負担への配慮（過用予防・皮膚の自己・他者による確認）。
- 転倒転落時の対応（起き上がり方法，緊急連絡先の設定）。
- 移動範囲の指定，危険箇所の指定（電動）。

表 長期使用による問題

内的要因	成長と老化，病状の進行 二次障害（廃用・誤用・過用）の予測と早期発見，対応 →使用する機器や調整が変わる
外的要因	自宅，学校，職場への移動 病院，施設の入退院（所） 自家用車の乗り換え →使用する環境や指導対象が変わる
時間的要因	進学，就職，引っ越しなどライフステージの変化 介護者（家族）の変化 →方針（使用目的）や管理者が変わる 機器の老朽化　→消耗部品交換の判断

・介助者の技術指導（スロープ・段差の介助方法：キャスタ上げ）．

　介助で移動する場合の基本操作は，スロープでの転落防止（後ろ向きで操作）と，段差・不整地でのキャスタ上げである．健常者では気がつかない程度のスロープや片斜面が，車椅子使用者には危険であることを実際に体験してもらうと理解されやすい．あわせて介助者がいても危険なスロープ，段差があることも認識してもらう．

◆長期的な視点での指導

　長期間の使用によって生じる問題を内的・外的・時間的要因として表にまとめた．これらが発生する可能性の説明と，発生時の対策（連絡先など）を利用者に説明する．また，長期になると，適合時に関与した者が不在となることもある．導入時の身体機能などの情報は，後の判断材料として貴重となるので情報保持にも配慮したい．

1．内的要因

　利用者の身体機能・能力の変化である．小児では成長対応と誤用・過用による変形予防，進行性疾患は病状の進行への対応，高齢者では老化と廃用対策がある．特に小児では成長期に劇的な身体変化が起こるので短期間での再適合が必要である．二次障害対策は早期発見が鍵となる．

2．外的要因

　一時的な環境変化である．自宅や病院，職場，施設など使用場所が変わると，建物の構造や介護者が変わるので，それぞれの場面に応じた指導が必要となる．特に介護保険利用の在宅高齢者が入院や施設入所を繰り返すような場合は，指導対象が増え，貸与品と施設備品をその都度取り換えることも多くその対応も煩雑となるが，褥瘡や誤嚥などリスクの高い事項は必ず指導する．

3．時間的要因

　長期的な環境変化である．進学や就職，引っ越しなどライフステージにあわせて環境が大きく変わる場合がある．新しい環境の評価・対策，経過の説明，遠方への引っ越しとなれば管理責任者やメンテナンスする業者も交代する必要が生じる．利用者がこれらを探すことは困難であるため，きちんと引き継ぐところまでが適合者の責任である．

　また，介護者，特に家族の身体的，精神的変化も配慮する必要がある．介護負担から心身への不調をきたしていないか定期的な観察も心がけたい．難しい操作や調整など介護者が理解できない機器の導入は，かえって危険を招くということを認識し，継続可能な対応を選択，指導する．さらに生活環境では健常者（家族）と空間を共有していることにも留意し，家族のストレスとなるような環境整備は避けるべきである．

　機器の劣化に対する保守も必要である．介護保険の貸与品は業者が行うが，自己所有品の場合，ネジの緩みやクッションの性能劣化は家族では判断が難しいので，定期点検の実施が望ましい．

第8章 ADL, QOLとシーティング

第8章 ADL, QOL とシーティング

1. ADL, QOL とシーティングの概論

自動車の運転時および車載用座位保持装置，スポーツ，そして脊髄損傷者の褥瘡を各論で解説した．目的が異なることでシーティングの対応は異なるが，リスクを軽減する意味では基本は同じである．ここでは他の場面として，就労，学校教育，家事について解説する．

◆目的

- 基本の姿勢は一般健常者の作業姿勢や環境が基本である．卓上作業の基本は前傾位であり，障害者が1番困難な姿勢である．
- 健常者でも一定時間作業を行った場合，背をつけて休息できるとよい．体幹の不安定性をもつ障害者では肩まで支持できる背支持を用意し，そこにもたれかかるとよい．
- 就労・作業・教育環境などその現場に行ってシーティングを検討すべきである．できない場合，極力環境の寸法を調べ模擬するべきである．
- 自動車への積み込みや移動などの際に車椅子の軽量・小型化を希望する場合があるが，背支持を設置すると背が高くなるなどその間には矛盾が生じる．

◆ポイント

- 脊髄損傷者では机に手首をついて，前傾位になる場合が多い．無理のない姿勢とは前腕支持に肘をついて前傾位を保持し，前腕および手は肘より下になってキーボード作業などが行えることが基本である．
- 脊髄損傷者では机上でさらなる前傾位を維持しながら仕事をすることで座骨部や尾骨部の圧負担が軽減され褥瘡の予防ができる．
- 過ごす時間の長い環境の各寸法や材質などの問題点を明確にできると，おのずからその対応も可能となることが多い．
- 背シートに背支持装置を使うことも疲労を軽減させる方法である．
- 障害が原因で仕事を急に休むことが多い場合，責任のある仕事を任せることはできない．確実に出勤し仕事ができる環境をつくるために，就労時間を調整することも必要である．
- 筋ジストロフィーの授業中の座位では，最適な姿勢となる前傾位をとることは困難である．一時的に悪い姿勢となっていても，授業時間の中で随時または一時的に体幹が伸び対称的で最適な姿勢をとることは呼吸機能の維持に必要である．
- 学校では遠足などのために折りたたみ機構つきなどの使い勝手のよいものを希望することがある．一時的であれば，その日だけ借りて標準形車椅子の使用も考えられる．

◆症例

1. モルキオ病の事務作業

モルキオ病は，症状として低身長や胸・腰椎の後・側弯，また胸骨の突出といった変形が認められるが，神経症状はない．車椅子は身長にあった小さ目の車椅子を使用していた．しかし，机上の事務作業時，身体に無理のかかる姿勢が多いと同時に休息の姿勢がとれなかった（図1）．そこで，

1 ADL，QOL とシーティングの概論

図1　事務作業時の無理な姿勢

図2　上下機構電動車椅子を使用した際の事務作業姿勢

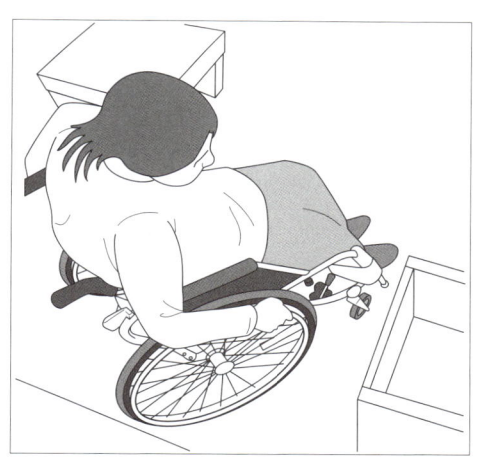

図3　3つの机を置いて洗面所の空間を再現

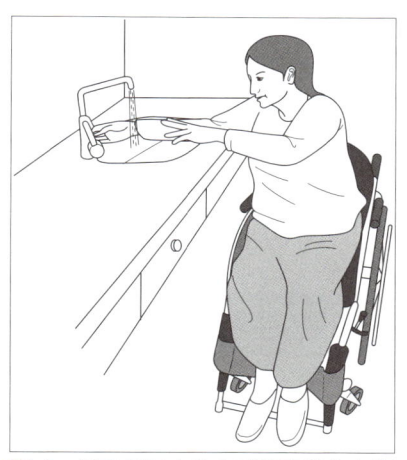

図4　台所の高さおよび家事動作と姿勢を確認した

身体に適合した背と頭部支持装置および上下機構電動車椅子の使用で疲労を軽減でき，職場の保健室へ行く回数が激減した（図2）。

2．脊髄損傷

　小児時，脊髄損傷による体幹変形があり，自宅で主婦をしているため，台所仕事や洗濯作業への対応が必要である。まず身体について股関節屈曲制限もあり，背支持角度は起こしたままで，座支持角度を下げ対応した。環境面では対応ができないため台所や洗面所（図3）などの寸法や環境の写真をとり，それらを模擬しながら作業環境を検討した。車椅子の寸法は限界であり，作業空間での操作能力の向上を目指した（図4）。

> **注意点**
> 作業環境や仕事場の周りの状況の不十分な調査は，その場面での使用を困難にする。

第8章　ADL, QOLとシーティング

2. 車載座位保持装置

車載座位保持装置は，日常運転で運転者の運転を妨害しない機能と衝突時の安全性をもつべきである。そのためには連続座位時間の設定も重要である。一般的に急停止による衝撃は1G程度なので自動車座席にシートベルトをかけて普通に座れない方や体幹や頸部筋がMMT 3（Fair）以下であれば対象になると考えてよい。

◆目的

- 日常運転と衝突時の安全性を得ること。
- 日常運転では運転者を妨害しないで運転に集中できることが必要。
- 衝突時には背を起こして胸のシートベルトが適切に接触するようにすること。これによって，衝突時の衝撃や自動車から投げ出されることが防止できる。

◆ポイント

- 日常運転の妨害とは，運転者が運転に集中できないことによるヒヤリ・ハットを起こすことである。
- 連続運転時間を制限し，運転者は運転に専念し，運転後，安全な場所に停車し休息を設けることが必要である。
- 障害児者に対しては，日常運転で起こる加速や減速，そして遠心力などの慣性力に対して身体が自動車上で保持されることが必要である。これには頭部も含まれる。慣性力は日常運転で起こる急ブレーキや急旋回を実施することで確認できる。
- 衝突安全性を保つためには座席の背を立てて，胸ベルトが胸に接触するようにすべきである。そのためには座席の角度を変えるエッジを挟むこともよい方法である。
- 障害児者の腕や足が不随意・随意的に伸展することで運転機器を押したり，運転者の運転を妨害することがないように腕や足の保持を行う。これも日常運転状況をみながら行う。
- シートベルトが肩にくるように，自動車にはシートベルトの位置が調整できるもの，チャイルド・ロックというドアを開けることを防ぐ機能などもある。
- シートベルトは衝突時に反応するようにできており，日常時の姿勢保持には不適である。一方，座位保持装置のベルトは緊張で伸びない性能をもち，両者が自動車乗車時に必要である。
- 事故時，シートベルトや座位保持装置側のベルトはカッターで切断し救出する。
- 一般に市販されているチャイルドシートやジュニアシートを使用することも必要である。障害児用として衝突安全性のあるものも市販されている。それが適切に設置されることで，はじめて安全が保てる。
- 車載座位保持装置の使用では解決できない痰の喀出，呼吸困難，嘔吐などは医師と相談しながら医学的治療やその対応を行う。

2 　車載座位保持装置

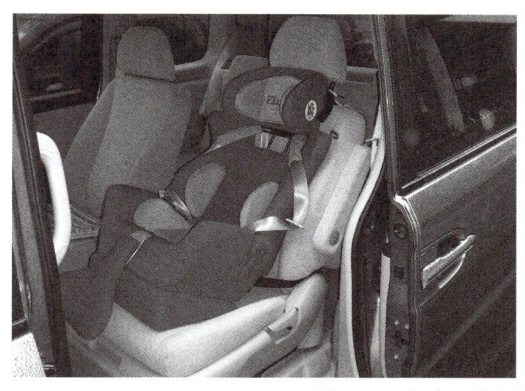

図1　7歳時の障害児者用座位保持装置

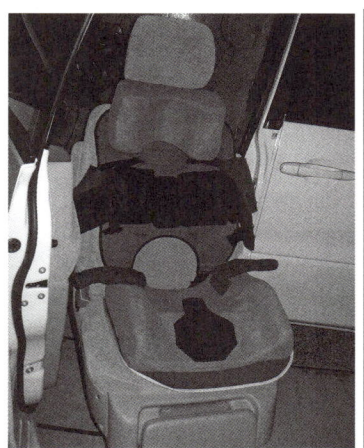

図2　13歳時の障害児者用座位保持装置

◆症例

　7歳の脳性まひ，市販の障害児者用座位保持装置を使用。連続座位時間は30分である。学校への送迎で主に使用している（**図1**）。13歳となり体格が大きくなったため，本装置は衝突安全の確認はしていないが，シートベルトは骨盤および胸部に適切にかけるようにしている（**図2**）。連続座位時間は30分としている。

注意点

・即渡すことは避ける。
・座位保持装置の正しい取りつけ方の指導をする。
・なるべく身体を起こして，骨盤ベルトや体幹ベルトが正しい位置になるような座り方の指導をする。
・運転をして，座位姿勢を維持できる時間の確認（褥瘡のチェックや座り心地など）。不随意運動が出ないか確認する。
・自動車のブレーキのかけ具合での安定性や旋回したときの支持性の確認。
・人工呼吸器などの固定性を確認する。

第8章　ADL，QOLとシーティング

3. 自動車運転時のシーティング

　自動車の座席は運転中の視界と操作性の確保，衝突時の座席の強度と衝撃吸収構造などの要件について道路運送車両の保安基準で規定されているため改造することが困難である．従って，身体機能にあった座席を装備した自動車を選択したり，体幹のバランスを補う補助パッドを取り付けたり，低身長の場合には補助座席を製作して，座席上で固定する3つの方法でシーティングを考える必要がある．

◆目的

- 運転中の視界を確保し，ハンドルなどが操作可能な位置へ座席を調節できるように対応する．
- 衝突時の傷害が軽減できるように対応する．
- 加減速や旋回時に姿勢が保てるように対応する．

◆ポイント

1. 座席調節の重要性

- 乗降と運転操作がしやすい位置へ座席が調節できるか確かめる．調節が困難な場合は電動式の座席を装備した自動車を選択する．
- 座席の高さは操作が可能な範囲で，できるだけ高い位置に調節する．低い場合はクッションを敷くが乗車時の妨げとならない高さにする．

2. 衝突安全性の重要性

- 体幹の不安定な人は座席の背もたれを後傾させた姿勢でバランスをとることが多く，後頭部とヘッドレストの距離が離れやすい．衝突時には頭部や頸部へのダメージが大きくなるため，あらかじめ背もたれ上部の調節ができる座席を装備した自動車を選択する（図1，2）．
- ヘッドレストの高さは耳の後ろを中心にして，後頭部と少し隙間が空く位置に調節する．

3. 運転姿勢の重要性

- できるだけ座席に深く腰かけ，背もたれを起こした姿勢を保つように調節することで肩から腰までが座席に密着し加減速などに対応できる．
- カーブや曲がり角で姿勢が不安定になる場合，背もたれのサイドサポート部が張り出した座席を装備した自動車を選択する．張り出しが不十分な座席には補助パッドを使用する（図3）．

4. 褥瘡予防の重要性

- 座席には，褥瘡予防に配慮した特別な工夫はされていないため，1時間に1回以上は殿部を浮かして血行を回復させることが必須であるが，体圧分散の優れたクッションを使用するのも1つの方法である．ただし，体幹の安定性，車内の高さに制限があることから5 cm以下で乗降時に殿部の下に巻き込まない素材の物がよい．
- 車内での失禁は褥瘡の原因ともなるが，自動車の座席で失禁した場合にはクッションを外して交換することが困難なため，紙おむつを内蔵した薄目のクッションの使用を考えるとよい．

◆理学療法士・作業療法士の対応

　自動車の運転を前提としたシーティングでは乗降性，操作性，安定性，安全性にも配慮する必要がある．また，シートベルトを適切な位置で使用できるようすることも大切である．

3　自動車運転時のシーティング

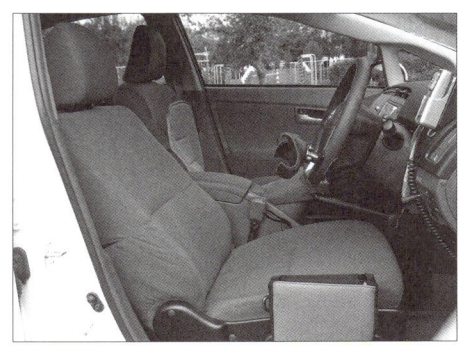

図1　背もたれ通常時

図2　背もたれ上部が前傾時

図3　体幹保持用の補助パッド

図4　低身長（骨形成不全症）の人の補助座席

◆症例

1. 背もたれを後方へ倒す人の例

　頸髄損傷によって背もたれを後方へ倒す人に対して図2の座席を使用した。腰部の角度を変えることなく背部だけを前方に調節が可能なことで，ヘッドレストと後頭部の離れを防止できる。また，手指が不自由でもスイッチ操作だけで座面と背もたれの前後と上下の調節ができる。

2. 左右の体幹バランスが不安定な人の例

　脊髄損傷や脊髄疾患によってバランスが不安定な人に対して図3の補助パッドを使用した。補助パッドは，ハンドル操作時に上腕，肘があたらない高さに調節し，乗降時には体幹部が引っ掛からないように背もたれの調節を行う。また，車内へ車椅子を積み込むときにパッドが邪魔になる場合，車外（屋根）へ収納する積載装置を選択する。

3. 身体の小さな人の例

　骨系統疾患（軟骨無形成症，骨形成不全症など）が原因で低身長の症状がみられる人に対して，個人の体型にあわせて図4の補助座席を製作し使用した。製作時には，背中，腰，殿部の形にあわせるだけではなく，アイポイント，ハンドル・ブレーキなどの操作性，カーブでのバランス確保，乗降性，ヘッドレストとの距離に留意する。また，座席は保安基準で難燃性の材料と定められていることから難燃性の材料で製作する必要がある。

> **注意点**
> 運転をする人が体幹部にマジックテープを装着すると，体幹が固定されることで運転操作がしにくくなったり，交差点で安全確認がしにくくなったりするため使用しない。

第8章　ADL，QOLとシーティング

4. 脊髄損傷者の褥瘡

　本項では在宅や施設などで生活を送っている脊髄損傷者に発生する褥瘡への対応を述べる。脊髄損傷者は感覚障害により褥瘡発生部位の疼痛を感じない場合が多い。まず評価では褥瘡発生場面が車椅子上か，その他の場面かを特定する。ここで車椅子上座位が問題であることがわかった場合に車椅子やクッションの評価と車椅子上姿勢の評価を行う。姿勢に問題がある場合は，マット評価で目標とする座位を検討し対応する。

◆目的

　車椅子上座位が原因で発生する褥瘡や再発予防，軽症褥瘡の治癒促進。

◆ポイント

　まずは褥瘡発生や悪化の要因が車椅子上座位かどうかを明らかにすることである。脊髄損傷者にとって褥瘡発生リスクがある場面は車椅子上座位だけでなく，ベッド上，排泄，入浴，自動車乗車中なども考えられるからである。主観的評価で対象者から情報を引き出し，客観的評価から褥瘡発生場面が車椅子上座位であることを確認する。そして，クッションの評価と姿勢や動作の評価，マット評価で対応を検討していく。

　以下にそれぞれの評価を概説する。

1. 方針の確認と主治医への報告

　脊髄損傷者の褥瘡は重症化しやすく，筆者の所属する神奈川リハビリテーション病院では重症な褥瘡は観血的治療が行われる。ただし軽症の場合は保存的治療となるので主治医と密にコミュニケーションをとり，治療方針の確認をすることが必要である。シーティングによる介入目的は，①観血的治療により治癒した後の再発予防，②保存的治療の場合の治癒促進と再発予防となる。観血的治療の場合は褥瘡治癒後の介入となることが多く，保存的治療の場合は褥瘡がある状態での介入となる場合が多い。介入後外来での経過観察は数カ月〜数年にわたることも多いことから，実施した評価と介入内容を主治医に書面で報告し，経過観察の資料とすることも重要である。

2. 主観的評価

　まずは問診が重要である。在宅や施設で生活を送っている脊髄損傷者に褥瘡が発生した場合，本人や家族からの情報が唯一の手がかりとなる。問診のポイントは，どの場面で褥瘡が発生したか，それに対してどうしたいのかを把握することである。そしてその後に生活の24時間パターンと1週間のパターンを把握する（図1）。24時間パターンではベッド上，車椅子上，排泄，入浴，外出（自動車乗車を含む）の時間などを把握する。就労や就学している場合は平日と休日のパターンをそれぞれ聴き取る。1週間パターンでは外出の頻度や入浴，排泄のパターンを聴き取る。これらを行うことではじめに聴き取った褥瘡発生場面だけでなく，生活の中で褥瘡発生リスクが高い場面がみえてくることも多い。

3. 客観的評価

　まずは褥瘡を観察して衣服の上からでも褥瘡の場所が確実にわかるようにする。そして車椅子座

位姿勢を評価し，褥瘡発生部位がどこに接触しているか，またそこに外力が加わっているかを確認する．褥瘡発生部位に外力が加わっていることを確認するために接触圧力計測を行うと定量的に評価できる．座面に問題がある場合，使用しているクッションを評価する．

クッションの評価は使用開始から年数がどれくらい経過していて，それが劣化していないか，沈み込みや包み込み[1-3]は十分か，クッションの方向や使用方法は正しいか，カバーは適切に使用しているかなどをみる．

そしてマット評価で座位の状況を確認する．どこの部分をどの程度支持する必要があるかを端座位で評価する．このとき理学療法士・作業療法士は自分で体幹を支持し，支持する強さを確認する．また前方や側方から観察することも有効である．移乗や除圧などの動作能力を評価することが必要な場合もある．

4．対応例

1）骨盤の左右傾斜により圧力が高くなっている場合

マット評価で端座位となったときに骨盤の傾斜が戻る場合と戻らない場合で対応が異なる．骨盤傾斜が戻る場合，傾斜により沈んでいる側を高くして傾斜が改善するかを確認する．骨盤傾斜が戻らない場合，傾斜により浮いている側で支持ができるようにクッションを調整する（図2, 3）．

これにあわせて背支持からの体幹の支持が必要かを評価する．体幹の傾斜が改善するか，それにより圧力が軽減するかを計測しながら対応する．

2）褥瘡部位の圧力を小さくしたい場合

坐骨や尾骨の褥瘡の場合，骨突出が顕著でその部位での支持を小さくしたい場合がある．この場合は他の部位での支持を増やすようにする．具体的には尾骨を除圧するために大転子での支持を大きくする，殿部全体で支持する，大腿部での支持を大きくする，などである（図4）．

◆症例

X年4月，左坐骨に褥瘡発生．同年7～8月の間

a：1週間の生活パターン記録表

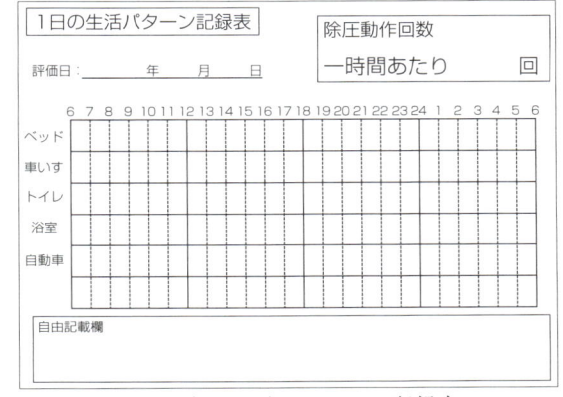

b：生活の24時間パターン記録表

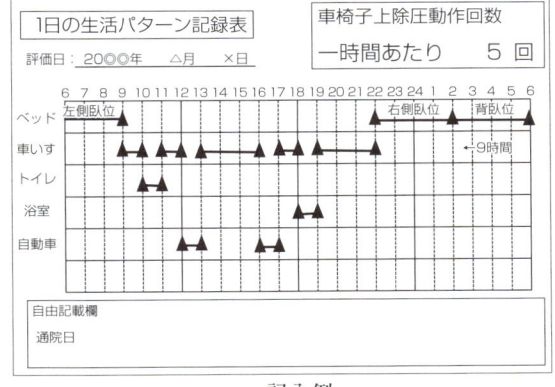

c：記入例

図1 生活パターン記録表

入院し，保存的治療にて治癒．退院後10月頃まで車椅子乗車時間を自主的に制限していたが，その後通常どおりの生活に戻したところ，11月に再発．12月，理学療法士による初回評価実施．

初回評価時の問診において，車椅子とクッションは屋内用と屋外用で異なる種類のものを使い分

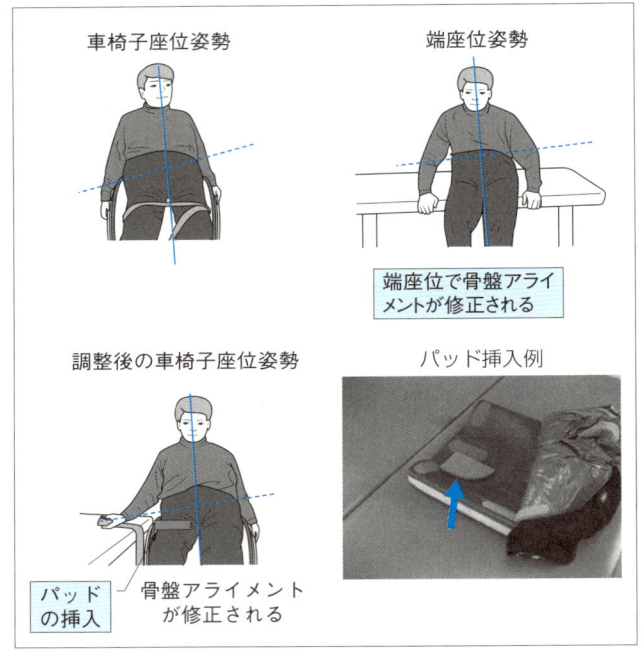

第8章　ADL，QOLとシーティング

図2　可動性のある骨盤傾斜への対応例

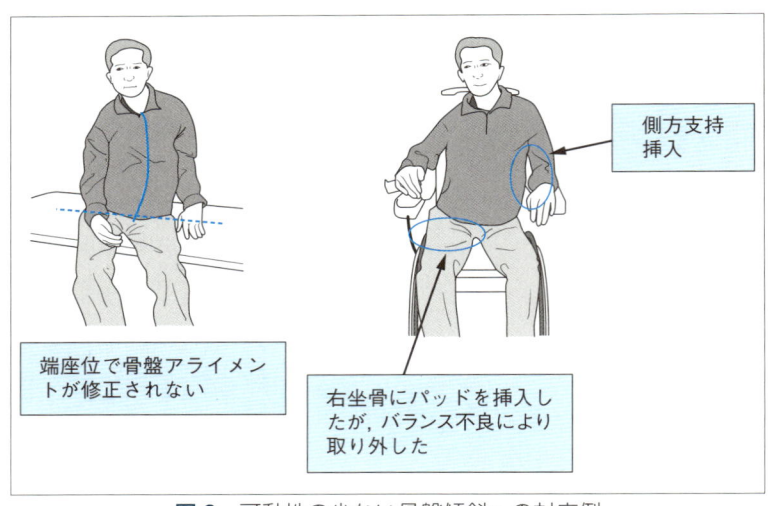

図3　可動性の少ない骨盤傾斜への対応例

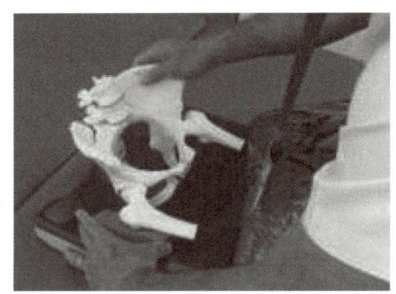

図4　パッドを挿入して大転子を上げる場合

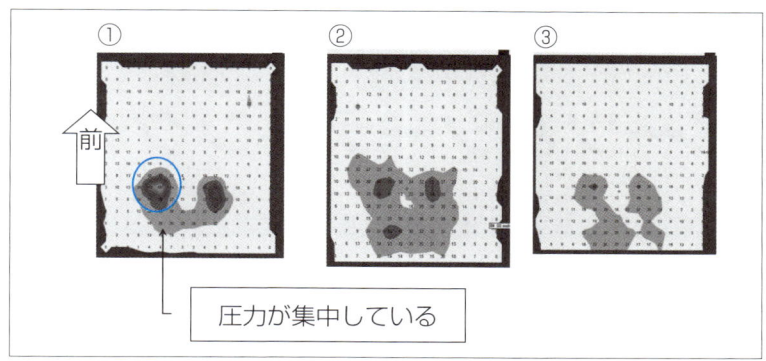

図5 座面接触圧力計測結果（2回目評価時）
①屋内用車椅子＋ウレタン，②屋内用車椅子＋空気室構造，③屋外用車椅子＋空気室構造

けていることがわかった．また，屋内用で使用しているウレタンクッションは10年以上使用していることが判明した．褥瘡発生原因はスポーツ時の圧迫とずれがもっとも疑わしかった．

評価2回目（初回1カ月後）に屋内用車椅子とクッションを持参してもらい，座面接触圧力計測を実施した（**図5**）．①屋内用車椅子＋ウレタンクッション，②屋内用車椅子＋空気室構造クッション，③屋外用車椅子＋空気室構造クッションの3通りで計測したところ，①で褥瘡部の圧力が高かった．この圧力が高いことが再発の原因と推測した．屋内用で使用している車椅子はスカートガードがなく，空気室構造クッションの側方を押さえることができなかったために，この車椅子で空気室構造クッションを使用することは難しかった．そのため，圧力分散が良好でスカートガードがある屋外用車椅子で空気室構造クッションを使用する③のパターンで屋内生活を送っていただくように伝えた．その結果，約2カ月で褥瘡は治癒した．その後の対応としてウレタンクッションを新規購入していただき，褥瘡治癒後の状況に応じて屋内用車椅子にて使用していただくこととした．その後褥瘡は再発していない．

文献

1) European Pressure Ulcer Advisory Panel and National Pressure Ulcer Advisory Panel：Treatment of pressure ulcers：Quick Reference Guide. pp26-29, National Pressure Ulcer Advisory Panel, Washington DC, 2009
2) National Pressure Ulcer Advisory Panel. Support Surface Standards Initiative：Terms and definitions related to support surfaces. Ver. 01/29/2007
3) 森田智之：脊髄損傷者の褥瘡予防と理学療法．PTジャーナル　**47**：308-317，2013

5. スポーツとシーティング

　スポーツは健康維持・健康増進，レクリエーションの側面をもち，誰もが楽しめるものである。障害者のスポーツはリハビリテーションの一環として行われるもの，高い競技性を求め競技スポーツとして行われるもの，社会参加やレクリエーションとして行われるものなど多岐にわたる。
　一般スポーツのルールや用具を工夫して行うことが多く，競技用車椅子・椅子も例外ではない。競技特性と障害特性にあわせて選択する必要がある。

◆陸上競技用車椅子

　競走競技に使用される車椅子の多くは前輪1輪・後輪2輪の3輪で構成され，アルミニウム，カーボン，またはチタン製である。空気抵抗や走行抵抗を小さくした性能を有する。選手は膝を抱え込んだ前傾姿勢で駆動する。体幹の支持性を保ち，上肢の運動性を担保する必要がある。障害の重症度や特性，座位能力にあわせたポジショニングが必要である。

1. 頸髄損傷者（第6頸髄損傷レベル）

　座位能力が低く端座位保持困難である。上肢機能は上腕二頭筋・腕橈骨筋が残存しているものの，上腕三頭筋は効かない。股関節および膝関節を大きく屈曲させ体幹と密着させることで体幹の支持を得る。体幹の動きを駆動に生かすことができないため，体幹を起こした姿勢をとる。小さいハンドリムを使用し，手背部を押し付けるようにして駆動する（図1）。

2. 頸髄損傷者（第7, 8頸髄損傷レベル），脊髄損傷者

　第7, 8頸髄損傷者は端座位保持困難であるが，上肢機能は上腕三頭筋が効くため，ハンドリムを下方に力強く押し出すことが可能である。膝を抱え込んだ前傾姿勢で体幹を保持し，駆動する。腹筋群・背筋群が残存しているレベルの脊髄損傷者は体幹の前後運動を駆動に利用できるため，上位頸髄損傷者より前傾したポジションとなる（図2）。

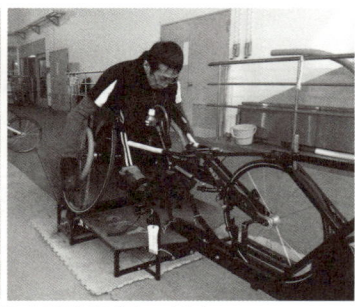

図1 頸髄損傷者（第6頸髄損傷レベル）
　　左：井上 聡氏，右：長崎裕也氏

図2 頸髄損傷者（第7, 8頸髄損傷レベル）
　　樋口政幸氏

5 スポーツとシーティング

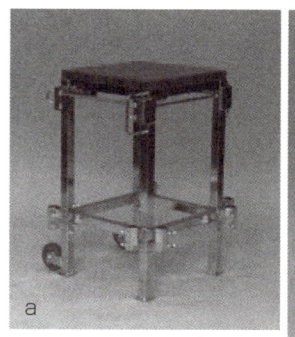

図3 投てき椅子
a：座位保持用バーなし，b：座位保持用バーあり

◆投てき用椅子

　ジャパンパラ陸上競技大会などの競技性の高い大会では円盤投げ，やり投げ，砲丸投げ，こん棒投げが行われる。社会参加を目的とした全国障害者スポーツ大会では，より障害が重度である選手が参加できるソフトボール投げ，ジャベリックスロー，ビーンバック投げが行われる。
　投てき動作はダイナミックなバランス能力が求められるため，体幹・骨盤帯の安定性と上肢の運動性が必要となる。座位保持能力にあわせて投てき椅子を選択する。

1．座位保持能力が高い場合

　座位保持能力が高く端座位保持可能である。ポリオや二分脊椎など日常生活では歩行可能な場合も多い。端座位にて上肢の運動が可能であるため，背もたれは必要ない。投てき動作による重心移動を可能にし，バランスを保持することが目的である。体幹の前傾・後傾・回旋が可能であり，座位保持のために上肢を使う必要がないため，座位保持用のバーは必要ない（図3-a）。

2．座位保持能力が低い場合

　座位保持能力が低く，端座位保持および投てき動作に上肢の支持を必要とする。背もたれやベル

図4 男子円盤投げ
大井利江氏

図5 男子砲丸投げ
大川雅大氏

トにて座位を保持する。座位保持用バーを使用してバランスを保持する（図3-b，4，5）。

写真提供
図1，2，4，5：エックスワン
図3：奥田邦晴氏（大阪府立大学大学院総合リハビリテーション学研究科）

6. コミュニケーションとシーティング

コミュニケーションはすべての支援において必要不可欠のものである。シーティングにおいても当然不可欠であり、コミュニケーションが成立していない支援がうまくいくことがないことは、多くの方の賛同を得るところである。

本項では特にコミュニケーションの必要な3つの障害への支援を記述することで、重要性を共通理解としたい。

◆聴覚

聴覚の障害は聞こえといわれる軽度のレベルから、完全に聞こえないレベルまでが感覚神経のどのような阻害によるものかによって多様性を極める。大別すれば、伝音性・感音性であるが、末梢だけの問題だけでなく高次な脳機能にもかかわる。

一般の方でも学習機会のない外国音声を聞いたときのことを想像してもらえれば、音声が聴こえてもすぐには意味がわからない状態をイメージでき、容易に理解することができるであろう。

末梢器官の問題であれば音を単純に大きくしたり、聴きやすい周波数へと変換することで聴理解をすることが可能となるが、多くの場合は当てはまらない。特に音から意味のある言葉へと変換して理解するには、高次脳の学習が必要となる。

◆知的障害

知的障害は高次の学習に関する機能が十分に発達しないことから、意図することが伝わらない、誤用して伝わってしまうということがある。重度な場合は、周囲からの支援が本人の障害に応じたものになっているかどうかの確認がとりにくい。

本人によく尋ねられることをそのまま返答するなどの本人の内言語ではない表出言語があたかも意味があるかのように伝わってしまう場合もある。

よくあるのは、「どこか痛くない？」と聞かれると「痛い」と発声してしまうというものである。

表情によって機器支援が実行される場合もあるが、効果の判定が難しいこともあって、費用負担を実際にしている公共団体によっては懐疑的な反応があるのも現実である。

聴覚障害が重なると複雑となり、知的障害が重いからと適切な補聴器が使用できない例をみることもある。反面、少々飛躍した身体機能以上の機器利用を周囲が求める場合もある。それぞれがそれぞれの立場で支援した気になってしまうことが少なくなく、障害の当事者だけが満足のいかない支援を受けている状況は避けるべきである。

◆表出機能の損失

運動機能が喪失されていく場合であり、特に筋萎縮性側索硬化症（以下、ALS）が該当する。ALSは感覚神経の阻害が少なく運動神経の障害が重篤となる疾患で、中枢の高次脳機能が保たれることから適切なコミュニケーション機器支援があればコミュニケーションに関する多くの障害を克服することが可能となる（第5章「8. 筋萎縮性側索硬化症に対するシーティング」参照）。

代表的な3つを列記したが、複合した疾患、同

様な病態を示す別々の障害があるため，当事者の生活の質が低下しないようにすることが重要である。特に認知症や行政的な定義での高次脳機能障害に対する長期的なコミュニケーション支援は今後直面する課題である。

専門職は経済状況や市場の動向にも十分気を配り，支援が継続できるよう，機器をはじめ，支援を継続してもらうための人的な支援も含めて調整・コーディネートする能力が必要である。相談担当者や身近にいる人だけに責任を押しつけることがないようにする必要がある。

安易な供給計画で，商品として製造を継続することができなくなったり，後継機器の開発ができなかったりして，現行機種の製造販売終了をもって機器の提供がされなくなる事例がある。このために当事者だけが困るということが何度も繰り返されてきている。今後は避けたい対応である。

◆まとめ

コミュニケーションはシーティングだけに限らず，基本的な支援である。

聴覚・知的障害だけに限らず，運動機能の低下に伴う表出機能の損失・高次の脳機能である認知面での支援は今後の課題である。

第8章 ADL，QOL とシーティング

7. 嚥下とシーティング

摂食嚥下障害は，生命維持や生活の質にかかわる深刻な障害であり，患者自身や家族の摂食改善のニーズは非常に高い。また，臨床においては廃用症候群との関係が密接であり，栄養障害とともに，誤嚥性肺炎を起こしやすい。摂食嚥下障害におけるリハビリテーションアプローチとしては，食材を用いない間接練習のみを行っても食べることができるようになるわけではないため，現在は実際の食材を用いた直接練習が必須の介入手段としてその中心に位置づけられている。これは「嚥下（機能）は嚥下（練習）によって高められる」というシンプルな運動学習の考え方に基づいている。シーティングは，口腔ケアおよび直接練習の際，安全な呼吸路を確保しながら誤嚥を防止する基盤となるものである。しかし，摂食嚥下に関するシーティングの研究は少なく，また，臨床場面で実際に行われている方法が妥当かどうか，効果について確認されないまま行われていることが多い。従来，教科書に書かれていた嚥下肢位の効果や適応が必ずしも正確ではないとの報告[1]も見受けられる。今回は，臨床現場で頻用されるようになったティルト・リクライニング車椅子を中心に嚥下のシーティングについて解説する。

◆目的

・口腔ケア，嚥下の直接練習が安全にできるシーティングの基本を知る。
・ティルト・リクライニング車椅子を使用し食事の姿勢調整ができる。
・安全な呼吸路を確保しながら誤嚥を防止し，楽においしく食事ができる。

◆ポイント

1. 基礎編

1）安全な呼吸路の確保のための基本的な摂食嚥下のシーティング

・摂食は活動肢位であり，安楽肢位ではない。口腔ケアの際にも汚染された唾液を誤嚥する可能性があり，安全な呼吸路の確保のための基本的なシーティングが重要である。
・基本的な姿勢は，骨盤を起こし体幹が安定し，頭部が体幹に乗り体幹の前傾・後傾運動が楽にできるような姿勢である。
・Hoffer 座位能力分類（JSSC 版）によらず摂食嚥下のシーティングに共通しているのは，① 軽度うなずき嚥下，② 姿勢保持，③ 足底接地の3点である（図1）。

①軽度うなずき嚥下
②姿勢保持
③足底接地

Hoffer座位能力分類1,2(JSSC版)　　Hoffer座位能力分類3(JSSC版)

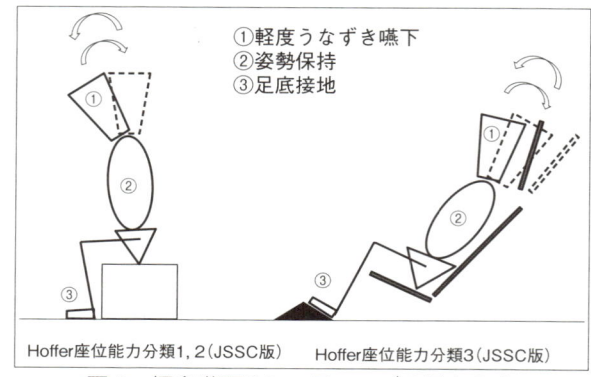

図1 摂食嚥下のシーティングの基本3点
（文献[2]を引用改変）

- 誤嚥のリスクが高い場合，状態を外部から評価することが難しく，VF検査（videofluorography：嚥下造影検査），VE検査（videoendoscopy：ビデオ内視鏡検査）による評価をする必要がある。できるだけ，生活に反映できる姿勢で実施する。
- 座支持角度が1°や2°の違いでも，骨盤の前傾・後傾運動に大きく影響する。
- 標準形車椅子は，座面に2〜5°のティルト角度がついている。
- 車椅子の座支持がスリングシートの場合，骨盤後傾，傾斜から円背位となり咳嗽がしにくくなる。
- 誤嚥性肺炎を予防するためにも身体適合した車椅子専用クッションを使用する必要がある。
- 車椅子専用クッションは，坐骨部分が深すぎると骨盤後傾位となりやすく，骨盤をアップライトに保持したままの体幹前後運動を阻害するので，クッション形状も評価する。
- 食事の際の角度設定は，混乱をきたさぬように統一が必要である。

2) 体幹を倒すことの利点と欠点

- 体幹をリクライニング（背を倒す）させる調整は，誤嚥防止に有効な肢位としてよく知られており，臨床的にも誤嚥が減少・消失するケースをしばしば経験する。しかし，必ずしもリクライニング位がすべての患者に有効なわけではない。
- 利点として気道が食道に対して上方に位置するため，食塊は物理的に気道に侵入しにくい，重力を利用して食物を送れる，咽頭後壁が斜めに傾くため食物はすべるように流れ「嚥下前誤嚥」のリスクが低くなる，疲労が少ないなどである。
- 欠点として，粘度の低い液体では意図しないタイミングで咽頭へ流れ込む可能性があり，倒せば倒すほど自力摂取が困難となる。
- 注意点として，頭頸部姿勢に座支持角度の設定が大きく影響するので，背支持角度だけでなく座支持角度の設定は重要である。

3) 前方からの支持の必要性（車椅子テーブルなどの使用）

- テーブルや車椅子テーブルなどの前方からの支持は体幹前屈運動を容易にし，姿勢保持筋と知覚情報を活性化し姿勢反応を正常に作動させる。
- 腹部，股関節筋の機能的な活動を促し，摂食活動をスムーズにさせる。
- 特に体幹の姿勢保持機能が低下し，知覚システムが崩れ，前方への恐怖心が強く出現する脳損傷患者に必要である。
- 使用に際しては身体拘束につながる可能性があり，慎重な対応が求められる。

2. 応用編

1) 頭頸部のバランスポイント

- リクライニング車椅子とティルト・リクライニング車椅子の違いは，重力負荷を分散し姿勢の崩れを調節できるところにある。
- 体幹機能が低下している利用者ほど座支持角度，背支持角度は姿勢に影響し頭頸部のバランスがとれる範囲が少なくなる。
- バランスポイント（体幹の上に頭部がバランスよく乗せられている状態）をみつけることが重要である。このとき，口唇閉鎖および咀嚼ができるか確認する。
- 頸部アライメントは食事の際，誤嚥に直結するため，単にティルトのみ，リクライニングのみの車椅子では対応できない。ティルトとリクライニングの機構および頭部支持の調整機構が必要である（図2，3）。
- 背支持の形状・硬さは重要であり，身体の形状に沿った（コンツアー）ものであれば頭頸部のアライメントは安定し，摂食時の座・背支持角度が少なくて済み自力摂食しやすくなる。
- 平面的な背支持の場合，すべり座りなど姿勢が崩れやすく座・背支持の角度を大きくしなければならなくなる。
- 身体に適合している車椅子をできるだけ選択し，座・背のクッションの形状や硬さによる身体反応，動的バランスまで目を向け評価すべきである。

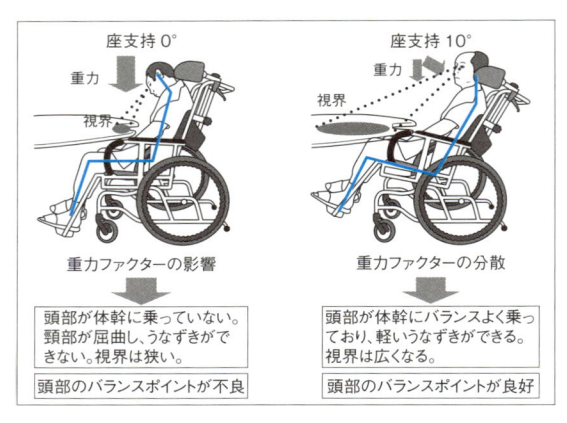

第8章 ADL，QOLとシーティング

図2 座支持角度の影響

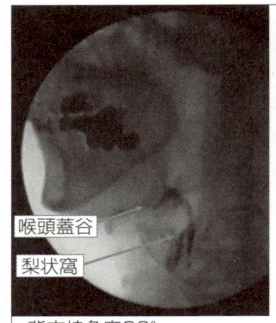

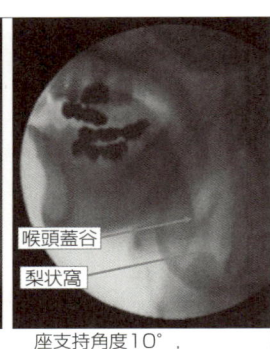

図3 リクライニングのみとティルト・リクライニングでのVF画像比較

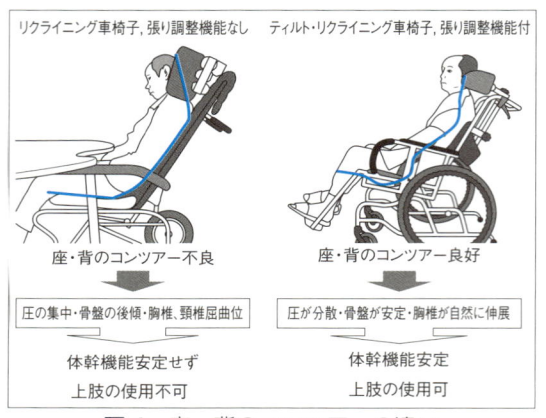

図4 座・背のコンツアーの違い

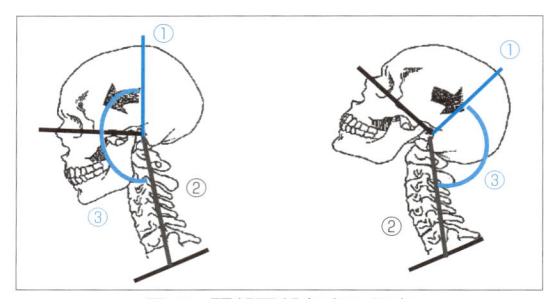

図5 頭部頸部角度の見方
① 矢状面頭部線，② 矢状面頸部線，③ 矢状面頭部頸部角度

・胸椎を伸展位にできることが骨盤後傾位を防ぎ頭頸部の安定に大きく影響する（**図4**）。

2）座支持角度・背支持角度の設定方法

　座支持角度と背支持角度，さらに頭部の角度が入ってくると多くの組み合わせがあり混乱するため，姿勢全体を考えられる技術，知識と詳細な評価が必要である。

① 頭頸部のバランスポイントを探す（**図2**）。
② できるだけ座支持角度は少なくする（ただし，頸部・体幹が安定し疲労しない肢位）。
③ 座支持角度0～20°，背支持角度0～30°（背上げ90～40°）。座支持角度をつけすぎると頭部・体幹が後方に回転するような感覚が生じやすく嚥下しにくくなる。
④ 経験上よく使用する組み合わせ
a：座支持角度5°，背支持角度5°（ベッド上の背上げで表現すると85°）
b：座支持角度10°，背支持角度10°（ベッド上の背上げで表現すると80°）
c：座支持角度10°，背支持角度20°（ベッド上の背上げで表現すると70°）
d：座支持角度20°，背支持角度20°（ベッド上の背上げで表現すると70°）
e：座支持角度20°，背支持角度30°（ベッド上の背上げで表現すると60°）

　自力摂取の場合は座支持角度0～20°で，ベッド上の背上げで表現すると70°以上が必要である。

3）頭部頸部角度について

・頭部頸部角度は，相対角度である矢状面頭部線と矢状面頸部線の間の角度で表現される（**図5**，詳細はISO姿勢表現参照）。
・頭頸部の屈曲・伸展運動は，環椎後頭関節運動

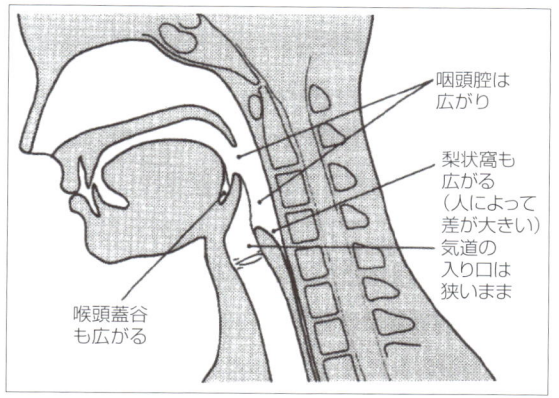

図6 頭頸部屈曲位（座位では通常食事を摂る時の姿勢）[4]

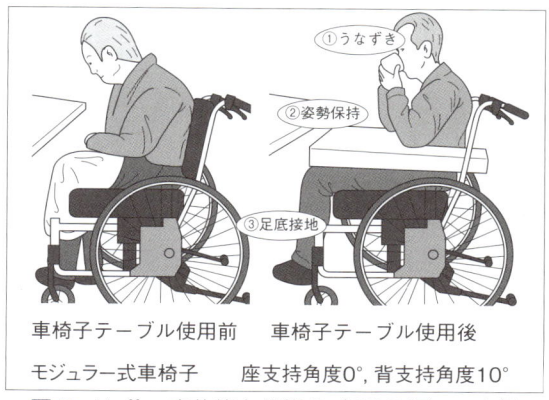

図7 Hoffer座位能力分類2（JSSC版）の症例

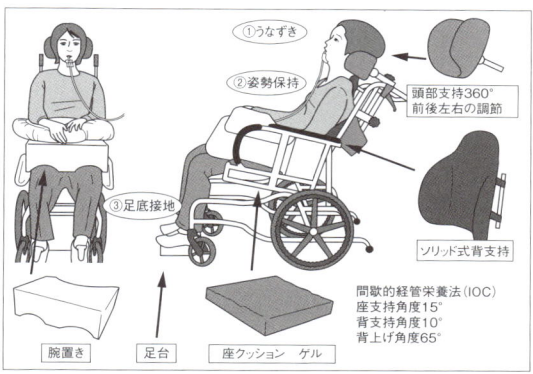

図8 Hoffer座位能力分類3（JSSC版）の症例発症6週目

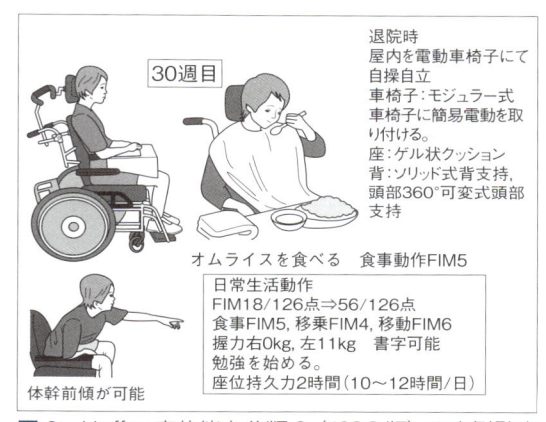

図9 Hoffer座位能力分類3（JSSC版）の症例発症30週目

を中心とした頭部の運動と下位頸椎運動を中心とした頸部の運動に分けられる。

- 頭部屈曲位は，舌根が咽頭後壁に近づき咽頭腔および気道の入り口を狭める効果があり，咽頭収縮が弱化して喉頭蓋谷に食物が残留し，嚥下後誤嚥が生じる場合に有効な肢位とされている。
- 頸部屈曲位は，前頸部の緊張を緩める効果がある。
- 頭頸部屈曲位は複合屈曲位とも呼ばれ，喉頭蓋谷を広げて嚥下反射を惹起する前に食物をためておくスペースをつくるとされており，頸部の緊張が高い場合や嚥下反射惹起前に誤嚥する場合に有効とされている[3]（図6）。
- 頭頸部角度については，何度がよいとは一概にはいえず，空嚥下をさせ患者に様子を聞きなが

ら角度を決めていく。その際，動的に"うなずける"ことが非常に重要であり頭頸部のバランスポイントをみつける。
- 臨床上，頭頸部角度を動的にコントロールできる頭部支持がないため，今後の開発が待たれる。
- 頸部の嚥下肢位については，他にも頸部回旋法や側臥位嚥下との組み合わせなど様々な方法があるが，病態や組み合わせ方法によっては誤嚥を増長する場合があるので，VF，VE検査で有効性を確認することが必要である。

◆症例1

1. Hoffer座位能力分類2（JSSC版）

- 多発性硬化症にて全盲であり，右急性硬膜下血腫術後より誤嚥性肺炎を繰り返す。上下肢の重

第 8 章 ADL，QOL とシーティング

度感覚障害があり，食事の際には前方に体幹が崩れてしまい食事の自力摂取ができなかった。
- モジュラー式車椅子に変更し角度を座支持角度 0°，背支持角度 10° に設定する。肘付き車椅子テーブルを使用することで，両上肢が使用でき自力摂取が可能となった（図 7）。

2. Hoffer 座位能力分類 3（JSSC 版）

- 脳底動脈閉塞症による脳幹梗塞にて完全四肢麻痺，重度の構音障害と嚥下障害をきたす。発症 6 週目より回復期リハビリテーション病院に転院しシーティングアプローチを開始する。間歇的経管栄養法を施行（経管栄養も食事であり，シーティングが必要である）（図 8）。
- 徐々にティルト・リクライニングの角度を調整し体幹を起こし，誤嚥に注意しながら重力負荷量を上げていく。
- 30 週目には Hoffer 座位能力分類 2（JSSC 版）となり食事はスプーンで自力摂取（FIM5），電動車椅子での移動（FIM6），立位動作（FIM4）が可能となった（図 9）。
- Hoffer 座位能力分類 3（JSSC 版）の場合，車椅子に求められる機能はティルト・リクライニング機構，座・背の調整機構，頭部支持 360° 可変式で前後左右調整可能なものであることが必要である。

文献

1) Okada S, et al：What is the chin-down posture? A questionnaire survey of speech language pathologists in Japan and the United States Dysphagia **22**：204-209, 2007.
2) 舘村 卓：咀嚼嚥下のための姿勢と嚥下訓練．*MB Med Reha* **160**：31-38, 2013
3) 岡田澄子ほか：頭部肢位が嚥下に及ぼす影響の再検討．日摂食嚥下リハ会誌，**8**：201, 2004
4) 藤島一郎（編）：脳卒中の摂食・嚥下障害 第 2 版. pp. 87-93, 1998

付録

付録

付録1　第1章　制度と給付「4. 判定」

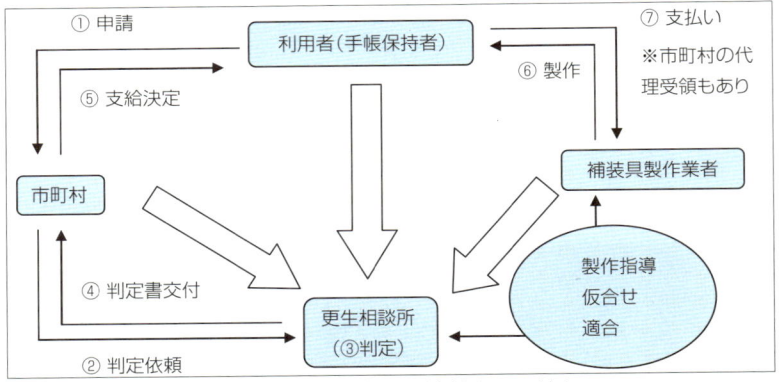

図1　申請・判定から給付までの流れ

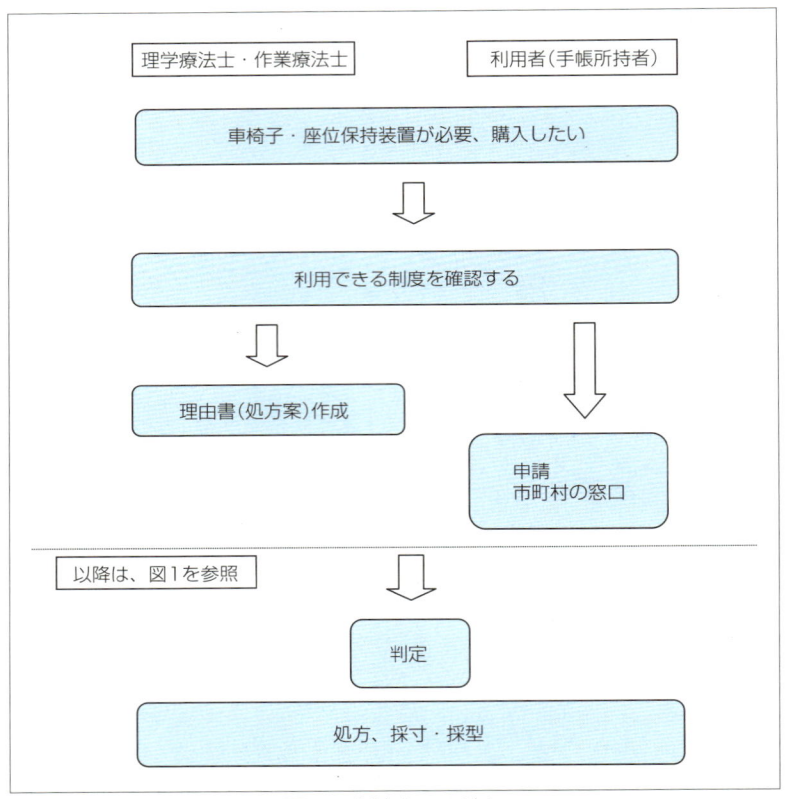

図2　申請までの流れ

付録2

付録2 第6章 電動車椅子「5. 操作練習」

電動車いす操作練習チェックリスト

氏名　　　　　性別　男・女　年齢　　歳　障害名

項目	/ /	/ /	/ /	コメント
(1) 機器のセッティング				
①乗車の仕方及び乗車時のセッティングを理解し，自分で調節する。または介助者に指示して調節する				
(2) 操作に関する説明				
①電源のオンオフ				
②発進時の操作				
③停止時の操作				
④方向変換時の操作				
(3) 広い場所での操作学習				
①電源のオンオフ				
②電源を切った状態での操作学習				
③電源オン				
④クラッチを切った状態での操作学習				
⑤クラッチをつないで，速度を最低にして，前進(短距離)，停止，後退(短距離)，その場回転				
⑥長時間停止したままでいる				
⑦前進しながら右折・左折の練習				
⑧目標に向かっていって，その前で止まる練習				
⑨ラインに沿って後退				
⑩八の字を描く練習				
⑪円を描く練習				
⑫直線ラインに沿って後退				
⑬後退しながら右折・左折の練習				
⑭設定を変更したときの走行の体験				
(4) 廊下での走行				
①廊下の中央を直進する練習				
②壁に沿って直進練習				
③状況に応じたUターンの練習				
④廊下の端に寄せて止める練習				
⑤設定を変更したときの走行の体験				
(5) 屋内での走行				
①自動ドアの通過				
②エレベータの乗降				
③狭い道路の通過(目標70 cm)				
④人混みの通過				
⑤カーペットなど異なった床材質上の走行				
⑥斜面の走行				
⑦手動ドアの通過				
⑧状況に応じた速度の調節				

項目	/ /	/ /	/ /	コメント
⑨走行ルールの修得				
ａ．右側通行				
ｂ．止まって休むときは端に寄せる				
ｃ．交差している場所では安全を確認する				
ｄ．道をゆずる				
ｅ．込み入った場所では周りの人に速度を合わせる，など				
⑩介助の依頼を適切に行う				
(6) 屋外での走行				
①温度や屋外環境での身体的耐性の確認				
②片流れでの直進				
③小さい凹凸での走行				
④歩道の走行(幅・点字ブロック・傾斜)				
⑤段差の乗り越え(前進・後進)				
⑥斜面の走行(直進・停止・右折・左折・その場の回転)				
⑦悪路の走行(土・芝・砂利など)				
⑧道路の横断(横断歩道・信号)				
⑨踏切(模擬)の横断				
⑩介助の依頼を適切に行う				
⑪危険な場所での安全な走行経路の決定				
(7) 細かい動きの練習				
①ベッド・椅子などに横付けする				
②テーブルにつく				

○：問題なし　△：もう少し　×：再練習

付録3 第7章 クリニック運営「2. 車椅子の選定・適合の実施手順」

車いすシーティングのアセスメントシート

日 付　　年　　月　　日
担当者名：＿＿＿＿＿＿＿＿＿＿＿
シーティング担当者：＿＿＿＿＿＿

氏　名	様　男・女	生年月日	年　　月　　日（　　歳）
診断名（発症日）		障害名	
合併症		病歴等	
住　所			要介護度
身長・体重	cm　　　kg		

＊印の事項はシーティング・クリニック実施前に各担当者が記入して下さい。

1．本人・家族からの希望及びその他の情報（＊）

希望聴取用メモ欄：1＿＿＿＿＿＿＿＿＿＿＿＿＿＿＿＿＿＿＿＿＿＿＿＿＿
　　　　　　　　2＿＿＿＿＿＿＿＿＿＿＿＿＿＿＿＿＿＿＿＿＿＿＿＿＿
　　　　　　　　3＿＿＿＿＿＿＿＿＿＿＿＿＿＿＿＿＿＿＿＿＿＿＿＿＿

□内に本人：／　家族：＼　双方：×

□身体の大きさに合わせたい	□座位を保ちやすく(長く座れる)	□臥床時間を減らし、起きていきたい
□自分でこぎやすくしたい	□(机上で)手を使いやすく(食事等)	□安楽な姿勢を実現したい
□小回りが利き室内で使いやすく	□車いすが倒れない(安全性)	□取り扱い・操作が面倒でないものを
□段差を超えやすく/屋外で使える	□乗り移りしやすいよう	
□折りたたみ・収納しやすく・軽く	□介助者が押しやすいよう	
□自走しやすいクッションを	□ずり落ちや傾きを防ぐクッションを	□床ずれを防げるクッションを
□むれにくいクッションを	□お尻の痛みを減らせるクッションを	□足が交叉しないようなクッションを
□軽く運びやすいクッションを	□失禁が多いので(防水性クッション)	
□仕事・作業をしやすい姿勢を	□背が丸まらないよう/背中が痛まない	□頭部の安定(→見やすく／食べやすく)
	□横に体が傾かないよう	□変形(による座位困難)を防ぎたい
		□前のめりに倒れないよう

□その他（　　　　　　　　　　　　　　　　　　　　　　　　　　　　　）

今後の方向性：□在宅　□療養　□転院　□施設　□未定　　　　購入・レンタルの希望：有・無・検討中
在宅復帰の場合　主介護者：　□妻　□夫　□子　□父　□母　□きょうだい　□親戚　□他（該当全てにチェック）
　　　　　　　家屋状況：＿＿＿＿＿＿＿＿＿＿＿＿＿＿＿＿＿＿＿＿＿＿＿＿＿＿＿＿＿＿＿＿＿＿
　　　　　　　　在宅復帰時の主な使用場所・必要台数：　□屋内用のみ　□屋内／屋外使い分け　□屋内／屋外兼用
余暇時間・QOLに関する情報：＿＿＿＿＿＿＿＿＿＿＿＿＿＿＿＿＿＿＿＿＿＿＿＿＿＿＿＿＿＿＿

2．現在の車いす使用時の問題点（＊）　担当セラピストの評価および病棟スタッフからの情報による

①座位保持の問題：□座り心地　□座位姿勢　□不良肢位／過緊張　□離床時間　□痛み　□褥瘡
　　　　　　　　□嚥下　□呼吸　□ずり落ち/転倒　□その他（　　　　　　　　　　　）
②ADLの問題　　：□食事　□排泄　□移乗　□整容　□更衣
③移動の問題　　：□屋内　□屋外
④余暇時間・QOLの問題：□無　□有（　　　　　　　　　　　　　　　　　　　　　）
⑤学校・就労の問題：□無　□有（　　　　　　　　　　　　　　　　　　　　　　　）
⑥環境との不適応：□無　□有（　　　　　　　　　　　　　　　　　　　　　　　　）

－永生病院　シーティング・クリニック－

3．現在の車いす座位の状態及び身体寸法

*①現在使用している車いすの種類と保有形態
　　　　　□ 標準型　□ モジュラー車いす　□ リクライニング型　□ ティルト・リクライニング型　□ 電動
　　　　　□ 個人用（□所有　□レンタル）　□病院・施設備品　　機種名：＿＿＿＿＿＿＿＿＿＿＿＿＿＿
　　　　前座高：＿＿＿＿＿cm　幅：＿＿＿＿＿cm　奥行き：＿＿＿＿＿＿cm
*②現在のクッション　□ 無　□ 有　製品名：＿＿＿＿＿＿＿＿＿＿＿＿＿＿＿＿＿＿＿＿＿
③車いす上での座位保持能力；簡易座位能力分類
　　　　Ⅰ．座位に問題なし　　　　□ 特に姿勢が崩れたりせず座ることができる
　　　　　　　　　　　　　　　　　□ 自分で座り心地をよくするために姿勢を変えることができる
　　　　Ⅱ．座位に問題あり　　　　□ 姿勢が次第に崩れ、手で体を支える
　　　　　　　　　　　　　　　　　□ 自分で姿勢を変えることができない
　　　　Ⅲ．座位がとれない　　　　□ 座ると頭や身体がすぐに崩れる
　　　　　　　　　　　　　　　　　□ リクライニング車いすやベッドで生活している
*④車いす操作レベル（目安の時間：20〜30分）
　　　　　自走不可　自走可　上肢：□ 右　□ 左、下肢：□ 右　□左　／　操作距離　約＿＿＿＿＿＿m
*⑤車いす離床時間：1回の離床に付き＿＿＿＿時間、1日合計＿＿＿＿時間、離床の目的（＿＿＿＿＿＿）
*⑥移乗能力　□ 立位移乗　□ 座位移乗　□ リフター
　　　　　　　□ 自立　□人的介助要：介助量（□重　□中　□軽）　人数（□1人　□2人）
　　　使用している福祉用具：□ 電動ベッド　□ 介助バー　□ トランスファー・ボード　□他（＿＿＿＿＿）
　　　必要な車いす機能：□アームサポート長・高さ調節　□アームサポート着脱／ハネアゲ　□フットサポート着脱／スイングアウト等
⑦身体寸法及び股関節・膝関節・足関節の可動域（図1参照）
　　a)＿＿＿＿＿cm（計測肢位：　　　　　　　）
　　b)＿＿＿＿＿cm（計測肢位：　　　　　　　）（靴・装具：□有　□無）
　　c)＿＿＿＿＿cm（計測肢位：　　　　　　　）
　　d)＿＿＿＿＿cm（計測肢位：　　　　　　　）
　　e)＿＿＿＿＿cm（計測肢位：　　　　　　　）
　　f)股関節屈曲の可動域　　左＿＿＿＿°　ー　
　　　（骨盤の代償なし）　　右＿＿＿＿°　ー　
　　g)股・膝・足関節 90°・90°・90° ポジション　□ 可　　□ 不可

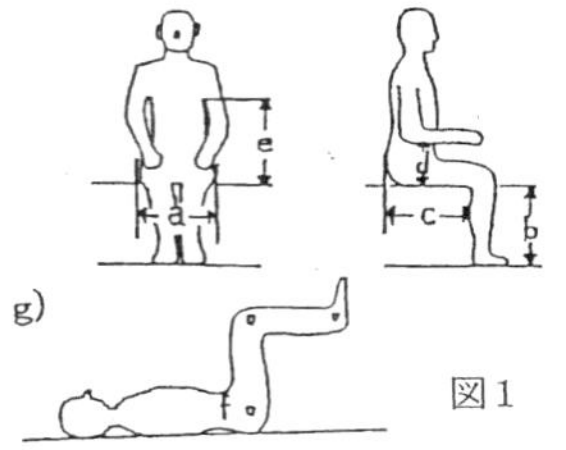

図1

4．座位姿勢の問題点（プラットフォーム端座位）

①Hoffer座位能力分類　□ 上肢の支持なしで可　□ 両側か一側の上肢の支持があれば可　□ 不可
② ①の時の足部の接地状態　□ 接地している　□ 接地してない（理由：　　　　　　　　　　）
③骨　盤　□ 前傾　□ 後傾　　□ 片側への回旋（□左　□右）　□ 傾き（□左　□右）
④脊　柱　□ 側弯（凸部の左右及び位置：＿＿＿＿＿＿＿＿＿＿＿＿＿＿＿＿＿＿＿）
　　　　　□ 円背（最突出部の高さ：座面から＿＿＿＿＿cm 上）
⑤頭　部　□ 左右への偏移（□左　□右）□前後への偏移（□前　□後）
⑥股関節　□ 内旋（□左　□右）□ 外旋（□左　□右）□ 内転（□左　□右）□ 外転（□左　□右）

5．身体の問題点

①変形　□無　□有（部位：＿＿＿＿＿＿＿＿＿＿＿＿＿＿＿＿＿＿＿＿＿＿＿＿＿＿）
②下肢長差　□無　□有（　　　　　　　　　　　　）
③股関節の脱臼　□ 無　□ 有（□左　□右）
④拘縮　□無　□有（部位：＿＿＿＿＿＿＿＿）
⑤褥瘡　□無　□有（部位：＿＿＿＿＿＿　ステージ：＿＿＿＿＿＿　発生原因：＿＿＿＿＿＿）
⑥疼痛　□無　□有（部位：＿＿＿＿＿＿＿＿＿＿　発生原因：＿＿＿＿＿＿＿＿＿＿＿＿）
⑦起立性低血圧　□無　□有
⑧感覚障害（腰背部、臀部など）　□ 無　□ 軽度　□ 重度　□ 脱失　□精査困難
⑨痴呆・高次脳機能障害による車いす使用時の問題点　□ 無　□ 有（＿＿＿＿＿＿＿＿＿＿＿＿）

－永生病院　シーティング・クリニック－

６．今回のシーティングの目標　　該当する項目全てに対して優先順位を数字で付けてチェック

① 座位保持の改善： 　　(__) 座り心地の改善　(__) 座位姿勢の改善　(__) リラクゼーション
　　　　　　　　　　　　(__) 離床時間拡大　(__) 痛みの緩和　(__) 褥瘡予防・改善
　　　　　　　　　　　　(__) 嚥下機能改善　(__) 呼吸機能改善
　　　　　　　　　　　　(__) ずり落ち/転倒予防・防止　(__) その他(_____)
② ADLの自立：　　　(__) 食事　(__) 排泄　(__) 移乗　(__) 整容　(__) 更衣
③ ADLの介助量軽減：　(__) 食事　(__) 排泄　(__) 移乗　(__) 整容　(__) 更衣
④ 車いす操作性向上：　(__) 自走　(__) 介助移動　(__) 電動車いすの導入
⑤ QOLの維持・向上：　(__) 内容：_____
⑥ 学校・就労への対応：(__) 内容：_____
⑦ 家屋環境との適応：　(__) 内容：_____

７．選定・適合後のチェックリスト

■カメラ・ビデオ撮影の了解　□無　□有

＜車いす＞
① 選定した車いす　製品名：_____

② ティルト・リクライニング機能　□不要　□要
　・安楽時の角度　ティルト角度_____°　リクライニング角度_____°
　・活動時の角度　ティルト角度_____°　リクライニング角度_____°

③ フットプレートの調整　□角度　□高さ　□奥行　□その他(_____)

④ 座面(シート)の調整　臀部はバックサポートに接する　□はい　□いいえ
　□座幅調整(____cm)　□座奥行調整(____cm)　□前座高調整(____cm)　座クッションを含む前座高(____cm)
　□座角度(____°)

⑤ アームサポート：　□高さ調整　□奥行調整　□その他(_____)

⑥ その他の調整：　□押手高さ調節　□その他(_____)

⑦ 活用を勧めた機能：□フットサポートスイングアウト　□フットサポート着脱　□アームサポートハネアゲ　□アームサポート着脱
　　　　　　　　　　□他(_____)

＜座クッション＞
① 製品名：_____　主な材質　□ウレタン　□ゲル　□エア　□その他

② 調整　□内転防止パット　□外側ウェッジ　□前方ウェッジ　□その他(_____)

＜姿勢保持部品＞
① バックサポートの調整　□要
　□背張りの調整　□バックサポートの高さ調整：上端が座クッションより_____cmの高さ
　□背角度の調整：_____°
　□選定した製品　製品名：_____

② ラテラルサポートの必要性
　□要（□両側　□左側　□右側）製品名：_____

③ 各サポート部分の調整
　ヘッドサポート　□要　製品名：_____　調節：□高さ　□角度　□奥行
　骨盤サポート　　□要　製品名：_____　高さ：下端が座クッションより____cm
　前側の体幹支持　□要　□カットアウトテーブル　その他(_____)

８．ネジ類のゆるみ・安全性の確認　□済　（必ず確認する）　　Ver.3 2006/1

―永生病院　シーティング・クリニック―

索　引

【欧文】

CAD/CAM　75
DESIGN®　24
DESIGN-R®　24
EPUAP（ヨーロッパ褥瘡諮問委員会）　24
face scale　23
GMFCS　82
Hoffer 座位能力分類（JSSC 版）　18
ISO16840-1　22, 36, 38
JIS　45
NPUAP（米国褥瘡諮問委員会）　24
numerical rating scale（NRS）　23
PVL　82
SCIPUS　26, 27
simple test for evaluating hand function（STEF）　24
SMTCP　82
verbal rating scale（VRS）　23
video endoscopy（VE）　149
video fluorography（VF）　149
visual analogue scale（VAS）　23
Yahr の重症度分類　90

【あ】

アームサポート　102
アームサポート（前腕支持）　45
アウトカム　22
アセスメントシート　124, 125
アテトーゼ型　84, 119
アライメント　64
圧迫　26
圧力　32, 58
圧力分布測定装置　33

【い】

異所性骨化　81
異常姿勢反射　60
移乗　130

移乗機器　130
移乗方法　122
移動　130
意思伝達装置　70
痛みの評価　23

【う】

ウレタンクッション　143
ウレタンフォーム用カッター　127
腕枕　71
運転姿勢　138
運動麻痺　80

【え】

エレベーティング　68
嚥下造影検査　149
嚥下障害　92

【お】

折りたたみ機構　134

【か】

カッターナイフ　127
カバー　141
下肢切断者　94
下腿支持　47
介護者　122, 124
介護保険　2, 92
介助用電動車椅子　105
回復期リハ病棟　97
外後頭隆起　62
活動時間　130
仮合わせ　10
完成用部品　7
感覚器官　60
感覚障害　26
感染防止対策マニュアル　128
慣性　59
環椎後頭関節　61
簡易形　104
簡易車いす座位能力分類　18, 19
簡易上肢機能検査　24
観血的治療　140

【き】

ギプスモデル　74
気管切開　62
記録・観察　122
起立性低血圧　80
基本的支持機構　59
機器調達・調整　122
休息　101, 130
球麻痺症状　92
給付　4
筋萎縮性側索硬化症　92
筋緊張　84
筋ジストロフィー　78, 86, 115

【く】

くも膜下出血　97
駆動能力　42
駆動部　44, 103
空気入れ（エアコンプレッサー）　127
空気室構造クッション　143
空気室材　48
車いすメンテナンス表　128
車椅子管理台帳　127
車椅子クッション　43, 48
車椅子駆動速度　24
車椅子座位時間　22, 24
車椅子乗車時間　80

【け】

ゲル材　48
経鼻栄養　83
痙性　72, 84
傾斜安定試験　54
頸髄損傷　80
頸部支持　61

【こ】

コミュニケーション　60
コミュニケーション障害　92
コンター　48
コントローラー　115
コントロール機能　61

呼吸機能　60, 82, 134
呼吸機能障害　92
股関節臼蓋形成不全　78
股離断　95
誤嚥　82
誤嚥性肺炎　149
誤嚥防止　130
工具　127
抗重力姿勢　84
後方ティルト　50
後輪駆動式　103
厚生労働省　7
高機能電動車椅子　106
構音障害　92
国際標準化機構　22
骨形成不全　78
骨突出　32
骨盤後傾　45
骨盤前傾　20
骨盤幅　42

【さ】

サイム切断　95
作業空間　135
作業姿勢　134
座・背支持角度　50
座位が自立している　18
座位下腿長　42
座位身体寸法　74
座位肘頭高　42
座位能力　18
座位変換形　104
座位変換形電動車椅子　106
座位保持装置専用採型器　74
座支持　66
座支持角度　45
座席調節　138
座底長　42
座面高　43
座面接触圧力計測　24
再評価　125
採型　10
最少回転半径　54
3点支持　58

【し】

シーティング・クリニック　122, 124
シート　102
シート（座支持）　45

シート状計測機器　33
シートパイプ　45
シミュレーション　101
ジュニアシート　136
ジョイスティック　107, 115
支給対象　11
支給判定　10
矢状面　22, 36
姿勢　130
姿勢反射障害　90
姿勢変換　27
姿勢保持　72
視界　138
試用　125
自己導尿　89
自動車安全性　30
自力での座位保持困難　18
自律神経障害　80
色素性乾皮症　79
沈み込み　141
室内形　104
湿潤　26
膝関節　68
車載座位保持装置　136
車輪　44
手関節固定スプリント　118
主観的評価　140
就労時間　134
重力　21
除圧動作　27
小児脊髄損傷　78
障害者総合支援法　2, 6, 72, 92
衝突安全性　138
衝突時　136
上肢機能　24
上肢機能評価　25
上肢支持にて座位保持可能　18
褥瘡　22, 26, 140
褥瘡対策委員会　128
褥瘡発生リスク　26
褥瘡予防　130
身体支持部　44, 102
身体障害者　6
身体障害者更生相談所　6, 10
身体障害者手帳　6
身体寸法　42
身体ランドマーク　36, 38
信頼性　38
人工呼吸器　86, 87

【す】

スイッチ式　107
スタッフ教育　126
スタンドアップ電動車椅子　107
スパナ　127
スリング・シート　66
スリングシート　45
ズレ度　22, 23
ズレ量　22
ずれ　26
ずれ力　26
水頭症　88
水平面　22, 36
3Ｄ切削加工機　75
3Ｄデジタルデータ　74
座り心地　48

【せ】

剪断力と歪み　58
背支持　15, 16, 17, 45, 115
背支持角度　60
生活の質　82, 86
生活リズム　130
生体形状　74
生体適合性　30
成長　82
成長期　78
制度　2
精神障害者　6
精神発達遅滞　95
脊髄髄膜瘤　88
脊柱起立筋　78
接触面積　48
接着剤　127
摂食嚥下　60
摂食嚥下機能　60, 82
舌根沈下　82
絶対角度　37, 38
選定　124
前額面　22, 36
前傾位　134
前座高　42
前方ティルト　50
前方転倒　45
前輪駆動式　103
前腕支持　16, 71

161

【そ】

ソケットレンチ　127
ソリッド・シート　66
粗大運動機能分類システム　82
相対角度　37, 38
操作入力操置　107
操作入力部　102
操作ボックス　102
操作レバー　102
足関節　68
足部支持　16, 17, 47, 68
足部静的負荷試験　55
速度切り替えスイッチ　102
側方支持　64

【た】

ダブルドラム試験（ISO7176-8, JIST9201）　54
多職種連携　129
妥当性　38
体圧　48
体幹支持　64
体幹ベルト　73
対称姿勢　78
耐用年数　7
大腿骨短縮　67
大腿内側支持　71
代替　8
卓上作業　134
痰吸引器　93
断端　94

【ち】

チャイルドシート　136
チンコントロール　80, 81, 111, 118
チンコントロール式　107
知覚麻痺　80
知的障害　6
知的障害者　6
知的障害者更生相談所　6
力（ベクトルと大きさ）　58
力の伝達　59
中輪駆動式　103
腸腰筋　78
直接判定　10

【つ】

積み込み　134
椎間関節　86
包み込み　141

【て】

テーブル　70
ティルト・リクライニング　84, 101, 130
ティルト・リクライニング形車椅子　43
ティルト機能　43
低緊張　85
低身長　134
底背屈　69
摘便　89
適合　8, 124
適合判定　10
点検　125
転倒　30
電源スイッチ　102
電動車椅子　101
電動車椅子サッカー　86
電動三輪車　105

【と】

ドーナツ型クッション　49
ドライバー　127
投てき用椅子　145
頭部支持　61
動作パターン　84
動的座位バランス　21
道路運送車両　138
特殊形　104
特定疾患治療　92
特発性側弯症　79
特例審査会　7
特例補装具　11

【な】

内外転　69
内外反　69
軟質ポリウレタンフォーム　74
難燃性　30
難病　6

【に】

二次障害　115
二次障害予防　82
二分脊椎　88
日本シーティング・コンサルタント協会　23
日常運転　136
日常生活動作　64, 82
日内変動　90
乳様突起　62

【の】

脳血管障害　96
脳室周囲白質軟化症　62, 82, 116
脳性まひ　82
脳性麻痺簡易運動テスト　82

【は】

ハムストリングス　20, 47, 68
ハンドル形　103
ハンドル形電動車いす　105
ハンドル型電動車椅子　119
バックサポート　102
バックサポート（背支持）　45
バッテリー容量　101
パーキンソン病　90
パワーステアリング　109
張り調整式　65, 85
挟み込み　30
発達　114
発達障害　6
判定　10

【ひ】

ヒヤリ・ハット　136
ビデオ内視鏡検査　149
ピンポイント式計測機器　32, 33
非剛体支持　58
疲労　134
費用負担　11
膝継手　68
左股関節離断　95
表出機能　146
評価責任者　122
評価補助者　122
標準形電動車椅子　102

【ふ】

フォーム材　48
フットサポート　102
フットサポート（足部支持）　45
フレーム　44
ブレーデンスケール　26, 27
ブロック状　48
プッシュアップ　27
プラットホーム　20, 127
不随意運動　72
普通形車椅子　43
福祉用具　8
福祉用具管理委員会　129
福山型先天性筋ジストロフィー　62, 116

【へ】

ヘッドコントロール　82
ヘッドサポート　102
ベルト　72

【ほ】

ボタンスイッチ　115
ポストポリオ症候群　78
保存的治療　140
補完　8
補装具　2, 8
補装具費　10

補装具費支給事務取扱要領　114
補装具費支給制度　10
膀胱直腸障害　80

【ま】

マット評価　20, 88
摩擦力　58

【め】

メジャー　127
メンテナンス　49, 116
メンテナンス関連　127

【も】

モーメント　58
モールド型　64, 74
モールド式　74
モメンタリーモード　108, 111
モルキオ病　134
モンキレンチ　127

【ゆ】

優先関係　3

【よ】

要介護認定　5
腰椎前弯位　20

腰部支持　64, 82, 86

【ら】

ラチェットレンチ　127
ラッチモード　108, 111

【り】

リクライニング　50
リクライニング機能　43
リスクアセスメントスケール　26
陸上競技用車椅子　144
両側切断　94

【れ】

レスト機能　61
レスピレータ（人工呼吸器）　80
レッグサポート　102
レッグサポート（下腿支持）　45
レット症候群　79

【ろ】

労働者災害補償保険法　2
六角棒レンチ　127

編者略歴

廣瀬　秀行（ひろせひでゆき）
1978 年　東京理科大学理工学部機械工学科卒業
1990 年　日本大学大学院理工学研究科修士課程終了
1982 年　理学療法士免許取得（専門学校社会医学技術学院卒業）
1982 年　国立療養所東埼玉病院
1984 年　千葉大学医学部附属病院
1987 年　国立身体障害者リハビリテーションセンター研究所
2008 年　芝浦工業大学にて博士（工学）
現在，厚生労働省社会・援護局障害保健福祉部企画課自立支援振興室，福祉工学専門官
シーティング・コンサルタント
日本褥瘡学会認定師

清宮　清美（きよみやきよみ）
1982 年　理学療法士免許取得（専門学校社会医学技術学院卒業）
1982 年　埼玉県障害者リハビリテーションセンター
1991 年　社会福祉事業団　重度身体障害者療護施設そうか光生園　出向
1993 年　埼玉県総合リハビリテーションセンター
1995 年　埼玉県庁高齢者福祉課
1996 年　特別養護老人ホーム　埼玉県彩光苑
2003 年　埼玉県総合リハビリテーションセンター（〜現在）
シーティング・コンサルタント
公益社団法人埼玉県理学療法士会　会長

障害者のシーティング

発　行　2014年8月29日　第1版第1刷Ⓒ

編　者　廣瀬秀行・清宮清美
発行者　青山　智
発行所　株式会社 三輪書店
　　　〒113-0033　東京都文京区本郷6-17-9　本郷綱ビル
　　　☎ 03-3816-7796　FAX 03-3816-7756
　　　URL　http://www.miwapubl.com
印刷所　三報社印刷　株式会社

本書の無断複写・複製・転載は，著作権・出版権の侵害となることがありますのでご注意ください．

ISBN 978-4-89590-485-8　C 3047

JCOPY　＜(社)出版者著作権管理機構　委託出版物＞
本書の無断複写は著作権法上での例外を除き禁じられています．複写される場合は，そのつど事前に，(社)出版者著作権管理機構（電話 03-3513-6969，FAX 03-3513-6979，e-mail: info@jcopy.or.jp）の許諾を得てください．

■高齢者・高齢障害者が気持ちよく座ることのできる技術を学ぶ

高齢者のシーティング 第2版

【新刊】

廣瀬 秀行・木之瀬 隆

　第1版から8年が経ち、シーティングに関する新たなEBMや国際標準の知識体系を加え大幅改訂された待望の第2版。車椅子を選ぶためには、身体機能に関する知識、車椅子の機能・種類・操作方法・介助方法に関する知識、座位姿勢に関する知識と技術、生活場面の情報、車椅子と福祉用具全般の制度と手続きの方法を身に付け、チームアプローチで適合させることが重要となる。本書では、運動学、力学などのバイオメカニクス、褥瘡など皮膚の確認、身体拘束、マット評価などシーティングに必要な知識が網羅されており、高齢者はもとより、障害者、小児と幅広い対象者に、また急性期・回復期・生活期を問わず活用できるシーティングの基礎となる1冊。

■主な内容■

第Ⅰ章 なぜシーティングなのか
1. はじめに
2. なぜシーティングか
3. アシスティブ・テクノロジーとシーティングの関係

第Ⅱ章 座位姿勢の基礎
1. 解剖学の基礎と座位の運動学
2. バイオメカニクスの基礎
3. 座るということの生理学的意味
4. 高齢者の移乗方法
5. 車椅子の走行
6. 上肢活動
7. ギャッチベッドとの比較

第Ⅲ章 車椅子の問題点
1. 座り心地
2. 動作と車椅子走行への影響
3. 姿勢
4. 高齢者の身体寸法および角度と車椅子の問題
5. リクライニング車椅子
6. 車椅子上での身体拘束

第Ⅳ章 高齢者のシーティングの評価
1. シーティングの目的
2. 評価の基本
3. マット評価
4. 座位姿勢とその計測
5. 褥瘡の基礎と評価

第Ⅴ章 車椅子・クッション・座位保持装置
1. 車椅子について
2. ティルトとリクライニング
3. 車椅子クッション
4. クッションの選択
5. 体位変換
6. 座位保持装置

第Ⅵ章 シーティングの症例
1. 端座位可能で車椅子寸法の不適合により仙骨座りになるケース
2. 座位能力に問題あり,車椅子の自走が難しくなったケース
3. 座位不能のケースにティルト・リクライニング機能付モジュラー車椅子を選択し車椅子抑制パイプが外れたケース
4. 急性期の褥瘡治療ケース
5. 自宅復帰までの症例
6. 椅子を考えることで生活に変化がみられた片麻痺の認知症のケース
7. 高齢頸髄損傷者

第Ⅶ章 高齢者のシーティングの実際
1. ICFのリハビリテーションとシーティング
2. 適合
3. 時期別,脳卒中に対するシーティング
4. 工具の使い方と機器の管理
5. 専門職間の連携と専門性

● 定価（本体3,300円+税）　B5　178頁　2014年　ISBN 978-4-89590-466-7

お求めの三輪書店の出版物が小売書店にない場合は，その書店にご注文ください。お急ぎの場合は直接小社に．

〒113-0033
東京都文京区本郷6-17-9 本郷綱ビル

三輪書店

編集 ☎03-3816-7796　FAX 03-3816-7756
販売 ☎03-6801-8357　FAX 03-6801-8352
ホームページ：http://www.miwapubl.com